"京津冀无形资产与科技创新智库联盟"文库

国家社科基金重点项目"创新型企业知识产权质押贷款风险与预警研究"及
财政部"会计名家培养工程"系列成果

知识产权质押贷款
风险与预警
以创新型企业为例

苑泽明　等著

知识产权出版社
全国百佳图书出版单位

图书在版编目（CIP）数据

知识产权质押贷款风险与预警：以创新型企业为例/苑泽明等著. —北京：知识产权出版社，2019.6

ISBN 978 - 7 - 5130 - 6305 - 0

Ⅰ.①知…　Ⅱ.①苑…　Ⅲ.①知识产权—抵押—贷款—研究　Ⅳ.①F830.5

中国版本图书馆 CIP 数据核字（2019）第 110510 号

内容提要

本书是国家社科基金重点项目"创新型企业知识产权质押贷款风险与预警研究"（14AJY004）的研究成果之一。课题以创新型企业为研究对象，基于商业银行视角，依据有限理性理论、信息不对称理论、不完全契约理论、商业银行资产管理理论、贷款能力决定理论和企业金融成长周期理论对知识产权质押贷款风险的形成机理进行理论分析，构建创新型企业知识产权质押贷款风险评估指标体系，通过访谈、市场调查对指标进行筛选和完善，通过人工智能方法构建预警模型并进行测试、训练、对比和仿真实验，用于商业银行知识产权质押风险预警，为防范和控制知识产权质押贷款风险提供有价值的参考。

责任编辑：荆成恭　　　　　　　　　　责任印制：孙婷婷

封面设计：臧　磊

知识产权质押贷款风险与预警：以创新型企业为例

苑泽明　等著

出版发行：**知识产权出版社**有限责任公司	网　　址：http：//www.ipph.cn
社　　址：北京市海淀区气象路 50 号院	邮　　编：100081
责编电话：010 - 82000860 转 8341	责编邮箱：jcggxj219@163.com
发行电话：010 - 82000860 转 8101/8102	发行传真：010 - 82000893/82005070/82000270
印　　刷：北京虎彩文化传播有限公司	经　　销：各大网上书店、新华书店及相关专业书店
开　　本：720mm×1000mm　1/16	印　　张：16
版　　次：2019 年 6 月第 1 版	印　　次：2019 年 6 月第 1 次印刷
字　　数：236 千字	定　　价：79.00 元
ISBN 978 - 7 - 5130 - 6305 - 0	

前　言

国务院 2008 年发布《国家知识产权战略纲要》，提出"引导企业采取知识产权转让、许可、质押等方式实现知识产权的市场价值"；国家知识产权局联合五部委于 2009 年开始，在全国部分地区开展专利权质押贷款试点工作。经过十余载的实践探索，我国知识产权质押贷款取得了可喜成绩。国家知识产权局披露的最新统计数据显示，截至 2018 年年底，我国专利、商标质押融资总额达到 1224 亿元，其中专利质押融资金额达 885 亿元，比 2008 年的 13.84 亿元增长了 60 多倍，质押贷款项目总数高达 5408 项①。如今，我国知识产权质押融资工作已在全国范围内广泛推行，融资规模不断扩大，融资金额逐年攀升，一定程度上破解了中小微企业"融资难、融资贵"的难题，对实现专利价值、服务中小微企业、助力创新发展起到了重要作用。

众所周知，与传统信贷风险管理不同，知识产权质押贷款风险具有更强的复杂性特征，风险管理的专业性和技术性也更强。如何构建风险评估指标体系，利用已有质押贷款企业信息和调研数据，对潜在的违约风险进行评估，进而建立知识产权质押贷款风险预警系统具有重要的理论意义与实践价值。因此，本书基于商业银行视角，以创新型企业为研究对象，采用质性分析和实证研究方法对知识产权质押贷款风险预警系统进行研究。

本书内容主要包括以下五大部分：

一是知识产权质押贷款风险及预警研究与发展现状。采用文献分析比

---

① 国家知识产权局网站：http：//www.cnipa.gov.cn/twzb/gjzscqj2018nzygztjsjjygq-kxwfbk/index.htm. ［2019－02－28］.

较法对创新型企业、知识产权、知识产权融资、知识产权质押贷款价值等相关概念进行辨析与界定，对知识产权质押贷款的法律风险、评估风险、经营风险以及处置风险进行总结与梳理，从信用风险、市场风险和操作风险三个方面归纳了商业银行信贷风险的评价方法，并将商业银行信贷风险评价指标与预警模型进行总结，通过访谈与座谈法了解我国商业银行知识产权质押贷款风险评估的现状。

二是知识产权质押贷款风险形成机理及管理原理。依据有限理性理论、信息不对称理论、不完全契约理论、商业银行资产管理理论、贷款能力决定理论和企业金融成长周期理论，对知识产权质押贷款风险的形成机理进行理论分析，即有限理性决策、信息透明度、契约的不完备、贷款人资产管理的局限以及企业融资能力和成长周期的固有限制等诸多因素的共同作用产生了知识产权质押贷款风险，阐述了知识产权质押贷款风险的两大管理原理，结合商业银行知识产权质押贷款实践对知识产权质押贷款风险管理的三个主要环节即风险识别、度量和预警进行了提炼和理论总结。

三是知识产权质押贷款风险影响因素及评估指标的构建。通过访谈、座谈和发放问卷等方法，基于创新型企业将依法拥有的知识产权作为质押物并由担保公司进行担保从银行等金融机构获得贷款的实施路径，分析出知识产权质押创新型企业、知识产权自身、知识产权贷款银行、市场与经济状况、政府与法律环境这五大方面的知识产权质押贷款风险影响因子，构建了包括是否登记且质物信息完整、是否有第三方评估报告、是否可上市交易的准入性指标和知识产权所有权企业、知识产权贷款银行、知识产权自身、市场与经济环境、政府与法律环境构成的判定性指标在内的知识产权质押贷款风险评估指标体系。

四是知识产权质押贷款风险影响因子的实证分析。通过市场调查方法挖掘商业银行对创新型企业知识产权质押贷款的风险影响因素，并设计调查问卷进行市场调查；通过问卷调查数据，对当前创新型企业知识产权质押贷款风险评估进行基础统计分析，以确定问卷数据是否合理；通过因子分析法确定知识产权质押贷款风险评估影响因素的权重，设计出一份针对创新型企业知识产权质押贷款风险评估的商业银行打分表，用于替代商业银行知识产权质押贷款实务中银行工作人员的主观判断。

　　五是知识产权质押贷款风险预警模型与仿真实验。对市场调查取得的样本数据进行了处理和筛选，确定了备选指标；通过对样本数据进行描述性统计、正态性检验、差异显著性检验以及共线性检验，最终从备选指标中选定风险预警指标体系；对基于 BP 神经网络和随机森林构建知识产权质押贷款风险预警模型进行仿真实验，通过测试比较发现基于随机森林构建的知识产权质押贷款风险预警模型测试效果好、准确率较高，并发现净负债率等指标对模型影响最为重要；两个模型通过比较、检验，以及适用性评价，发现随机森林模型在解决商业银行知识产权质押贷款风险预警方面具有突出的优势。

　　本书的研究成果深化和丰富了信用风险评估与预警理论；对商业银行知识产权质押贷款决策及其风险防范与控制有重要参考价值；对优化企业的信贷融资决策与提升知识产权价值有重要指导意义；同时，也为政府相关部门完善公共政策提供参考依据。值得一提的是，依托本书的研究提出的"深化供给侧改革、创新知识产权融资对策"得到国家知识产权局主管领导的批示，并在国家知识产权局后续政策制定中有多条建议被采纳。

　　本书是国家社科基金重点项目"创新型企业知识产权质押贷款风险与预警研究"（项目编号 14AJY004）的最终成果之一，也是财政部"会计名家培养工程"的系列成果之一，并纳入京津冀无形资产与科技创新智库联盟的研究文库。本书由天津财经大学苑泽明教授负责总体研究思路、研究框架以及书稿的审核、校对与总纂工作。其他各章分工如下：第 1 章，天津财经大学苑泽明、马涛；第 2 章，天津财经大学王红；第 3 章，安徽大学姚王信；第 4 章，天津城建大学陈洁；第 5 章，天津财经大学李海英、天津城建大学陈洁；第 6 章，天津财经大学张蕾、孙钰鹏；第 7 章，全体成员。

　　本书是团队智慧的成果，在吸收国内外相关研究成果基础上，我们对国内重要的知识产权试点城市进行了问卷调研以及质押贷款数据的挖掘工作。在此，由衷感谢国家知识产权局、天津市知识产权局、天津市政府、天津滨海知识产权交易所、上海浦发银行天津科技支行、大连银行天津分行、光大银行天津分行、天津兴泰资产评估有限公司等单位的大力支持；感谢天津财经大学为我们（课题组）在研究过程中提供的资源与条件保障；感谢京津冀无形资产与科技创新智库联盟单位对"研究文库"建设的支持；感谢知识产权出版社对本书出版工作的贡献！

最后，还要感谢研究团队全体成员，在研究期间，各位老师尽职尽责、克服困难、保质保量完成各部分的研究及书稿撰写工作。研究过程中，我们参考和借鉴了国内外大量研究成果，我要求无论采用何种形式的引用和参考，都尽量以脚注或参考文献的形式列示，尽管如此，错漏也在所难免，欢迎广大读者指教匡正。

苑泽明

2019 年 3 月 16 日

目　录

第1章 导论

从 2008 年国务院发布《国家知识产权战略纲要》并开始设立实施专利权质押贷款试点算起，中国知识产权质押贷款经过十多年的实践，商业银行等金融企业或机构年发放专利质押贷款总额已经达到 885 亿元，对创新型企业起到了重要的金融支持作用，并产生 5408 个借款案例，与商标权等知识产权质押贷款案例一起，形成了初具规模的知识产权质押融资数据库。与传统信贷风险管理不同，知识产权质押贷款风险具有更强的隐性特征，风险管理的专业性和综合性也更强。利用现有质押贷款案例信息和调研数据，对潜在的违约风险进行评估，建立知识产权质押贷款风险预警系统，有利于促进商业银行的知识产权质押贷款决策和进行风险防范与控制，有利于政府部门完善相关的公共政策，也有利于优化企业的融资决策及加强知识产权管理工作。

1.1 研究背景与研究动机

1.1.1 研究背景

中国经济社会发展进入新时代，科技繁荣、经济全球化深度融合更加依靠创新发展这个不竭动力。党的十八大提出"创新驱动战略"，该战略是经济转型背景下涵盖范围最广、影响程度最深和实施力度最大的全国性政策，自实施以来对产业政策制定、经济发展模式选择均起到重要作用①，经过 5 年的发展，到党的十九大提出"创新是引领发展的第一动力，是建设现代化经济体系的战略支撑。激发和保护企业家精神，鼓励更多社会主体投身创新创业"②的"双创"战略，在国家"加强对创新支持"的宏观背景下，我国创新发展取得了令人瞩目的成就。

创新发展重要的成果量化是以特定数量的知识产权作为核心指标。因此，知识产权的发展状况是考量我国实施创新驱动战略以来创新发展的重要基础。以下，依据中国知识产权行政管理的职能部门归属，简单介绍近年来我国知识产权的发展状况。

（1）专利权发展状况

国家知识产权局专利局是我国专利的行政管理部门，负责专利的申请、授权、公告和使用管理等行政性事务。2018 年，我国三种专利申请量为 432.3 万件，三种专利授权量为 244.7 万件，分别比 2008 年增长 421.89% 和 493.96%。图 1 - 1 反映了我国 2008 - 2018 年专利申请及授权情况。

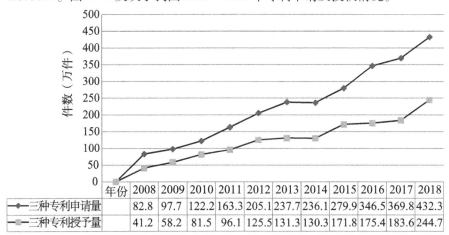

年份	2008	2009	2010	2011	2012	2013	2014	2015	2016	2017	2018
三种专利申请量	82.8	97.7	122.2	163.3	205.1	237.7	236.1	279.9	346.5	369.8	432.3
三种专利授予量	41.2	58.2	81.5	96.1	125.5	131.3	130.3	171.8	175.4	183.6	244.7

图 1 - 1　2008—2018 年专利申请及授予情况

资料来源：作者依据国家知识产权局统计数据编制。

---

① 苑泽明，金宇. 资源约束、创新驱动与企业无形资产［J］. 财经问题研究，2017（4）：98 - 106.

② 习近平，决胜全面建成小康社会夺取新时代中国特色社会主义伟大胜利——在中国共产党第十九次全国代表大会上报告［R］，人民出版社，2017 - 10 - 18；31.

（2）著作权发展状况

国家版权局是我国著作权行政管理部门，主管全国的著作权管理工作。2018 年我国著作权登记 345.7 万件，比 2008 年增长 232.29% 。图 1 - 2 反映了我国 2008 - 2018 年著作权登记情况。

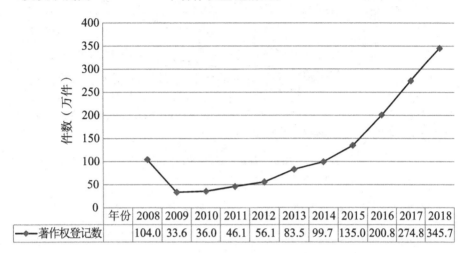

年份	2008	2009	2010	2011	2012	2013	2014	2015	2016	2017	2018
◆ 著作权登记数	104.0	33.6	36.0	46.1	56.1	83.5	99.7	135.0	200.8	274.8	345.7

图 1 - 2　2008—2018 年著作权登记情况

资料来源：作者依据国家版权局统计数据编制。

（3）商标权发展状况

国家商标局是国家工商行政管理总局的内设机构，是我国商标行政管理部门，具体负责全国商标注册和管理工作。2018 年我国商标申请量 737.1 万件，商标注册量 500.7 万件，累计商标有效注册量 1804.9 万件，分别比 2008 年增长 1148.21% 、1361.91% 和 637.97% 。图 1 - 3 反映了我国 2008 - 2018 年商标申请注册情况。

专利权、著作权和商标权等知识产权是企业创新成果和品牌标识的重要载体，企业知识产权拥有量是开展知识产权融资活动的前提和基础。以知识产权为核心的创新型企业已经成长为引领新时代中国经济转型发展的主要推动力量，作为创业与创新的重要主体，对发展经济、扩大就业、提高收入、优化资源配置和实现经济转型、创新驱动经济社会发展等具有重要的战略意义。供给侧结构性改革背景下，制度产品的有效供给成为企业创新及知识产权密集型产业发展的重要基础。

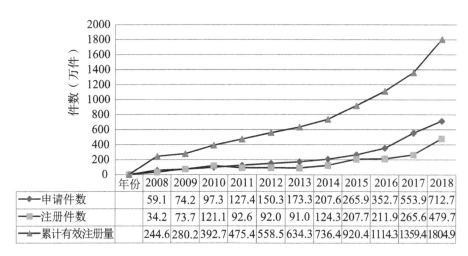

年份	2008	2009	2010	2011	2012	2013	2014	2015	2016	2017	2018
申请件数	59.1	74.2	97.3	127.4	150.3	173.3	207.6	265.9	352.7	553.9	712.7
注册件数	34.2	73.7	121.1	92.6	92.0	91.0	124.3	207.7	211.9	265.6	479.7
累计有效注册量	244.6	280.2	392.7	475.4	558.5	634.3	736.4	920.4	1114.3	1359.4	1804.9

图 1 - 3 2008—2018 年商标申请注册情况

资料来源：作者依据国家商标局统计数据编制。

金融产品创新有利于经济增长，金融资本应优先支持实体经济发展。创新型企业所拥有的各项各类知识产权是企业自身成长和壮大的核心力量，这些知识产权既是企业创新资金和人力资本投入的结果，也是创新型企业赖以生存与发展的锐利武器，需要大量资金的投入，创新型企业的融资问题已经成为制约企业发展的瓶颈，由于受到融资的掣肘，创新型企业的生机和活力尚未得到完全释放。因此，探寻将创新型企业所拥有的知识产权实现市场价值和经营发展所需要的资金已成为社会关注的一大问题。在这种现实背景下，知识产权质押贷款政策应运而生。

新经济增长理论认为金融产品的创新对经济进步和社会发展具有巨大的推动作用。知识产权质押贷款是一种新型金融创新模式，对实现知识产权价值、提升企业创新能力具有促进作用。2008 年 6 月，国务院发布《国家知识产权战略纲要》，大力支持和鼓励具有核心知识产权的企业，灵活运用知识产权质押、转让、许可等方式实现知识产权的内在市场价值；国家为了推动知识产权质押贷款业务的发展，国家知识产权局等五部委联合出台一系列支持知识产权质押贷款业务开展的政策，促进该项业务的顺利发展。同年，在全国范围内推动确立第一批知识产权质押融资试点，知识产权质押业务逐渐推广开来。截至 2018 年 12 月底，我国专利、商标质押贷款总额达到 1224 亿元，其中专利质押贷款 885 亿元，贷款项目数 5408 项。图 1-4 反映了我国 2008—2018 年专利权质押贷款情况。

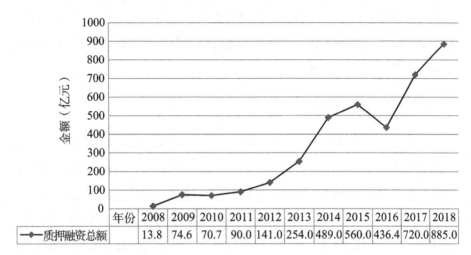

年份	2008	2009	2010	2011	2012	2013	2014	2015	2016	2017	2018
质押融资总额	13.8	74.6	70.7	90.0	141.0	254.0	489.0	560.0	436.4	720.0	885.0

图 1-4　2008—2018 年我国专利权质押贷款情况

资料来源：作者依据国家知识产权局公开数据编制。

2008—2018 年，从中央到地方陆续颁布实施了一系列的激励政策和措施以推进知识产权质押贷款业务的发展，将知识产权贷款作为推动科技创新、破解创新型企业融资难的重要举措，在出台政策、搭建平台、服务协调、金融创新等方面做了大量工作，并得到金融机构的高度重视和创新型企业的积极响应。但实际贷款规模与企业融资需求相比，仍存在很大缺口，实际发展的状况并不乐观。究其原因是知识产权的独特性、复杂性、无实体性及其在贷款过程中存在的信息不对称，导致商业银行对知识产权质押贷款的风险识别与度量以及风险控制带来很大的难度，风险预警技术与方法的创新不足也是制约银行开展知识产权质押贷款业务发展的因素之一。上述原因致使创新型企业面临因契约利益不对称带来的信贷配给困境。

商业银行的知识产权质押贷款风险预警是对创新型企业知识产权质押贷款可能存在的违约风险程度的量化评价，是商业银行知识产权质押贷款决策及其风险防范的重要科学依据。目前开展知识产权质押贷款的商业银行虽然各自都拥有知识产权质押贷款风险评估系统，但大多数采用一般商业贷款风险评估和控制的方法，没有针对创新型企业知识产权质押贷款特征的风险识别、度量以及预警的系统，致使商业银行在拓展创新型企业知识产权质押贷款业务过程中受到制约与影响，国内外又缺乏对知识产权质押贷款风险预警的系统研究，导致了银行控制风险手段缺失，所有这些都为本书的研究提供了机遇。

1.1.2　研究动机

自 2008 年 6 月国务院发布《国家知识产权战略纲要》以来，政府相关部门从制度支持和财政支持两方面大力推动知识产权质押贷款业务的发展，各地适时针对本地区实际特点出台相应的知识产权质押管理条例和鼓励措施。在政府的支持和强劲的市场需求双重驱动下，我国知识产权质押贷款业务发展势头强劲，取得了显著成果。同时我们更应该看到与创新型企业发展的资金缺口相比，能够获得知识产权质押贷款的创新型企业微乎其微。一方面，知识产权质押贷款的创新型企业规模通常为中小型企业，创新是企业的核心，企业自身拥有知识产权。这些知识产权既是企业创新资金、人力资本投入的产出结果，也是创新型企业赖以生存和发展的重要资产。这些企业经营风险高，缺乏固定资产作为抵押；另一方面，商业银行作为以营利为目的的企业法人，面对该项业务存在的不易预测与防范的违约风险，积极性和主动性不高，多数商业银行持观望被动的态度，即使有一部分商业银行开展了知识产权质押贷款业务也往往会设定比较高的门槛和与实物资产相挂钩的资产抵押条件。

目前，虽然国外对风险预警的各类方法的研究比较成熟，且在实践中得到了不断的改进和发展，并且近年来国内学者结合我国知识产权质押贷款发展现状，积极探讨商业银行知识产权质押贷款风险的影响因素，也取得了一定的进展，但国内外均缺乏针对创新型企业知识产权质押贷款特征的风险识别、度量及预警方法的系统性研究，导致商业银行在拓展知识产权质押贷款业务时受到违约风险的制约与影响出现瓶颈效应。

基于我国商业银行知识产权质押贷款风险预警的研究和实务发展现状调查，我们构建了与一般信贷风险不同的知识产权质押贷款风险理论分析框架和质押贷款风险评估的指标体系、方法和预警系统，通过挖掘案例企业数据进行仿真实验，对其可靠性及有效性进行实证检验，最终构建了一套知识产权质押贷款风险评估与预警仿真系统。

1.2 研究目标与研究意义

1.2.1 研究目标

我们通过文献调研，了解国内外商业银行信贷风险评价方法与模型、知识产权质押贷款风险及影响因素，以及商业银行信贷风险评价指标体系与预警模型的研究现状；通过访谈、座谈，了解我国知识产权质押风险与预警现状；依据有限理性理论、不完全契约理论、预期收入理论及信息不对称理论等对知识产权质押贷款的风险机理及其风险识别、度量与预警的管理原理进行理论分析，初步从理论上建立创新型企业知识产权质押贷款风险评估的指标体系；通过问卷调查提炼知识产权质押贷款风险影响要素的重要性程度，并采用因子分析技术对知识产权质押贷款风险影响因素进行重分类，以及确定因子权重；利用 BP 神经网络、随机森林构建知识产权质押贷款风险预警模型；利用挖掘的商业银行知识产权质押贷款案例数据对风险预警模型进行仿真实验，最终建立一套为商业银行进行知识产权质押贷款决策以及风险防范的预警系统。

1.2.2 研究意义

作为结合创新型企业特点设计的新型融资模式，知识产权质押贷款对打破创新型企业融资瓶颈发挥了重要作用。知识产权质押贷款风险与商业银行风险预警技术与方法的共轭关系说明二者之间具有互动作用，在对创新型企业及商业银行的调查中普遍反映：知识产权质押贷款的风险识别和风险评估是制约知识产权质押贷款业务发展的重要因素，对知识产权质押贷款的风险预警与防范也是我国推行知识产权贷款工程中政府、中介机构和投融资双方关注的焦点。但由于知识产权质押贷款的风险具有不确定性且难以量化的特点，大大降低了商业银行从事该项贷款业务的主动性和积极性。因此对商业银行知识产权质押贷款风险预警系统的研究具有十分重要的理论价值和现实意义。

（1）知识产权质押贷款风险机理的研究丰富了信用风险管理理论

现代风险管理理论起源于 20 世纪 70 年代的现代金融理论，风险管理理论中蕴含着丰富的风险分析和定价思想，主要包括马柯威茨的资产组合管理理论和布莱克、斯科尔斯的期权定价理论。这些理论研究大都体现在风险管理的方法层面。商业银行不仅可以通过直接查询企业的财务信息，还可以通过外部中介的第三方信用评级、债券和股票市场信息以及衍生金融市场获取企业其他资产负债的定价信息，建立适合自己实际工作的信用风险评价模型，时时关注贷款企业信用风险的发展变化。风险预警模型是对信用风险管理理论研究的深化与应用，大体可分为四类：一是定性分析的预警模型，通过专家做出风险判断的专家评分法，例如 5C 专家模型；二是线性关系预警模型，例如 Probit 模型和 Logistic 模型；三是基于多种模型组合的预警，通过使用多指标和不同模型组合的方法，计算风险存在的阈值；四是基于机器学习方法的系统分析风险预警的模型，如 BP 神经网络、支持向量机等。现有商业银行违约风险预警理论与方法大都移植于有形资产质押预警方法，缺乏对创新型企业和知识产权的特殊性考量。本书采用的 BP 神经网络模型和随机森林模型归属于第四类机器学习方法的系统分析风险的预警模型，其预测准确率和稳定性优于其他模型，主要体现在对异常值和噪声的容忍度较好，且不容易出现过拟合，以此模型构建的基于知识产权特性的贷款风险预警模型和仿真系统，丰富了信用风险管理理论。

（2）知识产权质押贷款风险评估指标体系的构建充实了风险预警理论

确定风险评价指标体系是商业银行防控风险的首要工作，我们通过归纳总结商业银行知识产权质押贷款风险影响因素并在此基础上构建了知识产权质押贷款风险评价指标体系，该指标体系通过知识产权质押贷款准入性指标和判定性指标来评价知识产权质押贷款风险程度：是否登记且质物信息完整、是否有第三方评估报告、是否可上市交易构成知识产权质押贷款基本准入条件；知识产权自身风险、创新型企业风险、知识产权质押贷款银行风险、市场与经济环境风险、政府与法律环境风险构成判定性指标。

现有对知识产权质押贷款违约风险评估指标的研究，大致可以分为四个方面：一是从知识产权内部因素出发，通过专利质量、专利价值和专利数量等创建风险评估指标体系；二是从知识产权外部影响环境出发，分别从知识产权提供方、知识产权经济和法律环境、知识产权应用效果，以及知识产权贡献能力等方面建立风险评估指标体系；三是从区域规划的视角，研究知识产权对地区影响因素来构建风险评估指标体系；四是从财务指标出发，运用各项财务指标构建风险评估指标体系。以往指标数量多达几十个，其中大多的指标并没起到很好的风险预警的效果，有的甚至给风险预警效果带来负面效应，商业银行在获取有些指标数据时可操作性低。我们基于商业银行的视角通过市场实地调研获取数据，并用 Gini 下降量法测量指标的重要性，筛选出对知识产权质押贷款风险具有重要影响的 14 个指标，后期通过创建基于 BP 神经网络方法和随机森林的创新型企业知识产权质押贷款风险预警模型并进行检验，提高了商业银行对创新型企业知识产权质押贷款风险指标选择的科学性和可操作性，提高了对知识产权质押贷款风险的准确预判水平，充实了风险预警理论。

（3）为政府制定并完善知识产权质押贷款政策提供理论参考

我们充分吸收了国内外有关知识产权质押贷款的风险及影响风险因素、商业银行信贷风险评价方法以及信贷风险预警指标体系与模型的研究成果，并对我国目前知识产权质押贷款及其风险预警发展现状进行广泛的调研，构建了知识产权质押贷款理论分析框架，利用 BP 神经网络、随机森林模型，构建了知识产权质押贷款决策与风险防范的预警系统，为政府在制定知识产权质押贷款政策、加强知识产权质押贷款工作方面提供了理论依据。

推进供给侧结构性改革，着力点就是要提供创新型、高质量的知识产权融资政策和服务平台，建立一个完善的知识产权质押贷款体系，满足广大创新型企业的贷款需求。各级政府可以通过知识产权质押贷款风险预警系统中对商业银行知识产权质押贷款风险因素的系统分析、归纳、总结，构建知识产权质押贷款风险评价指标体系，进而推动知识产权质押工作的开展，提高知识产权质押贷款政策制定的理论化和专业化水平，这对于各级相关管理部门推进知识产权质押贷款工作的开展具有重要的理论和实践参考价值。

（4）为商业银行开展知识产权质押贷款工作提供方法指导

面对商业银行开展对创新型企业知识产权质押贷款业务存在盈利性和风险性相统一的问题，知识产权质押贷款业务一方面存在风险的不确定性，但从另一方面看也是商业银行开拓业务范围增加盈利性的一个契机。本书通过对国内外知识产权质押贷款风险及影响因素、商业银行信贷风险评价方法与模型，以及商业银行信贷风险预警模型与指标体系的研究成果进行充分的文献调研；对我国目前知识产权质押贷款风险预警发展现状进行现场访谈调研，利用 BP 神经网络、随机森林，构建知识产权质押贷款风险预警模型并进行风险预警仿真实验；最终建立一套基于 BP 神经网络和随机森林模型的商业银行进行知识产权质押贷款决策与风险防范的预警系统。

本书对知识产权质押贷款风险形成机理的研究有利于商业银行辨识创新型企业知识产权质押贷款风险影响因素及其传导路径，实务操作中做到有的放矢地采取措施降低风险；所构建的商业银行知识产权质押贷款风险预警系统通过风险监控平台，运用风险动静结合的评价方法以及实时动态的预警方式，能够帮助商业银行科学地优化选择知识产权质押贷款的创新型企业、科学地评价创新型企业的违约风险程度，为商业银行开展知识产权质押贷款工作提供方法上的指导。

1.3 研究思路与研究内容

1.3.1 研究思路

第一，采用文献收集、回顾、归纳和整理等文献研究法，系统梳理、总结国内外知识产权质押贷款风险及其影响因素、商业银行信贷风险评估方法与模型，以及商业银行信贷风险预警指标体系和模型的研究成果；第二，采用座谈访谈、问卷调查及描述性统计，分析我国创新型企业知识产权质押贷款风险与预警现状；第三，采用移植、抽象、联想等理论分析法对创新型企业知识产权质押贷款风险预警理论进行分析，采用比较法、案例法及专家调查法对知识产权质押贷款风险因素进行总结提炼，构建知识产权质押贷款风险评估指标体系；第四，利用数据挖掘法、模糊统计法以及机器学习法中的 BP 神经网络和随机森林，构建基于 BP 神经网络和随机森林的知识产权质押贷款风险预警模型；第五，用知识产权质押贷款企业数据对模型的可靠性与有效性进行仿真实验，并采集创新型企业知识产权质押贷款案例进行风险评价与预警；第六，通过对比结果建立一套基于随机森林模型的知识产权质押贷款风险预警系统，并对商业银行、银监会、创新型企业等提出相关政策与管理建议。

1.3.2　研究内容

（1）知识产权质押贷款风险与预警理论发展现状分析

采用文献归纳、总结、整理等文献研究法梳理、总结有关知识产权质押贷款风险要素和商业银行风险预警指标，以及模型的国内外研究成果。首先，对"创新型企业""知识产权与知识产权融资""知识产权质押贷款"等相关概念进行了界定；其次，从信用风险、操作风险及市场风险三个方面，对商业银行信贷风险进行梳理和总结；再次，从法律、评估、经营及处置等风险方面对知识产权质押贷款风险管理相关文献进行梳理，并对风险影响因素进行研究；最后，对商业银行信贷风险预警指标体系与模型，以及 BP 神经网络预警模型的国内外研究情况进行总结。

通过访谈、座谈以及调查问卷等方式对天津、北京、杭州、武汉、上海、广州知识产权质押贷款试点城市进行调查，深入了解申请知识产权质押贷款的企业特征、贷款风险来源及影响因子；运用商业银行知识产权质押贷款风险识别、度量与控制的技术与方法，通过描述统计，分析我国知识产权质押贷款的特征、风险因子、预警现状与存在的问题，为构建知识产权质押贷款风险指标与预警模型奠定现实基础。

（2）知识产权质押贷款风险与预警理论分析

首先，通过有限理性理论（行为与心理角度）、信息不对称理论（信息经济学角度）、不完全契约理论（法律经济学角度）、商业银行资产管理理论（商业银行管理角度）、贷款能力决定理论（公司金融角度）和企业金融成长周期理论（企业管理角度），以及风险预警理论（风险管理角度），分析和总结了知识产权质押贷款风险的形成机理，即在有限理性决策、信息透明度、契约的不完备、贷款人资产管理的局限性、企业融资能力、企业金融成长周期的固有限制，以及风险预警与防范能力等诸方面因素的共同作用下，产生了知识产权质押贷款风险；其次，在理论分析的基础上，对知识产权质押贷款风险的构成进行了理论梳理与总结，阐述了知识产权质押贷款风险的两大管理原理；最后，结合商业银行知识产权质押贷款实践，对知识产权质押贷款风险管理的三个主要环节即风险识别、度量和预警进行了提炼和理论总结。

（3）知识产权质押贷款风险影响因子及评价指标体系构建

通过访谈、座谈和发放问卷等方法，基于创新型企业将依法拥有的知识产权作为质押物，并由担保公司进行担保从银行等金融机构获得贷款，这一创新型企业知识产权质押贷款方式，展开对商业银行知识产权质押贷款风险影响因素的分析。

通过对知识产权质押贷款过程中，创新型企业、知识产权自身、知识产权质押贷款银行、市场与经济状况、政府与法律环境五个方面因素的深入剖析，在理论层面上对知识产权质押贷款风险的影响因素进行了初步总结与梳理。首先，对知识产权自身进行分析，知识产权具有双重性、专有性、地域性、时效性、依附性和市场性，这些特性均会对质押贷款的风险有影响；其次，对在知识产权质押贷款过程中的创新型企业的特征（企业类型主要是科技型企业，企业所处阶段处于成长期，企业主要风险是经营风险和技术风险）、知识产权质押贷款特征（知识产权质押标的物的无形性、知识产权质押设质形式的特殊性、知识产权质押价值的波动性）、市场与经济环境特征（经济发展、利率变动、货币流通状态、外部交易市场）、政府与法律环境特征（知识产权评估体系、质押贷款风险分散机制、知识产权的法律状态）进行分析。

在对商业银行知识产权质押贷款风险影响因素的初步分析并借鉴已有研究结果的基础之上，设计了知识产权质押贷款风险评估指标。指标体系由质押贷款准入基本条件和判定质押贷款风险程度两个方面构成，准入基本条件主要包括是否登记且质物信息完整、是否有第三方评估报告、是否可上市交易三方面条件；判定知识产权质押贷款风险程度主要包括具有知识产权所有权的创新型企业、发放知识产权贷款的银行、知识产权本身、市场与经济环境、政府与法律五方面指标。

（4）知识产权质押贷款风险影响因子的实证分析

基于开展知识产权质押贷款的商业银行视角，对影响创新型企业知识产权质押贷款风险因素进行实证分析，降低商业银行在知识产权质押贷款风险评估中的主观性因素影响，提高知识产权质押贷款业务风险评估的客观性和科学性。首先，通过市场调查等方式，挖掘影响商业银行开展创新型企业知识产权质押贷款的风险因子，以此设计调查问卷并进行市场调查；其次，通过问卷调查数据的采集，对目前创新型企业知识产权质押贷款风险评估工作进行基础统计分析，来确定问卷数据的合理性；最后，用因子分析法来确定知识产权质押贷款风险评估影响因子的权重，设计以商业银行为使用对象的针对创新型企业知识产权质押贷款风险评估的打分表，用于替代知识产权质押贷款实务中商业银行工作人员的主观判断。

（5）知识产权质押贷款风险预警模型的构建与仿真实验

首先，对市场调查取得的样本数据进行了处理和筛选，确定了备选指标。其次，通过对样本数据进行描述性统计、正态性检验、差异显著性检验以及共线性检验，最终从备选指标选定了对风险预警有明显效果的指标形成了最终风险预警指标体系。再次，对基于 BP 神经网络和随机森林构建的知识产权质押贷款风险预警模型进行仿真实验，通过测试比较发现基于随机森林构建的知识产权质押贷款风险预警模型测试效果好、准确率较高。最后，通过两个模型比较、检验以及适用性评价，从实验结果可以看出随机森林模型在解决商业银行知识产权质押贷款风险预警方面具有突出的优势。

1.4　研究方法与技术路线

1.4.1　研究方法

本书采用的主要研究方法包括文献研究法、访谈与问卷调查法、理论分析法、质性分析法、定量分析法和机器学习法（仿真实验），具体研究方法的应用总结有以下六个方面。

（1）文献研究法

采用文献收集与回顾、归纳与整理等文献研究方法，梳理、总结知识产权质押贷款风险及其影响因素、商业银行违约风险评价指标体系与风险预警模型的相关研究成果，找出当前国内外研究中存在的不足，确定本书的研究方向。

（2）访谈与问卷调查法

采用访谈、问卷调查及描述性统计方法对创新型企业知识产权质押贷款风险与预警的现状进行分析，对商业银行知识产权质押贷款风险影响因素进行梳理与分类。

（3）理论分析法

通过研究相关信用风险理论，并在国内外对知识产权质押贷款风险来源研究成果的基础上进行分析，采用移植、抽象、联想等理论分析法对创新型企业知识产权质押贷款风险预警理论进行分析。

（4）质性研究法

用分析比较法、案例分析法及专家调查法等质性研究法对影响商业银行知识产权质押贷款的风险因素进行提炼、总结，结合我国商业银行知识产权质押贷款业务开展的实际情况，探索商业银行知识产权质押贷款风险影响因子，在分析总结影响因子的基础上，构建知识产权质押贷款风险指标体系。

（5）定量分析法

运用数据挖掘法、模糊统计法、神经网络算法和随机森林等定量分析方法构建基于 BP 神经网络和随机森林的知识产权质押贷款风险预警模型。

（6）仿真实验法

采用 BP 神经网络和随机森林两种机器学习法以取得商业银行知识产权质押贷款的企业数据，对风险预警模型的可靠性与有效性进行检验，并采集获得知识产权质押贷款的创新型企业案例数据进行风险评估与预警。

1.4.2　技术路线

本书的研究，采用调研、资料收集、文献回顾、归纳和整理等方法对国内外知识产权质押贷款风险因素和商业银行风险预警模型的相关研究成果进行梳理、总结，同时运用文献研究法等方法了解国内外相关研究的现状；通过访谈、座谈的方式对我国知识产权质押风险与预警现状进行分析；依据有限理性理论、不完全契约理论、预期收入理论及信息不对称理论等对知识产权质押贷款风险形成机理及其预警管理原理进行理论分析，构建理论上的风险识别指标体系；通过问卷调查提炼经过识别的知识产权质押贷款风险因子并构建相应的指标体系，完成对创新型企业知识产权质押贷款风险影响因素的实证分析；以 BP 神经网络和随机森林为基础，构建知识产权质押贷款风险预警模型；对商业银行知识产权质押贷款案例进行仿真实验，最终建立一套为商业银行进行知识产权质押贷款决策与风险防范的预警系统。具体的研究内容和研究方法及思路即技术路线，见图 1 - 5。

1.5　创新之处

（1）研究视角的创新

已有对知识产权质押贷款风险因素的研究多是着眼于商业银行或知识产权自身等某个特定的维度，相关的实证研究大都基于企业财务预警视角；数据资料大部分取自上市公司，创新型企业研究相对匮乏，以商业银行知识产权质押贷款企业为样本更为稀少。本书以成长期的创新型企业为研究对象，从商业银行视角研究知识产权质押贷款的风险，构建质押贷款风险评估指标体系，基于 BP 神经网络和随机森林模型，深入挖掘与创新型企业知识产权质押贷款相关的定性与定量数据，构建商业银行知识产权质押贷款风险预警系统，为商业银行及监管部门提供风险预警方案。

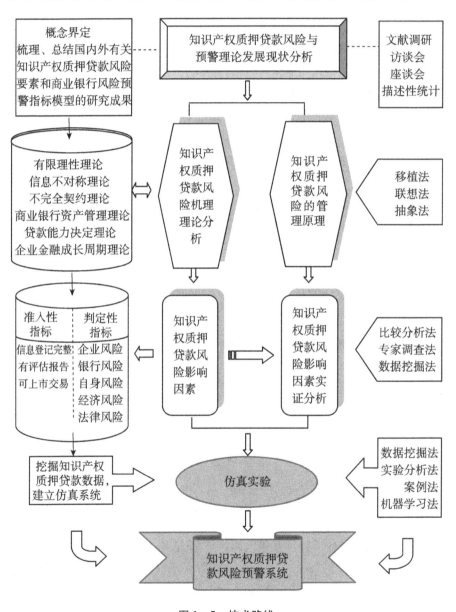

图 1-5　技术路线

（2）研究内容的创新

国内外对商业银行信贷风险以及知识产权质押贷款风险影响因素的研究进行了较多探索，但研究知识产权质押贷款风险预警的却很少。本书借鉴国外商业银行违约风险预警技术，构建基于 BP 神经网络和随机森林的知识产权质押贷款风险预警模型，以商业银行知识产权质押贷款的创新型企业数据对预警模型的信度和效度进行检验，并采集获得商业银行知识产权质押贷款的创新型企业案例进行风险评估与预警，最终建立一套商业银行知识产权质押贷款风险预警系统，构建了以动态监控风险为核心理念的动态风险监控平台，创新了商业银行知识产权质押贷款风险预警系统模式。

（3）指标体系构建的创新

目前信用风险预警违约指标数量多达几十个，其中部分指标风险预警的效果一般，有的甚至给风险预警效果带来负面效应，商业银行在获取有些指标数据时可操作性低。本书关于指标的研究中，依据有限理性、信息不对称及不完全契约等理论，总结、分析知识产权质押贷款风险特征，结合座谈、访谈与问卷调查归纳、提炼知识产权质押贷款风险要素，构建"两级"风险评估指标体系。通过对商业银行实地调研访谈获取的成功获得知识产权质押贷款的创新型企业数据，并用 Gini 下降量法测量指标的重要性，在几十个指标中筛选出 14 个具有重要影响的指标，克服其中大多数指标的风险预警的负面效应和商业银行在获取有些指标数据时的低操作性，后期通过创建基于随机森林的创新型企业知识产权质押贷款风险预警模型检验，提高商业银行的创新型企业知识产权质押贷款风险指标的可操作性，加大了对风险的准确预判。

（4）研究方法创新

已有研究中对商业银行信贷违约风险研究取得的成果较多，但是针对创新型企业知识产权质押贷款风险评估与预警的研究却不多，这是制约商业银行该项业务发展的首要原因。本书基于最新的人工智能技术，构建了基于 BP 神经网络和随机森林的商业银行知识产权质押贷款风险预警模型，并挖掘获得知识产权质押贷款企业的数据进行仿真实验，对预警模型信度和效度进行检验，以期能在创新型企业知识产权质押贷款的贷前审查和风险防范中发挥作用。

第2章 相关文献回顾与述评

知识产权质押贷款业务主要针对知识产权及其产品或服务相对富集的创新型企业,是商业银行信贷业务中的一种。但是知识产权质押贷款在客户类型、质押标的及其价值、贷款风险的形成机理与风险预警管理等方面,都具有特殊性。我们通过对国内外研究文献进行梳理和总结,在已有研究的基础上,有利于进一步界定相关概念和明确研究对象的具体范畴,有助于深入了解和把握创新型企业知识产权质押贷款风险的形成机理和影响风险的具体因素,以最终构建知识产权质押贷款风险预警模型、帮助商业银行实施风险预警管理,并为国家进一步制定相关的公共政策提供参考依据,指导创新型企业在加强风险管理的基础上提高知识产权质押融资能力。

2.1 相关概念研究与界定

2.1.1 创新型企业

(1) 概念界定

创新型企业 (Innovative Enterprise) 是企业形态与模式发展的高级阶段。Kumpe Plt (1994) 认为,自20世纪60年代以来,全球企业历经效率型、质量型、灵活型等主流模式之后,逐步向创新型企业转变,见表2-1。对相关领域内的技术、制度、管理持续寻求新突破,实现企业动态创新是该阶段企业最为显著的特征①。

表 2 - 1　创新型企业与其他类型企业的比较

企业模式	市场背景	发展核心	组织结构	管理特点
效率型企业	卖方	生产效率	机械式	泰勒科学管理
质量型企业	卖方向买方转变	产品质量	机械式	全面质量管理
灵活型企业	买方	快速产品创新	有机式	柔性生产线
创新型企业	买方	全面创新	有机式	全面创新管理

资料来源：丁云伟. 创新型企业的内涵与特征 [J]. 学术交流, 2008 (3)：92 - 96.

国外理论界对创新型企业的概念界定存在争议, 如何理解"创新"是其关注的焦点。美籍奥地利政治经济学家 Joseph A Schumpeter (1912) 最早提出"创新理论", 即"创新是企业家对生产要素的重新组合"②。此后, 制度创新经济学代表人物 D North 和 Lance E Davis (1971) 发展了该理论, 他们将创新与制度相结合, 研究制度变革与经济效益之间的关系；技术创新经济学代表人物 E Mansfield (1977) 又将创新与技术结合, 并研究两者之间的关系③。国外研究普遍从创新型企业应具备的特征对其概念加以界定, 其中最具影响力的是英国 Christopher Freeman (1995) 对创新型企业十大特征的概括：①企业具有较强的内部研发能力；②从事基础研究或相关研究；③使用专利能够和竞争对手讨价还价；④能够长期支付高额的 R & D (研究与开发费用)；⑤与竞争对手相比, 研发周期短；⑥能够或愿意承担风险；⑦相对较早地确定潜在市场；⑧对潜在市场持续关注；⑨具有高效的协调研发、生产与销售的企业家精神；⑩能够与客户和科学界保持密切联系④。此外, Joe Tidd 等 (2001) 提出在企业盈利、成

①　Kumpe Plt. Towards the innovative firm-challenge for R & D management [J]. Research Technology Management, 1994, 37 (1)：38 - 44.

②　约瑟夫·熊彼特. 经济发展理论 [M]. 何畏, 易家详, 等, 译. 北京：商务印书馆, 1991.

③　冯海昱, 黄德春. 创新型企业内涵新探 [J]. 科技管理研究, 2007 (4)：24 - 26.

④　克利斯·弗里曼, 罗克·苏特. 工业创新经济学 [M]. 华宏勋, 译. 北京大学出版社, 2004.

长等方面具有竞争优势，并能够将创新贯穿于业务流程、差别化产品，以及服务的企业即为创新型企业①。Bruce Nussbaum（2005）指出创新型企业具有"创新基因"，能够使用新思维、新标准建立迅速发展的企业文化②。另外，理论界与实务界对创新型企业的规模也存在较大争论：熊彼特认为创新源于企业内生动力且具有风险性特征，因此只有规模较大的企业才具有相应创新和风险承受能力；而越来越多的实践却与此结论相悖，如在高新技术领域，某些中小企业反而表现出更强的创新能力。因此，企业创新能力不受控于企业规模，而与行业竞争程度、技术走向、资源获取渠道等综合因素有关。

国内对创新型企业的定义有广义与狭义之分。从狭义来看，其主要是指2006年4月科技部、国资委、中华全国总工会三部委《关于开展创新型企业试点工作的通知》的规定，试点企业要具备五大基本条件：①自主知识产权的核心技术；②持续创新能力；③行业带动性和自主品牌；④较强的盈利能力和较高的管理水平；⑤创新发展战略和文化。从广义来看，国内研究依据创新经济学、管理学、科学哲学、系统论等不同理论对创新型企业的概念及特征进行概况和总结。其中，张良（2000）首次在文献中明确了创新型企业概念，即在技术变革成果商业化的基础上，形成新产品、占据新市场、实现新增长的企业③。之后，从企业的自主创新、技术创新和企业竞争力（马永红等，2007④；王文亮，2008⑤；丁云伟，2008⑥；郭韬和史竹青，

① Joe Tidd, John Bessant, Keith Pavitt. Managing Innovation [M]. New Jersey: John Wiley & Sons, 2001.

② Bruce Nussbaum. How to Build Innovative Companies [J]. Business Week, 2005 (8).

③ 张良. 创新型企业发展的成功经验及其启示 [J]. 华东理工大学学报（社会科学版），2000 (3)：33 - 40.

④ 马永红，赵凌晨，刘拓. 创新型企业评价体系的构建研究 [J]. 技术经济，2007, 26 (10)：1 - 5.

⑤ 王文亮，王丹丹. 创新型企业的要素特征分析和评价指标设计 [J]. 科研管理，2008 (S2)：223 - 226 + 228.

⑥ 丁云伟. 创新型企业的内涵与特征 [J]. 学术交流，2008 (3)：92 - 96.

2011①）等角度界定创新型企业的概念，并突出文化、管理和制度创新的重要作用（陈春明等，2006②；周建等，2012③）。此外，刘立和曲晓飞（2010）基于科学哲学理论，提出以"发现—创造"为核心的创新型企业理论范式④。王云美等（2012）从经济学、管理学两个角度指出创新型企业是不断突破技术、市场限制，生产新产品、新服务，从而获得经济价值、谋求生存发展的企业⑤。张海波等（2013）运用系统论从价值、组织、技术和环境等方面动态区分创新型企业和非创新型企业的内涵，指出不断学习以整合组织、获取动态能力是创新企业内在特质⑥。张彩江和周宇亮（2015）指出创新型企业具有研发、产出、市场、学习和变革五种创新能力⑦。郭丹等（2015）指出人力资本是创新型企业最核心的生产要素⑧。在对创新型企业的特征研究方面，刘吉（2007）⑨首次概括了创新型企业的五大特征和三个基本构成，其中，五大特征主要包括有若干重大经济效益或社会影响的自主创新、全面系统的创新、可持续的创新、高速发展的企业、具有巨大社会影响力和辐射力的企业；三个基本构成主要包括创新

---

① 郭韬，史竹青．创新型企业研究综述［J］．科技进步与对策，2011（19）：155－160．

② 陈春明，金大伟．我国创新型企业发展对策研究［J］．学习与探索，2006（5）：195－197．

③ 周建，王鹏飞，李文佳，陈素蓉．创新型企业公司治理结构与绩效关系研究——基于中国创业板上市公司的经验证据［J］．经济与管理研究，2012（4）：106－115．

④ 刘立，曲晓飞．创新型企业：概念界定与范式阐释［J］．现代管理科学，2010（10）：20－21＋24．

⑤ 王云美，司春林，夏凡，李金连．传统企业如何转型为创新型企业：理论模型与宝钢案例［J］．研究与发展管理，2012（6）：96－105．

⑥ 张海波，李纪珍，余江，曾路．创新型企业：概念、特征及其成长［J］．技术经济，2013（12）：15－20＋39．

⑦ 张彩江，周宇亮．创新型企业创新能力传导机制研究．［J］．科技进步与对策，2015（19）：84－90．

⑧ 郭丹，杨若邻．创新型企业人力资本参与收益分配研究．［J］．财经理论与实践，2015（3）：119－123．

⑨ 刘吉．论创新型企业［J］．中国软科学，2007（2）：4－7．

文化、创新体制和创新人才。张倩等（2017）指出创新型企业具有柔性特点①。

从国内外研究来看，尽管创新型企业的基本概念与内涵尚未达成共识，但都强调"创新""持续创新""技术创新"是由传统企业转化为创新型企业的基本前提与本质特征。技术的"首创"不一定是创新型企业"新"的衡量标准，市场创新、管理创新及组织创新也可视为企业创新活动的重要方面。此外，创新基础与创新成果具有非同步性，在衡量与判定创新型企业时，既要关注创新结果（主要指市场份额扩大和盈利增长），又要注重其创新基础（主要指创新管理经验和技术竞争力的提高）。因此，在界定创新型企业概念时，对于"创新"不要仅局限在技术创新，还要关注其制度创新、管理创新等；而对于创新型企业的规模，可大可小，主要看重其是否符合创新本质。

（2）创新型企业与高新技术企业、科技型中小企业的区别

我国对创新型企业、高新技术企业及科技型中小企业均有明确的认定标准。通过比较发现，与高新技术企业相比，创新型企业涵盖行业范围更广；与科技型中小企业相比，创新型企业规模相对较大，且对"创新"要求更高。

首先，关于创新型企业的认定。建设创新型国家急需一大批创新型企业作为支撑，在此背景下，为提升我国企业的国际市场竞争力，科技部、国资委和全国总工会于2006年7月正式启动我国创新型企业试点工作，并根据《关于开展创新型企业试点工作的通知》相关要求分五批确定了676家创新型试点企业（2006年103家；2008年184家；2009年182家；2010年81家；2012年126家）②。试点企业主要遴选自国有骨干企业、转制院所、高新技术企业和其他极具技术创新发展的企业，并依据评估指标体系和评估办法实行有进有出的动态调整，分别于2008年、2009年和

---

① 张倩，张玉喜. 创新型企业柔性：区域差异与空间效应 [J]. 科技进步与对策，2017（13）：40－46.

② 数据来源：根据科技部网站公布数据整理。

2011 年确定了三批共 356 家创新型企业。此后，在中央和地方共同推动下，我国进一步加大对创新型企业的政策扶持力度，创新型企业建设进入高潮。

其次，关于高新技术企业的认定。我国对高新技术企业的认定工作始于 20 世纪 90 年代初。为促进高新技术产业发展，国务院发布《国家高新技术产业开发区高新技术企业认定条件和办法》，并根据形势需要分别于 1996 年和 2000 年对认定标准进行调整。2008 年 4 月，科技部、财政部和国家税务总局又联合颁布《高新技术企业认定管理办法》，明确了高新技术企业的产品（服务）、研发人员和研发费用、科技成果转化能力、自主知识产权数量、销售与总资产成长性等指标的具体标准，并于 2016 年 1 月再次修订完善，最新认定标准为：①注册成立一年以上；②具有主要产品或服务的核心知识产权的所有权；③核心技术属于《国家重点支持的高新技术领域》规定范围；④从事研发和相关技术创新活动的科技人员占企业当年职工总数比率不低于 10%；⑤近三个会计年度研发费用总额占同期销售收入总额比率符合相关要求；⑥近一年高新技术产品（服务）收入占企业同期总收入比率不低于 60%；⑦创新能力评价应达到相应要求；⑧申请认定前一年内未发生重大安全、重大质量事故或严重环境违法行为。

最后，关于科技型中小企业的认定。科技型中小企业的认定工作一般由各省份科技部门或中小企业局组织实施，由企业自愿申报，已获认定的科技型中小企业会得到当地的一系列财税、专项资金等科技金融政策的扶持。表 2 - 2 详细说明了天津市、江苏省、河北省，以及中关村国家自主创新示范区对科技型中小企业的认定标准。

表 2 - 2　国内部分地区科技型中小企业认定标准

地区	条例名称及印发时间	印发部门	认定部门	相关规定
天津市	《天津市科技型中小企业认定管理办法（试行)》2010.9	天津市科委	区、县、功能区科技部门	认定标准为：拥有一定科技人员、掌握自主知识产权、专有技术或先进知识，通过科技投入开展创新活动，提供产品或服务的中小企业 可根据企业规模（年销售收入）分为初创期企业、成长期企业、壮大期企业和科技小巨人企业
江苏省	《江苏省科技型中小企业备案暂行办法》2013.1	江苏省科技厅	各市、县（市）科技局（科委）、国家高新区管委会	认定标准为：依法在本省范围内登记注册的企业法人；营业收入4亿元以下或从业人员1000人以下；具有一定规模的研发经费投入，具有自主知识产权或专有技术；研发人员占企业当年职工总数5%以上的企业 按从业人数及营业收入分为中型、小型、微型三种类型。另外，对本省范围内已认定的高新技术企业、省级以上创新型企业、承担市级以上科技计划项目的企业、获市级以上高层次人才计划资助的科技人员创办的企业，如同时符合营业收入在4亿元以下或从业人员在1000人以下条件的，自动认定为科技型中小企业
河北省	《河北省科技型中小企业认定管理办法》2013.8	河北省科技厅	各设区市科技行政主管部门、定州市和辛集市科技行政主管部门、国家级高新技术产业开发区管委会	认定标准为：在河北省行政区域内登记注册，工业企业的从业人员在1000人以下或营业收入4亿元以下，科技服务业企业的从业人员300人以下或营业收入1亿元以下，具有大学专科以上学历的人员占企业当年职工总数20%以上，企业上年度研发投入占销售收入2%以上并具有持续开展科技创新活动能力，拥有自主知识产权或专有技术或创新集成能力，通过开展创新活动提供产品或服务的中小企业

地区	条例名称及印发时间	印发部门	认定部门	相关规定
中关村国家自主创新示范区	《中关村国家自主创新示范区科技型中小企业资格确认管理办法（试行）》2015.9	中关村科技园区管委会联合北京市财政局等部门	中关村科技园区管委会	采取基本准入指标判定结合科技指标评分的方式，基本准入指标包括企业注册地、行业类型、企业信用等四项，科技指标包括科技人员、研发费用、科技成果和科技服务三类指标，以及加分项。示范区企业如符合基本准入指标条件，且科技指标综合评分在 60 分（含）以上的，可确认科技型中小企业资格

2.1.2 知识产权与知识产权融资

（1）知识产权

"Intellectual Property"（知识产权）这一概念最先由法国学者 Carpzov 于 17 世纪中叶提出，后经由比利时法学家 Picardie 进一步延伸和发展。国外多数国家对知识产权概念说明的法学著作、立法文件以及相关国际公约都是通过列举法进行阐释，即通过划定权利体系范围来明确知识产权概念。如，美国学者 W R Cornish（1996）基于抽象财产概念的考虑，列举了专利权、著作权、商标权，将其统称为知识产权[①]。英国知识产权局定义知识产权为能够像实物财产权一样被其所有者控制并获得知识产权收益，激励所有者进行创新和创造[②]。采用"列举法"定义知识产权时，表述清楚而具体，但由于知识产权自身动态且具有开放的法律特性，因此难免有疏漏之处。

---

① W R Cornish. IntellectualProperty：Patent，Copyright，Trade Marks and Allied Rights［M］. New York：Sweet & Maxwell，1996：530.

② Intellectual property，often known as IP，allows people to own their Creativity and innovation in the same way that they can own physical property. The owner of IP can control and be rewarded for its use，and this encourages further innovation and creativity to the benefit of us all.

国内普遍采用"概括法"即通过归纳抽象保护对象来定义知识产权。20世纪70年代后，中国开始与联合国世界知识产权组织建立初步联系，在此背景下，我国著名法学家郑成思教授把国际上最新的知识产权制度首次引入国内。20世纪90年代中期，国内学界定义知识产权的主流观点是"知识产权是指公民和法人在一定领域内创造的智力成果依法享有的专有权利（白有忠，1992①）及反不正当竞争的权利（愈兴保等，1995②）"。21世纪初期，国内研究对知识产权做出新的概括，普遍认为知识产权并不仅限于智力创造成果，而应包括多项权利，代表人物及主要观点有：吴汉东（2004）认为"知识产权是人们通过自己的智力和经营管理活动的创造、标记、信誉而依法享有的权利"③；刘春田（2000）指出"创造性智力成果和工商业标记依法产生的权利统称为知识产权"④；张玉敏（2009）定义"知识产权是民事主体依法享有价值创造的利益并排斥他人干涉的权利"⑤。此后，冯晓青（2009）给出了更为明确的概念界定，即"知识产权应指在科学、技术、文化、艺术、工商等领域内，创造性智力成果的完成或工商业经营活动中工商标志所有人依法享有的专有权利"⑥。尽管对知识产权"概括法"定义尚未形成完全一致的看法，但以上几种主流观点被普遍接受。

（2）知识产权融资

通常，知识产权融资是指企业等组织或个人利用其自身的知识产权优势，通过承担债务或出让股权等方式融入资金的过程⑦。作为一类新兴的融资方式，知识产权融资具有高风险和高收益的特征。知识产权融资一般

① 白有忠. 知识产权法手册［M］. 北京：人民出版社，1992：3.
② 愈兴保，等. 知识产权及其价值评估［M］. 北京：中国审计出版社，1995：18.
③ 吴汉东. 知识产权法［M］. 北京：法律出版社，2004.
④ 刘春田. 知识产权法［M］. 北京：高等教育出版社，2000.
⑤ 张玉敏. 知识产权法［M］. 北京：中国人民大学出版社，2009.
⑥ 冯晓青. 知识产权及其相关概念的探讨［N］. 中国高新技术产业导报，2009 - 02 - 23（B03）.
⑦ 苑泽明. 知识产权融资的风险、估计与对策［M］. 大连：东北财经大学出版社，2010.

以知识产权的未来现金流为依托，在融资结构上以权益性融资为主、以债务性融资为辅。进入 21 世纪，知识产权质押融资这一债务性融资在中国日益受到重视并得到发展。

美国和日本是最早出现知识产权融资实践的国家。1997 年美国 Pullman Group 公司将歌星 David Bowie 出版唱片的特许使用权用于发行证券，成为全球首例知识产权证券化成功案例。2002 年，日本政府发布"知识产权国家战略大纲"，推进知识产权产业化；2007 年，日本福冈银行向北九州市一个半导体设计企业提供了 1.5 亿日元的知识产权抵押融资，成为日本首例知识产权抵押融资业务。随着知识产权融资实践的开展，美日两国逐步建立和完善了"市场化为主，政府扶持为辅"的证券化、信托、担保等知识产权融资机制。

伴随着知识产权相关法律和政策的出台，我国知识产权融资实践不断发展。自 20 世纪 80 年代以来，专利法、商标法、著作权法、计算机软件保护条例等法律法规相继颁布；1995 年的《担保法》明确规定"依法可以转让的商标专用权、专利权、著作权中的财产权"可以质押；此后，为鼓励知识产权质押融资，国务院及有关省份陆续出台了一系列政策及行业标准，如 2003 年北京市颁布《关于促进专利质押和专利项目贷款的暂行办法》、2003 年天津市出台《天津市知识产权局专利权质押贷款操作暂行办法》等；2008 年国务院颁布《国家知识产权战略纲要》，提出要"运用财政、金融、投资、政府采购政策和产业、能源、环境保护政策，引导和支持市场主体创造和运用知识产权"，并开始进行知识产权质押融资试点工作；2012 年国务院转发国家知识产权局《关于加强战略性新兴产业知识产权工作的若干意见》，提出"拓展知识产权投融资方式，鼓励开展与知识产权有关的金融产品创新"。2015 年年底，国务院印发《关于新形势下加快知识产权强国建设的若干意见》，该意见明确指出，创新知识产权投融资产品，探索知识产权证券化，完善知识产权信用担保机制，推动发展投贷联动、投保联动、投债联动等新模式。随着互联网时代的到来，以大数据、云计算等为手段的互联网金融为企业知识产权融资提供了新的路径，主要创新方式包括知识产权 P2P 借贷、知识产权网络众筹、知识产权网络小额信贷和知识产权互联网金融门户①。知识产权融资相关法律法规的颁布及政策的制定为探索建立知识产权融资机制、合理配制科技与金融资源、促进创新型企业发展提供了制度保障②。随着我国知识产权创造、保护和运用等体系逐步建立和完善，企业知识产权融资市场环境与融资服务体系建设日趋完善，知识产权融资已成为解决企业融资难题的有效路径。

2.1.3 知识产权质押贷款

（1）质押

从法律条文来看，1995 年颁布的《担保法》首次将质押与抵押加以区分。质押是指债务人或第三人把其动产（权利）移交债权人占有，并将其作为债权的担保。债务人不履行债务时，债权人有权以该动产（权利）折价或者以拍卖、变卖该动产（权利）的价款优先受偿③。与质押不同，抵押是指债务人或者第三人提供一定的财产但不转移其占有，以此作为债权的担保，债务人不履行债务时，债权人有权依法以该财产折价或者以拍卖、变卖该财产的价款优先受偿④。其根本区别在于担保财产是否转移。

从文献研究来看，黄名述（1995）⑤ 最早在文章中明确了质押（质权）的概念，并详细分析了质押与抵押的区别。质押可分为动产质押和权利质押。前者是指债务人或第三人将其动产移交债权人占有，并将该动产作为债权担保；后者则指债务人或第三人在合同约定期限内将权利凭证交付债权人即质权人，以该凭证所表示的权利作为债权担保。知识产权质押属于权利质押。究其本质，无论质押形式如何，若债务人不履行债务，债权人都有权从质物中获得优先受偿。

---

① 马毅．互联网金融发展下的知识产权融资创新［J］．经济体制改革，2018（3）：132 – 137.

② 苑泽明，李田，贾玉辉．科技金融政策执行研究：影响因素及理论模型——基于企业问卷调查与多案例研究［J］．经济与管理研究，2018，39（4）：55 – 66.

③ 参见《担保法》第 63 条，《物权法》第 208 条。

④ 徐伟，潘家永．浅析我国担保法中的质押与抵押［J］．法律适用，1996（6）：30 – 31.

⑤ 黄名述．论质押［J］．现代法学，1995（6）：16 – 21.

可见，由《担保法》《物权法》所界定并受《合同法》保障的质押，其经济功能在于提供不带来质押物使用权转移的担保，并产生两种经济后果中的一种：一是保障债务如约履行，二是导致质押物所有权的转移。这表明，我们应该进一步重视质押物所有权转移的经济后果，即质押物的市场价值（变现价值、处置价值或清算价值等）是否能够覆盖债务，以及不能够完全覆盖债务时的管理措施或救济措施。

（2）知识产权质押贷款

知识产权质押贷款是指知识产权权利人以合法拥有的知识产权中的财产权为质押标的物出质，经专业评估机构评估作价后从银行等融资机构获取资金，并按期偿还本息的一种融资担保行为。

2013 年 1 月，银监会在《关于商业银行知识产权质押贷款业务的指导意见》中指出，"商业银行可以接受境内个人、企业或其他组织以本人或他人合法拥有的、依法可以转让的注册商标专用权、专利权、著作权等知识产权中的财产权做质押，按照国家法律法规和相关信贷政策发放贷款或提供其他授信。"2016 年年底，国务院印发《"十三五"国家知识产权保护和运用规划》，提出"到 2020 年，年度知识产权质押融资金额达到 1800 亿元"，完善"知识产权 + 金融"服务机制，推进质押融资风险补偿试点。数据显示，2017 年全国专利质押融资额超过 720 亿元，同比增长 65%，知识产权质押融资成为解决创新型企业融资和发展需求的有效措施①。尽管国家从法律到政策都对知识产权质押融资大力支持和推广，质押融资额也持续上涨，但融资规模尚未满足市场需求，许多拥有知识产权的企业仍难以获得贷款。究其原因，"评估难、风控难、处置难"是知识产权质押融资市场长久以来所面临的"三难"问题（韦稼霖和谢准，2017）②。对此，全国各地也在不断探索创新模式，包括北京智融宝、深圳知识产权贷、重庆智融宝和知贷宝等知识产权金融创新产品相继推出，知识产权质押融资

---

① 赵洋. 创新知识产权融资模式/破解小微企业资金难题 [EB/OL]. [2018 - 07 - 13]. http：//www. financialnews. com. cn/zq/rz/201807/t20180713_141972. html.

② 韦稼霖，谢准. 知识产权质押融资问题研究 [J]. 科技促进发展，2017 (Z2)：680 - 685.

市场进入百花争艳的新时期，"产品化、市场化、多元化"成为知识产权质押融资发展的方向。

2.1.4　知识产权质押贷款价值

为保证知识产权价值的公允性以及确保商业银行为优先受偿人，知识产权质押贷款必须经过评估和质押登记两个程序。知识产权质押贷款价值是综合考虑质押物的存续性、所处市场条件、用途等因素，审慎衡量其未来变现的可能性所得出的价值，一般由专业评估机构或由银行自行对出质知识产权做出评估。

（1）国外研究

国外对知识产权质押贷款价值类型及价值评估问题进行了深入研究。《国际评估准则》将市场价值作为评估标准。但基于抵押融资目的对评估的特殊要求，德国最先提出"抵押贷款价值"这一概念，并逐步在欧洲范围内获得认同和应用。Ants Kukrus 和 Viktoria Antonova（2005）认为在判断知识产权质押价值时，不能简单将其等同于市场价值或投资价值，而应将知识产权和质押进行综合分析和评价[①]。Kaleva 等（2007）结合抵押贷款价值在欧洲的发展情况，指出抵押价值类型相对市场价值类型而言，与抵押目的更为匹配和恰当[②]。Martin D 和 Drews D C（2012）采用举例说明研究知识产权抵押贷款的价值评估问题，指出用知识产权做抵押贷款可以降低融资风险、增加收益、提高企业经营灵活性[③]。Chava 等（2017）的研究表明，借款人加强专利保护等对专利价值的外源性提高会导致其贷款

---

① Ants Kukrus，Viktoria Antonova. Valuation of Intellectual Property as Pledge Object：Theoretical Aspects ［J/OL］. http//www. mattimar. ee/publikatsioonid/majanduspoliitika/2005/2005/Ⅲ_Korrapol/24_Kukrus_Antonova. pdf.

② Kaleva H, Bienert S, Brunauer W. The mortgage lending value：prospects for development within Europe ［J］. Journal of Property Investment & Finance, 2007, 25（06）：542 - 578.

③ Martin D，Drews D C. Collateral for Securitization or Lending ［C /OL］. ［2012 - 12 - 21］. https：//library. villanova. edu/Find/Sum-mon/Record？id = FETCH-proquest_dll_8713339311.

成本降低，专利赋予贷款人的财产权使银行贷款成为创新型企业融资的可行手段①。随着对知识产权质押价值研究的深入，《欧洲评估准则》最终采纳了抵押贷款价值类型，并在欧洲进行推广和使用。目前，国际上对市场价值与抵押贷款价值两种主流价值类型仍存在争议：市场价值主要用于《国际评估准则》与《美国评估准则》，而抵押贷款价值则主要用于《欧洲评估准则》、巴塞尔新资本协议。此外，日本提出"公正价值"类型，当客观价值即市场价值无法确定时，"经营者的使用价值"即为知识产权价值②。

（2）国内研究

国内主要对知识产权质押价值类型及实现手段等进行了研究。姜楠（2002）首次提出资产评估公允价值的概念③。刘玉平（2003）指出评估师应根据不同的评估需要选择不同的价值类型，不应仅限于市场价值④。王诚军和陈明海（2003）则指出市场价值是最重要且最常用的评估类型⑤。陆志明（2004）认为知识产权的担保价值主要是基于知识产权担保品的未来现金流入，而并非完全取决于担保品的可转换性⑥。刘伍堂（2007）则指出清算价值或转让价值更为符合银行的评估价值⑦。刘亭和郑洁（2010）也认为，一旦企业不能如期还款，银行只能拍卖或出售质押知识产权的价值以降低损失，因此，银行应选择市场价值或以其为基础的清算价值或变

---

① Chava S，Nanda V K，Xiao S C. Lending to Innovative Firms［J］. Social Science Electronic Publishing，2017，6（2）：234 – 289.

② 李龙. 日本知识产权质押融资和评估［J］. 华东理工大学学报（社会科学版），2009，24（4）：79 – 85 + 99.

③ 姜楠. 对资产评估基本目标的再认识——兼论公允价值与市场价值［J］. 中国资产评估，2002（2）：13 – 16.

④ 刘玉平. 再论价值类型［J］. 中国资产评估，2003（5）：14 – 16.

⑤ 王诚军，陈明海. 全面认识价值类型的作用——国外评估界关于价值类型的认识及理论等问题论述的启发［J］. 中国资产评估，2002（5）：37 – 39.

⑥ 陆志明. 创业企业知识产权担保融资研究［J］，证券市场导报，2004（6）：59 – 65.

⑦ 刘伍堂. 质押贷款中知识产权的价值评估实务［J］. 中国资产评估，2007（12）：18 – 20.

现价值作为评估价值①。高华等（2107）将专利权质押融资过程中的法律风险、评估风险、信用风险和经济风险从风险分担视角构建了专利权质押融资估值模型，并运用蒙特卡洛模拟方法进行量化分析，实例验证的结果显示，考虑风险的质押融资估值低于传统收益法的估值结果②。

可见，由于知识产权具有内在价值（或真实价值）和外在价值（或评估价值）这两种最主要的价值形式。其中，前者是客观存在，而后者是人们对前者的发现或认知，具有主观性，从而决定了知识产权质押贷款价值的一对基本矛盾，也就是真实价值与评估价值之间的矛盾。知识产权质押贷款以评估价值为重要参考依据，由此产生了知识产权质押贷款风险。

2.2　知识产权质押贷款风险及影响因素研究

2.2.1　知识产权质押贷款风险

由于知识产权质押贷款的主体依然是企业本身，因此，知识产权质押贷款的第一还款来源一般来说仍为企业投资经营所得，当其所得不能如期清偿贷款本息时，银行则有权变现出质的知识产权来清偿债务。基于此，我们可以根据质押贷款的还款来源将知识产权质押贷款风险分解为企业经营风险以及知识产权本身风险。企业经营风险是指企业在还款期由于现金流为负不能按期偿还本息或因收不抵支（企业出现财务困境时）所导致无法按时偿还贷款本息而造成的违约风险。知识产权本身风险是由于知识产权本身的复杂性、信息不对称性及处置的困难性而造成的风险，与有形资

---

① 刘亭，郑洁，齐静．中小企业知识产权质押评估问题研究［J］．大众商务，2010（7）：266.

② 高华，刘程程，王晓洁．风险分担视角下专利权质押融资估值研究［J］．科技进步与对策，2017（5）：105－111.

产抵押相比，知识产权质押具有特殊的法律、评估、处置等风险①。其中，法律风险是核心，评估风险和处置风险归根结底来源于法律风险②。国内外对知识产权质押贷款风险研究根据内容分为三个方面：风险识别、风险分类、风险控制与防范对策。

（1）国外研究

首先，风险识别。信贷配给是甄别借款者信贷风险的重要工具，研究表明借助贷款合约类型可以判断借贷者的风险类型，Bester（1985）③ 以及 Besanko 和 Thakor（1987）④ 研究发现，低风险借贷者通常会选择高质押物和低利率的融资方式，而高风险借贷者偏向选择无质押且高利率的融资方式。Lehmann 和 Neuberger（2001）⑤ 以及 Jimnez 等（2006）⑥ 研究发现，高风险的借贷者通常给予质押物的价值比较低，这成为银行分辨借贷者风险类型的重要参考。然而 Cressy 和 Toivanen（2001）研究发现，融资风险与质押物的价值并不具有显著相关关系⑦。J P Niinimaki（2011）也认为不能简单以质物价值甄别风险类型⑧。

其次，风险分类。国外研究集中在知识产权质押贷款的法律风险。

---

① 章洁倩. 科技型中小企业知识产权质押融资风险管理探讨［J］. 金融与经济，2013（6）：87 – 89 + 51.

② 陶丽琴，阮家莉. 我国知识产权质押融资：实践样态和立法制度审视——基于知识产权战略和民法典编纂的背景［J］. 社会科学研究，2017（5）：110 – 117.

③ Helmut Bester. Screening vs Rationing in Credit Markets with Imperfect Information［J］. The American Economic Review，1985，75（4）：850 – 855.

④ David Besanko，Anjan V Thakor. Collateral and Rationing：Sorting Equilibria in Monopolistic and Competitive Credit Markets［J］. International Economic Review，1987，28（3）：671 – 689.

⑤ Lehmann Erik，Neuberger Doris. Do lending relationships matter？Evidence from bank survey data in Germany［J］. Journal of Economic Behavior and Organization，2001（45）：339 – 359.

⑥ Jiménez Gabriel，Salas Vicente，Saurina Jesus. Determinants of collateral［J］. Journal of Financial Economics 2006，81（2）：255 – 282.

⑦ Cressy，Robert，Toivanen，Otto. Is there adverse selection in the credit market？［J］. Venture Capital 2001，3（3）：215 – 238.

⑧ J P Niinimaki. Nominal and true cost of loan collateral［J］. Journal of Banking & Finance，2011（35）：2782 – 2790.

Roberts Bramson（1981）最早研究了美国知识产权质押贷款的法律问题，提出要进一步修订法律章程来保障知识产权的担保交易①。Smith L S（2006）对知识产权质权实现后二次转让行为归属于一般无形资产转让还是商业侵权行为进行了研究②。Iwan Davies（2006）指出知识产权质押融资行为存在法律结构的不确定性③。Strasser（2007）基于信用风险、补偿风险、侵权风险视角，分析了从知识产权形成到知识产权质押过程中不同阶段的风险④。Neumyer Darin（2007）采用案例分析法，对知识产权质押前景进行了研究，分析了知识产权的一般风险包括市场接受风险、过时风险、维护风险和法律风险，且认为商标相较于其他知识产权是最实用的抵押品类型⑤。Crawford John 和 Strasser Robert（2008）对知识产权侵权的风险评估进行了研究，提出应对知识产权侵权行为的系列措施⑥。

最后，风险控制与防范对策。Neil 和 Michael（2004）依据破产理论研究破产问题或安全利益对技术等知识产权交易的影响，提出在规划过程中尽早考虑破产因素可以缓释风险⑦。Guy Ben 和 Vonortas（2007）采用实证

---

① Robert S Bramson. Intellectual Property as Collateral – Patents, Trade Secrets, Trademarks and Copyrights [J]. The Business Lawyer, 1981, 36（4）: 1567 – 1604.

② Smith L S. General Intangible or Commercial Tort: Moral Rights and State Based intellectual Property as Collateral Under UCC Revised Article [J]. Social Science Electronic Publishing, 2006.

③ Iwan Davies. Secured financing of intellectual property assets andthe reform of English personal property security law [J]. Oxford Journal of Legal Studies, 2006, 26（3）: 559 – 583.

④ 鲍新中，董玉环. 知识产权质押融资风险评价研究——基于银行视角 [J]. 南京审计学院学报，2016（2）: 48 – 56.

⑤ E Nur Ozkan, Gunay, Mehmed Ozkan. Prediction of Bank Failures in Emerging Financial Markets: an ANN Approach [J]. The Journal of Risk Finance, 2007, 8（5）: 465 – 480.

⑥ Crawford John, Strasser Robert. Management of Infringement Risk of Intellectual Property Assets [J]. Intellectual Propert & Technology Law Journal, 2008, 20（12）: 7 – 10.

⑦ Neil S Hirshman, Michael B Flaschen. Addressing Bankruptcy and Credit Risks in Complex Intellectual Property and Technology Transactions [J]. Licensing Journal, 2004, 24（3）: 1 – 9.

研究方法，对不同国家的风险融资机制进行了研究，同时探究天使投资基金、风险投资公司以及政府部门在知识型企业融资中的重要作用，并提出相关对策①。Kenan 和 Ellis（2010）对美国无形资产（知识产权）创新融资问题的研究，从完善知识产权价值评估和交易机制、明确知识产权特征、加强知识产权信息披露等方面提出了对策建议②。

（2）国内研究

首先，风险识别。王守龙（2013）从信贷风险、确定风险、处置风险三个角度分析了知识产权质押贷款风险的构成③。程永文和姚王信（2015）借助有限理性理论解释知识产权质押贷款风险的形成机理，运用中国早期专利质押贷款试点数据对知识产权质押贷款风险进行评估与检验④。鲍新中和董玉环（2016）研究知识产权质押融资风险主要源自法律制度环境、知识产权属性、信息不对称三个方面，并构建了知识产权融资风险形成机理的一般模型⑤。葛仁良和魏雪君（2016）以广东自主创新型企业为研究对象，建立动态定量模型发现，知识产权创造和运用两个环节风险最高，知识产权管理和保护环节的风险较小，并提出可操作的风险管理对策⑥。

其次，风险分类。国内研究表明，知识产权质押贷款除了知识产权自身特有的法律、评估和处置风险之外，还存在市场风险、经营管理风险、

①　Guy Ben-Ari, Nicholas S Vonortas. Risk financing for knowledge – based enterprises：mechanisms and policy options ［J］. Science & Public Policy, 2007, 34（7）：475 – 488.

②　Kenan Patrick Jarboe, Ellis Ian. Intangible Assets：Innovative Financing for Innovation ［J］. Science & Technology, 2010, 26（2）.

③　王守龙. 银行知识产权质押贷款风险评估模型研究 ［J］. 重庆科技学院学报（社会科学版），2013（7）：74 – 77 + 107.

④　程永文，姚王信. 有限理性视角下知识产权质押贷款风险形成、评估与检验 ［J］. 科技进步与对策，2015（13）：139 – 144.

⑤　鲍新中，董玉环. 知识产权质押融资风险评价研究—基于银行视角 ［J］. 南京审计学院学报，2016（2）：48 – 56.

⑥　葛仁良，魏雪君. 知识产权整体化风险管理的实证研究——基于广东省自主创新型企业的调查数据 ［J］. 科技管理研究，2016（3）：123 – 128.

操作风险和道德风险等（章洁倩，2013①；马伟阳，2015②）。法律风险主要包括知识产权权利归属风险、权利稳定性风险以及侵权风险（张伯友，2009③），因此法律确权是其核心，决定了知识产权质押能否成立、对其价值评估是否有意义以及当出现违约时质押知识产权能否顺利变现。郭峰（2008）将知识产权质押贷款的法律风险分为两类，即质物本身的瑕疵以及质物在贷款期间发生的既发性法律事件④。苑泽明和姚王信（2011）基于知识产权质押融资特性，阐明该融资方式的不对称性内容及其法经济学解释，并通过融资约束分析，揭示知识产权质押融资中的法律影响⑤。齐盼盼等（2012）基于不完全契约理论研究知识产权质押融资的法律风险⑥。韩倩等（2010）指出知识产权质押评估风险是指评估结果严重偏离知识产权真实价值，对使用评估结果的金融机构产生误导并损害其权利后，提供评估结果的评估机构和人员所面临的法律诉讼风险，并分析了知识产权质押评估业务的风险来源，构建了知识产权质押评估业务风险模型⑦。符琪（2011）从知识产权价值模糊性、知识产权收益能力的不确定性及知识产权价值的附着性等方面分析企业知识产权评估所存在的风险及防范建议⑧。鲍新中等（2015）从知识产权质押融资的价值评估视角建立风险评价指标

---

① 章洁倩. 科技型中小企业知识产权质押融资风险管理——基于银行角度 [J]. 科学管理研究，2013（2）：98－101.

② 马伟阳. 知识产权质押融资风险防控机制的完善 [J]. 青海师范大学学报（哲学社会科学版），2015（1）：47－52.

③ 张伯友. 知识产权质押融资的风险分解与分步控制 [J]. 知识产权，2009（2）：30－34.

④ 郭峰. 知识产权质押贷款的法律风险及其防范 [J]. 中国资产评估，2008（2）：19－20.

⑤ 苑泽明，姚王信. 知识产权融资不对称性的法经济学分析 [J]. 知识产权，2011（2）：41－45.

⑥ 齐盼盼，杨小晔，牛诺楠. 知识产权质押融资风险评价模型研究 [J]. 会计之友，2012（25）：102－105.

⑦ 韩倩，尉京，红郭庆. 知识产权质押评估业务的风险因素与风险模型 [J]. 商业会计，2010（17）：32－33.

⑧ 符琪. 企业知识产权评估风险及控制策略研究 [J]. 企业技术开发，2011（20）：1－2.

体系，基于模糊综合评价确定指标权重，并结合案例对知识产权质押融资项目风险进行评价①。

最后，风险控制与防范对策。梁莱歆和王正兵（2004）从股权资本报酬率变异性的角度来衡量企业融资风险，通过建立股权资本期望报酬率服从正态分布下的融资风险定量模型，并利用该模型对高科技上市公司天津磁卡的融资风险进行实证分析；结果表明该方法能够揭示公司融资风险的存在及其量化水平，具有优化企业融资结构的作用②。在知识产权质押融资风险的体制机制研究方面，张弛（2007）从金融机构角度出发，将知识产权的"制衡性""可管理性""可估测性""可流通性""稳定性"归纳为"REMMENS 原则"，作为金融机构科学选择质押标的指导方法③。张伯友（2009）认为风险分解与分步控制是推进知识产权质押融资开展的关键，应对中小企业的经营风险及各类知识产权风险分类别、分梯次进行分解，分机构、分部门进行控制，加强政策的扶持和引导力度④。宋伟和胡海洋（2009）指出我国在联合担保机制、知识产权质押反担保机制和风险补偿机制等风险分散实践方面存在的缺陷⑤，提出建立知识产权质押融资国家担保制度的建议。周文光和黄瑞华（2009）研究了企业自主创新的六个阶段以及各阶段的知识产权风险，并提出风险防范与控制措施⑥。徐栋（2009）指出风险难以控制是阻碍知识产权质押贷款发展的关键，通过借鉴美、日发展经验，提出建立政府、银行和中介机构等共同组成的质押贷

---

① 鲍新中，屈乔，傅宏宇．知识产权质押融资中的价值评估风险评价［J］．价格理论与实践，2015（3）：99 - 101.

② 梁莱歆，王正兵．高科技企业融资风险定量模型及其实证分析［J］．系统工程，2004（12）：34 - 37.

③ 张弛．从法律视角论知识产权质押融资风险控制［J］．银行家，2007（12）：119 - 121.

④ 张伯友．知识产权质押融资的风险分解与分步控制［J］．知识产权，2009，19（2）：30 - 34.

⑤ 宋伟，胡海洋．知识产权质押贷款风险分散机制研究［J］．知识产权，2009（4）：73 - 77.

⑥ 周文光，黄瑞华．企业自主创新中知识创造不同阶段的知识产权风险分析［J］．科学学研究，2009，27（6）：955 - 960.

款融资体系①。李增福和郑友环（2010）指出"银政企合作"的多方共赢的质押贷款模式有利于突破知识产权质押贷款发展的瓶颈②。范晓宇（2010）提出在知识产权担保融资上可推行政策银行模式③。余丹和范晓宇（2012）研究了中小企业知识产权担保融资风险控制路径包括：确定政府风险承担的主体地位；赋予知识产权担保融资中介机构服务及行政监管双重职能；建立事后风险控制权再配置机制④。程春和杨立社（2015）针对农业科技企业知识产权质押风险，采用案例法从各方参与者的角度对如何减小融资过程中的风险提出对策和建议⑤。杨帆等（2017）指出金融机构可以从扩展补偿范围、优化合作模式、健全评价体系、完善风险控制等方面，建立风险补偿基金的政策支撑与发展策略⑥。

2.2.2　知识产权质押贷款风险影响因素

（1）国外研究

知识产权质押贷款风险评估的关键是对质物进行有效的价值评估。Mark Bezant（1997）率先采用调查问卷对知识产权价值评估的影响因素及知识产权质押融资的可行性进行了研究，也证实法律制度不完善和知识产权价值评估问题是影响知识产权质押贷款的主要因素⑦。此后，国外主要采用实证数据研究知识产权价值的影响因素。Dietmar Harhoff 和 Francis Na-

---

① 徐栋. 中外知识产权质押贷款发展状况研究 [J]. 电子知识产权，2009（8）：51－53.

② 李增福，郑友环. 中小企业知识产权质押贷款的风险分析与模式构建 [J]. 宏观经济研究，2010（4）：59－62＋67.

③ 范晓宇. 知识产权担保融资风险控制研究 [J]. 浙江学刊，2010（3）：156－160.

④ 余丹，范晓宇. 中小企业知识产权担保融资风险配置研究 [J]. 科技进步与对策，2010（16）：102－105.

⑤ 程春，杨立社. 农业科技企业知识产权质押融资问题思考 [J]. 科技管理研究，2015（3）：126－129＋141.

⑥ 杨帆，李迪，赵东. 知识产权质押融资风险补偿基金：运作模式与发展策略 [J]. 科技进步与对策，2017，34（12）：99－105.

⑦ Mark Bezant. The Use of Intellectual Property as Security for Debt Finance [J]. Journal of Knowledge Management，1997，1（3）：237－263.

rin（1999）基于公共专利数据库数据，运用负二项回归模型研究了专利价值与被引用次数之间的关系①。Lanjouw（1998）研究了专利续费时间对专利价值的影响②。Wang S J（2007）研究了法院判决、专利家族、组合专利等专利引文之外的其他影响评估结果的因素③。Chiu（2007）从技术、成本、产品市场和技术市场四个方面建立了专利价值评价影响因素指标体系④。Yong-gil Lee（2009）采用多种变量对专利技术价值、直接经济价值和间接经济价值三个指标加以解释，为专利价值评估提供了科学依据⑤。Paul Flignor 和 David Orozco（2009）以美国知识产权制度为研究对象，从法律属性分析知识产权的评估影响因素⑥。Odasso 等（2015）采用专利拍卖相关数据，从出售者和竞买者视角探索影响价值差异的因素和专利特征对其交易价值的影响⑦。

（2）国内研究

国内研究关注知识产权质押融资风险影响因素的实证分析，并初步构建了风险评价指标体系。文豪等（2011）指出银行在决定是否开展知识产权质押贷款业务时，易受银行内部激励、同业竞争、政府推动三个因素的

---

①　Dietmar Harhoff, Francis Narin, F M Scherer and Katrin Vopel. Citation Frequency and the Value of Patented inventions［J］. Review of Economics & Statistics, 1999, 81（3）: 511 –515.

②　Lanjouw J O, Pakes A, Putnam J. How to count patents and valueintellectual property: The uses of patent renewal and applicationdata［J］. The Journal of Industrial Economics, 1998, 46（4）: 405 – 432.

③　Wang S J. Factors to evaluate a patent in addition to citations［J］. Scientometrics, 2007, 71（3）: 509 – 522.

④　Chiu Y J, Chen Y W. Using AHP in patent valuation［J］. Math-ematical and Computer Modelling, 2007, 46（7 – 8）: 1054 – 1062.

⑤　Yong-gil Lee. What affects a patent's value? An analysis of variables that affect technological, direct economic and indirect economic value: An exploratory conceptual approach ［J］. Scientometrics, 2009（3）.

⑥　Paul Flignor, David Orozco. Intangible Asset & Intellectual Property Valuation: A Multidisciplinary Perspective ［J/OL］. ［2009 – 05 – 10］. http: //www. wipo. int/export/siles/www/sme/en/documents/pdf/IP_Valuation. pdf.

⑦　Odasso C, Scellato G, Ughetto E. Selling patents at auction: an empirical analysis of patent value［J］. Industrial and Corporate Change, 2015, 24（2）: 417 –438.

影响；在实施具体知识产权质押贷款项目决策时，受价值评估风险、法律风险、道德风险、质押物处置风险四类因素影响①。齐盼盼等（2012）从法律、知识产权、企业、银行、宏观等方面建立了知识产权质押融资风险影响因素模型②。章洁倩（2013）对科技型中小企业知识产权质押融资风险的影响因素进行了分析，并构建了科技型中小企业知识产权质押风险评价指标体系③。尹夏楠等（2016）从财务管控、经营管控、知识产权自身和政府行为四个方面构建企业知识产权质押融资风险的量化指标评价体系，并使用 VIKOR 方法建立知识产权质押融资风险评价模型④。鲍新中和董玉环（2016）构建了知识产权质押风险评价指标体系及其权重，并运用区间值法对各个评价指标进行赋值，实证研究也证明了该评价指标体系的科学性、可行性和有效性⑤。仇荣国等（2017）从知识产权角度构建了两阶段科技型小微企业知识产权质押融资契约机制模型，探讨了知识产权价值、知识产权融资利息率、风险投资者的监控成本及风险规避程度、风险投资者的战略收益等要素对该模型的影响机制⑥。李海英等（2017）基于商业银行视角，构建了创新型企业知识产权质押贷款风险影响因素结构框架，并通过因子分析法设计了商业银行打分表，确定了创新型企业知识产权质押贷款风险评估指标体系及其权重⑦。

---

① 文豪，汪海粟，陈保国，容伯轩．中小企业知识产权质押贷款的业务链分析——基于静态结构与运行机制的视角［J］．经济社会体制比较，2011（3）：177 - 184.

② 齐盼盼，杨小晔，牛诺楠．知识产权质押融资风险评价模型研究［J］．会计之友，2012（25）：102 - 105.

③ 章洁倩．科技型中小企业知识产权质押融资风险管理——基于银行角度［J］．科学管理研究，2013（2）：98 - 101.

④ 尹夏楠，鲍新中，朱莲美．基于融资主体视角的知识产权质押融资风险评价研究［J］．科技管理研究，2016（12）：125 - 129.

⑤ 鲍新中，董玉环．知识产权质押融资风险评价研究——基于银行视角［J］．南京审计学院学报，2016（2）：48 - 56.

⑥ 仇荣国，孔玉生．基于知识产权质押的科技型小微企业融资机制及影响因素研究［J］．中国科技论坛，2017（4）：118 - 125.

⑦ 李海英，苑泽明，李双海．创新型企业知识产权质押贷款风险评估［J］．科学研究，2017（8）：1253 - 1263.

2.3　商业银行信贷风险评价方法与模型研究

商业银行信贷风险的形成主要源于企业信用、信贷定位与期限管理、资金来源与运用期限错配，以及信息不对称等几个因素。进入 21 世纪，在金融服务全球化以及金融产品不断创新的新形势下，2004 年 6 月发布新巴塞尔协议（该协议于 2006 年年底正式生效），将信用、操作、市场三大风险同时纳入商业银行的风险资本计算和监管框架。因此，本章基于企业知识产权质押贷款视角的商业银行信贷风险研究主要从信用风险、操作风险、市场风险三个层面进行相关文献回顾。

2.3.1　信用风险评价

信用风险指借款人因主观原因，不愿或没有能力清偿贷款从而导致银行受到损失的可能性，因而它又称为违约风险。信用风险一直以来被商业银行作为主要的经营风险，对信用风险进行有效度量是商业银行进行贷款决策的重要前提。

（1）国外研究

国外商业银行信用风险评价研究分为三个阶段，这三个阶段所采用的风险评价方法从单一到复杂、从定性到定量，评价指标也从最初的企业财务信息发展到各类非财务信息。

第一阶段是基于专家经验判别的定性分析阶段（1970 年以前）。该阶段的信用风险评估方法由金融机构在长期实践中逐渐形成，主要依靠专家经验对信用风险进行定性判断，根据信用风险的形成要素不同，可分为 5C、5W、5P、LAPP 法和骆驼评估体系等。5C 专家评分法的评价机理是将借款人自身属性与外在环境影响进行结合，主要包括品质（Character）、能力（Capacity）、资本（Capital）、抵押（Collateral）和条件（Condition）五个指标。5W 和 5P 评分法均是以借款合同为基础进行专家评分，5W 是指借款人（Who）、借款用途（Why）、还款期限（When）、担保物

（What）以及如何还款（How），主要围绕借款合同的项目进行专家评分；5P 包括个人因素（Personal）、借款目的（Purpose）、偿还（Payment）、保障（Protection）和前景（Perspective）①。专家经验判别分析法存在两大弊端，一是无法将信用风险的各方面影响因素完全考虑，导致对融资方的信用风险分析不够全面；二是以定性指标为主，需要借助专家进行经验判断，因而主观性较大。

第二阶段是基于财务指标的信贷评分模型判断阶段（20 世纪 70～80 年代）。该阶段基于早期企业信用理论，把影响企业信用的因素归结到企业财务方面，大多从企业财务状况或企业未来是否破产以及偿债的角度来进行研究。1974 年，Merton 率先将现代金融理论和方法引入信用风险研究，此后，线性判别等统计方法被大量运用②。其中以 William Beaver（1968）、Edward Altman（1968）的单变量和多变量模型应用最为广泛，前者通过相同数量和规模的破产企业和非破产企业的对比研究后提出单变量判定模型，即通过个别财务比率走势恶化来预测财务危机；后者则对 22 个财务比率进行数理统计筛选和加权汇总，构建了 5 变量 Z - score 模型；1977 年，Altman、Haldeman 与 Narayanan 又对该模型进行扩展，建立了第二代模型——ZETA 信用风险模型；Gabriele Sabato（2007）采用逻辑回归分析再次对其进行扩充，结果表明逻辑回归模型的准确率要高于 Z - score 模型。此后，多元判别分析法（Edmister，1972）、概率模型（Meyer 和 Pifer，1970）、Logit 识别模型（Ohlson，1980；Koh Hian Chye 等，2004）以及主成分分析法（Libby，1975）等也被引入判别分析。不同于专家经验判别的主观评估，以模型和市场判断为标志的理性评估在这一阶段得到快速发展。

第三阶段是基于现代模型定量评估的综合判断阶段（1990 年以后）。进入 20 世纪 90 年代，巴塞尔委员会对信用风险度量提出更高要求，局限

---

① 庞增录. 商业银行信用风险研究综述 [J]. 中国证券期货，2012（4）：214 - 215.

② RC Merton. On the Pricing of Corporate Debt：the Risk Structure of Interest Rates [J]. Journal of Finance，1974，29（2）：449 - 470.

于财务数据无法准确反映创新型企业的融资风险，商业银行开始采用内部评级系统，并对信用风险进行定量管理，促使信用风险建模和评估技术快速发展。JP 摩根的信用度量术模型（Credit Metrics）、KMV 公司的 KMV 模型、瑞士银行金融产品开发部的信用风险附加模型（Credit Metrics +）以及麦肯锡公司的信用组合观点模型（Credit Portfolio View）是该阶段四大主流度量模型。针对四大主流模型，Michael B Gordy（2000）的研究表明 Credit Metrics 模型和 Credit Risk + 模型功能相同①；Michel Crouhy（2006）则认为四种主要模型在同一时点对同一资产组合进行评估得出的结果是相近的②；此外，KMV 模型被证实能更好地进行企业违约风险预测（Matthew 和 Irina，2002③；Jeffrey 和 Navneet，2005；Douglas 和 Irina，2007）。随着人工智能的不断发展，商业银行引入神经网络模型、专家系统等，为其贷款决策、市场开发以及信用评估等提供判断依据。Adnan Khashman（2010）针对信用风险评估提出了三种神经网络模型和九种运算法则，分别就不同算法运用德国信贷审批数据进行实证分析，得出了一个简单信用风险评估的神经网络模型④。Ricardas Mileris 和 Vytautas Boguslauskas（2010）构建模型用以评价输入数据简化对信用风险模型准确性的影响，并基于某公司财务数据，对判别分析、逻辑回归以及人工神经网络三种信用评估模型的分类精度进行了分析⑤。Adel Karaa 和 Aida Krichene（2012）依据代理理论，通过对中东和北非地区银行信用风险评估和信用

---

①　Michael B. Gordy. A Comparative Anatomy of Credit Risk Models ［J］. Journal of Banking and Finance，2000，24（1 - 2）.

②　Michel Crouhy，Dan Galai，Robert Mark. Risk Management ［M］. New York：McGraw-Hill Professional，2006.

③　Matthew Kurbat，Irina Korablev. Methodology for Testing the Level of the EDF Credit Measure ［R/OL］.［2002 - 08 - 08］. http：//www. docin. com/p - 1773622508. html.

④　Adnan Khashman. Neural Networks for Credit Risk Evaluation：Investigation of Different Neural Models and Learning Schemes ［J］. Expert Systems with Applications，2010（37）：6233 - 6239.

⑤　Ricardas Mileris，Vytautas Boguslauskas. Data Reduction Influence on the Accuracy of Credit Risk Estimation Models ［J］. Economics of Engineering Decisions，2010，21：5 - 11.

违约预测问题进行实证后发现，人工神经网络模型的预测效果优于支持向量机（SVM）①。Greta Falavigna（2012）采用向后传播算法的前馈人工神经网络建立验证网络和模拟评级两个模型，利用 AIDI 数据库中的 2008 年意大利财务状况公开的 631 家制造型企业数据，预测企业无法偿债的可能性并进行模拟评级，研究结果确认了人工神经网络在预测企业违约及银行内部评级方面的有用性②。此外，数学规划、贝叶斯决策模型、存活分析等方法也被引入商业银行信用风险的定量评价，以弥补传统定量分析评价结果的不足③。

（2）国内研究

与国外成熟的信用风险评价方法及度量模型相比，国内研究起步较晚。21 世纪初期，国内开始关注商业银行信用风险研究，与国外相关研究一样，大致也可分为三个阶段。

第一阶段是财务危机预警及判别（2000 年以前）。1997 年爆发的金融危机，使得企业财务危机预警成为学界关注热点。周首华等④（1996）采用案例法研究了 F 分数模型在企业财务危机预警的应用。陈静（1999）首次运用统计计量模型进行财务困境预警研究⑤。张玲（2000）以 120 个样本上市公司的财务比率为依据，构建财务危机判别分析模型⑥。

第二阶段是对主流信用风险度量模型的应用研究（21 世纪初期）。国内研究表明，基于期权定价理论构建的 Credit Metrics 和 KMV 模型可以衡

① Adel Karaa, Aida Krichene. Credit-risk Assessment Using Support Vectors Machine and Multilayer Neural Network Models：A Comparative Study Case of a Tunisian Bank ［J］. Accounting and Management Information Systems，2012（4）：587 - 620.

② Greta Falavigna. Financial Ratings with Scarce Information：A Neural Network Approach ［J］. Expert Systems with Applications，2012（39）：1784 - 1792.

③ 张维，李玉霜. 商业银行信用风险分析综述 ［J］. 管理科学学报，1998（3）：22 - 29.

④ 周首华，杨济华，王平. 论财务危机的预警分析——F 分数模式 ［J］. 会计研究，1996（8）：8 - 11.

⑤ 陈静. 上市公司财务恶化预测的实证分析 ［J］. 会计研究，1999（4）：32 - 39.

⑥ 张玲. 财务危机预警分析判别模型及其应用 ［J］. 预测，2000（6）：38 - 40.

量公司和私人客户信用风险；针对上市公司的信用风险，KMV 模型更加适用；而 Credit Metrics + 模型更适用于银行衡量零售客户的信用风险；信用组合观点模型适合于对宏观经济因素变化敏感的投机级债务人的信用风险度量（孟阳，2003[①]；吴军和张继宝，2004[②]；王喜梅和刘伯强，2004[③]；邓学佳和窦锦秀 2005[④]）。由于我国信用数据库匮乏及信用评价体制不完善，对 Credit Metrics + 模型应用存在限制（范南，2002[⑤]）。严太华等（2004）建议根据 Credit Metrics + 模型，利用商业银行现有的"历史贷款资料"生成"信用等级转换概率矩阵数据库"和"企业违约回收率均值数据库"，用以解决商业银行的贷后管理、监督、风险控制等一系列问题[⑥]。此外，利用有限的信贷数据，采用实证研究方法探讨了信用风险模型的应用并提出对策建议，如，于立勇和詹捷辉（2004）构建了以 21 个财务指标为基础的信用风险评估指标体系，选择某国有银行 132 个制造业企业客户样本，通过 Logistic 模型建立了测算违约概率的模型，发现该模型预测效果较好[⑦]；惠晓峰和孙嘉鹏（2004）采用某商业银行的贷款数据，确定该银行的信用矩阵模型基本参数，并完成样本组合风险的测量[⑧]；李志辉和李萌（2005）采用某商业银行提供的 195 家上市公司贷款数据，对比分

----

① 孟阳. 信用度量制模型与商业银行信用风险量化度量管理 [J]. 现代财经（天津财经学院学报），2003（3）：32 – 34.

② 吴军，张继宝. 信用风险量化模型比较分析 [J]. 国际金融研究，2004（8）：50 – 54.

③ 王喜梅，刘伯强. 信用风险量化模型比较分析 [J]. 特区经济，2004（12）：215 – 216.

④ 邓学佳，窦锦秀. 对信用风险量化模型比较及应用的思考 [J]. 特区经济，2005（4）：180 – 181.

⑤ 范南. Credit metrics + 模型及其对我国银行信用风险管理的借鉴 [J]. 金融论坛，2002（5）：50 – 54.

⑥ 严太华，程映山，李传昭. 商业银行信用风险量化和管理模型的应用分析 [J]. 重庆大学学报（自然科学版），2004（7）：109 – 113.

⑦ 于立勇，詹捷辉. 基于 Logistic 回归分析的违约概率预测研究 [J]. 财经研究，2004（9）：15 – 23.

⑧ 惠晓峰，孙嘉鹏. 商业银行信用风险识别：信用矩阵的实证应用研究 [J]. 国际金融研究，2004（3）：21 – 27.

析线性判别模型、Logit 模型和 BP 神经网络模型在信用风险识别和预测的准确性、稳定性，结果表明 Logit 模型优于其他模型[①]；白保中和朱世武（2008）以某商业银行 6 年的信贷数据为样本，采用 Logistic 回归构建了电力、公路、城镇建设三个行业的信贷违约概率模型[②]；章政等（2006）对比分析了信用度量术、麦肯锡模型和 KMV 模型的特点，以及在我国的应用[③]。南汉馨（2005）[④]、王小平（2006）[⑤]、霍兵（2014）[⑥] 对商业银行在信用评级体系、信用风险数据库、信用风险管理组织机制等方面的完善提出了建议。赵薇和郑宏宇（2015）则在改进信用评估手段、完善信息披露制度方面提出了建议[⑦]。

第三阶段是对信用风险评价模型的拓展研究（2010 年至今）。随着我国企业信用体系以及专业数据库的建立和完善，为学者研究提供了新的实证数据来源。徐春红和路正南（2010）构建主成分 Logistic 混合识别模型并进行了实证研究[⑧]。刘源（2011）运用修正后的 Credit Risk + 模型对商业银行信用风险进行量化，结合某商业银行的 150 个贷款样本作为研究对象进行实证[⑨]。郭小波等（2011）运用来自央财民泰金融研究所的 193 家

---

① 李志辉，李萌．我国商业银行信用风险识别模型及其实证研究［J］．经济科学，2005（5）：61－71．

② 白保中，朱世武．基于 Logistic 模型的单个信用资产违约概率预测［J］．广东金融学院学报，2008（2）：57－65．

③ 章政，田侃，吴宏．现代信用风险度量技术在我国的应用方向研究［J］．金融研究，2006（7）：71－77．

④ 南汉馨．信用风险量化模型与我国商业银行信用风险管理［J］．金融理论与实践，2005（5）：73－75．

⑤ 王小平．现代信用风险量化模型及对我国商业银行信用风险管理的借鉴［J］．经济师，2006（4）：251＋253．

⑥ 霍兵．现代信用风险 VaR 模型的不足及改进［J］．贵州社会科学，2015（12）：143－148．

⑦ 赵薇，郑宏宇．中美商业银行信用风险管理的比较分析［J］．东北师大学报（哲学社会科学版），2015（6）：104－108．

⑧ 徐春红，路正南．商业银行信用风险识别的模型构建与政策建议［J］．统计与决策，2010（2）：128－130．

⑨ 刘源．基于 CreditRisk + 模型的银行信用风险量化实证研究［J］．现代金融，2011（12）：46－48．

中小企业样本，使用二项逻辑回归探究影响我国中小企业信用风险的关键变量①。闫陆璐（2013）以 100 家上市科技型企业为样本，建立了我国上市科技型企业财务危机预警 Logistic 回归模型，模型综合预测正确率在违约前两年达 83%，违约前 3 年达 81%②。戴昕琦（2018）基于互联网背景构建线上供应链金融融资信用风险评价指标体系，通过对 SMOTE‑RF、C‑SMOTE 与 Logistic 三种风险评价模型的比较研究发现，C‑SMOTE‑RF 模型在评估线上供应链金融信用风险方面更具优势③。

2.3.2　操作风险评价

操作风险主要是由于内部程序、人员及系统有问题或不完善引发，或因外部事件所造成损失的风险。内部和外部欺诈、雇员活动及工作场所的安全、有形资产损失、经营中断或系统错误、交易过程中的管理失误等一直是商业银行所面临的主要操作风险④。相较于信用风险和市场风险，操作风险所导致的损失更大，英国巴林银行的倒闭就是一个典型案例。2004 年，操作风险正式被《巴塞尔新资本协议》列入监管范畴，由此引发对操作风险量化和监管研究的热潮⑤，相关研究按内容主要分为操作风险管理框架与管理流程、操作风险度量模型及实证数据三个方面。

（1）国外研究

首先，操作风险框架与管理流程研究。规章制度方面，受英国巴林银行倒闭的影响，西方陆续出台一系列风险控制政策加强对操作风险的管

---

① 郭小波，王婉婷，周欣．我国中小企业信贷风险识别因子的有效性分析——基于北京地区中小企业的信贷数据［J］．国际金融研究，2011（4）：62‑67．

② 闫陆璐．我国上市科技型企业财务危机预警模型研究——基于 logistic 回归模型的实证分析［J］．经济师，2013（8）：83＋85．

③ 戴昕琦．商业银行信用风险评估模型研究——基于线上供应链金融的实证［J］．软科学，2018，32（5）：139‑144．

④ 李宝宝．商业银行操作风险管理研究综述［J］．南京社会科学，2011（12）：144‑149．

⑤ 潘建国，张维．商业银行操作风险管理研究述评［J］．金融论坛，2006（8）：59‑63．

控，其中，以美国 COSO 委员会的《内部控制整体框架》（1992）影响力最大，该框架明确了商业银行内控操作五大内容，即控制环境、风险评估、控制活动、信息沟通和监督评审，并于 2004 年 8 月进一步修正并制定了商业银行风险管理框架。此外，《巴塞尔协议》（1999）提出涵盖市场、信用和操作风险的框架，进一步明确了操作风险计量的重要性；《巴塞尔新资本协议》（2004）对商业银行操作风险控制提出更为具体的要求。理论研究方面，Elizabeth Sheedy（1999）首先运用委托代理理论框架分析操作风险产生的原因①；Michael（2002）认为风险管理战略、风险管理流程、基础设施和风险管理环境共同构成了操作风险管理框架②；Patrick（2005）提出在现有风险管理标准基础上建立操作风险管理标准理论框架③；Benedikt Wahler（2005）则从流程管理视角提出规范操作风险流程路径④；O'Donnell（2005）基于企业风险管理框架，将系统论思想运用到操作风险管理中⑤。

其次，操作风险量化模型研究。基本指标法（BIA）、标准法（SA）和高级计量法（AMA）是巴塞尔委员会提出的操作风险量化模型，且其复杂性和敏感性递增。国外研究关注 VaR 模型、基于极值理论（EVT）的风险尾部估计模型、贝叶斯网络模型、损失分布法、记分卡方法等高级计量法的应用。Duncan Wilson（1995）首先将 VaR 理论应用到操作风险计量中⑥，Ar-

① Elizabeth Sheedy. Applying an Agency Framework to Operational Risk Management［R/OL］. http：//www. mafe. edu. au. ，1999.

② 麦克尔·哈本斯克. 操作风险管理框架［J］. 风险管理月刊，2002（5）.

③ Patrick Mc Connell. A Standards Based Approach to Operational Risk Management under Basel Ⅱ［R］. 2005.

④ Wahler B. Process-Managing Operational Risk Developing a Concept for Adapting Process Management to the Needs of Operational Risk in the Basel Ⅱ-Framework［J］. Social Science Electronic Publishing, 2005.

⑤ Ed O, Donnell. Enterprise risk management：A systems-thinking framework for the event identification phase［J］. International Journal of Accounting Information Systems, 2005, 6（3）：177 - 195.

⑥ Duncan Wilson. VAR in Operation［J］. Risk, 1995（12）.

tzner（1999）提出一致性风险度量的概念，精确了 VaR 测量①。为解决银行低频高损的操作风险损失数据缺乏的问题，Robert Hiibner（2001）②、Medova（2001）③ 及 Ariane Chapelle（2005）④ 以极值理论为基础，构建了操作风险价值模型。也有学者从商业银行风险管理的角度出发，用损失分布（LDA）来衡量商业银行操作风险，如 Frachot 等（2001）⑤、Mark Lawrence（2003）⑥、ITWG（2003）⑦。此外，Carol Alexander（2000）⑧ 以及 Stefanescu 等（2009）⑨ 研究了贝叶斯网络法在商业银行操作风险管理中的应用；Cruz（2000）构建了模糊逻辑系统来衡量操作风险⑩；Robert Jarrow（2008）则基于文献研究，将操作风险划分为由于企业经营水平导致的损失和由代理成本造成的损失两类，这两种操作风险源于不同的经济特征，通过研究分析得出结论认为，现行资本金配置因为银行净现值的忽视而存在高估的现象，因此，企业内部数据连同标准风险率评估程序共同使用，

① Artzner P, et, al. Coherent Measures of Risk ［J］. Mathematical Finance, 1999, 9 (3).

② Robert Hiibner. Advances in Operational Risk：Firm-wide Issues for Financial Institutions ［M］. London：Risk Water Group, 2001.

③ E A Medova, M N Kyriacou. Extremes in Operational Risk Management ［R/OL］. http：//www. ssrn. com, 2001.

④ Ariane Chapelle, Yves Crame, Georges Hübner, Jean Philippe Peters. Measuring and Managing Operational Risk in the Financial Sector：An integrated framework ［R/OL］. http：//www. ssrn. com, 2005.

⑤ Frachot, Georges, Roncalli. Loss Distribution Approach for Operational Risk ［J］. Social Science Research Network, 2001 (3) .

⑥ Mark Lawrence. The LDA-based Advanced Measurement for Operational Risk-Current and In Progress Practice ［C］. RMG Conference, 2003.

⑦ ITWG members. Loss Distribution Approach in Practice ［J］. Social Science Research Network, 2003 (10) .

⑧ Carol Alexander. Bayesian Methods：Measuring Operational Risk ［R］. Discussion Paper in Finance, 2000 – 2002.

⑨ Stefanescu C, Tunaru R, Turnbull S. The credit rating process and estimation of transition probabilities：A Bayesian approach ［J］. Journal of Empirical Finance, 2009 (16)：216 – 234.

⑩ Cruz M. Application of Fuzzy Logic to Operational Risk ［J］. Risk, 2000, 16 (13).

将是更为有效的选择①。

最后，商业银行操作风险的实证研究。风险建模和实证研究必须要有历史数据的支持，若商业银行初次使用高级计量法（AMA）进行操作风险建模，最少应有 3 年历史数据；若用于计算监管资本的内部操作风险，则至少需要 5 年的历史数据。Ebnother（2001）认为损失事件大多由于人的错误而导致②；在数据获取不充分的情况下，银行可通过主观方法补充。因此，Fontnouvelle 等（2003）③、Guillen M 等（2007）④ 研究了外部数据与实际损失之间的关系；此外，Perry 和 Fontnouvelle（2005）研究发现涉及内部欺诈的外部操作损失事件会致使商业银行市值下降⑤；Cummins 等（2006）研究发现操作损失事件的披露对股票价格有显著负面影响⑥。

（2）国内研究

国内商业银行操作风险研究起步较晚。2005 年以来，由于产权结构单一、公司治理结构不完善、内部控制不力以及对经营管理层监督与激励不足等原因，导致我国银行业先后爆出多起因操作风险而发生的金融大案⑦。2005 年 3 月，银监会《关于加强防范操作风险工作力度的通知》引起国内金融界高度关注，继而引发学术研究热潮。

首先，操作风险管理框架研究。《商业银行操作风险管理指引》

---

① Robert Jarrow. Operational Risk〔J〕. Journal of Banking & Finance，2008（5）：870 – 879.

② Silvan Ebnöther. Modelling Operational Risk〔J〕. Journal of Risk，2001，5（3）.

③ Fontnouvelle P，De Jesusrueff V，Jordan J S，et al. Using Loss Data to Quantify Operational Risk〔J〕. Social Science Electronic Publishing，2003，10（8）：47 – 51.

④ Guillen M，Gustafsson J，Nielsen J P，et al. Using External Data in Operational Risk〔J〕. Geneva Papers on Risk & Insurance Issues & Practice，2007，32（2）：178 – 189.

⑤ Jason Perry，Patrick de Fontnouvelle. Measuring Reputational Risk：The Market Reaction to Operational Loss Announcements〔R〕. Federal Reserve Bank of Boston，2005.

⑥ Cummins J David，Christopher M Lewis and Ran Wei. The Market Value Impact of Operational Loss Events for US Banks And Insurers〔J〕. Journal of Banking & Finance，2006，36（10）：26 – 34.

⑦ 万杰，苗文龙. 国内外商业银行操作风险现状比较及成因分析〔J〕. 国际金融研究，2005（7）：10 – 15.

（2007）明确要求"我国商业银行应建立与本行业务性质、规模和复杂程度相适应的操作风险管理体系"，以有效识别、评估、监测和控制、缓释操作风险，这是实务界对操作风险管理的标准框架。而理论界对操作风险管理框架的研究主要有两个方面，一是对新巴塞尔协议操作风险管理框架的研究（钟伟和王元，2004①），并构建我国操作风险管理框架（刘超，2005②；曲绍强和解丽娟，2009③）；二是总结发达国家操作风险管理模式，提出我国银行业增强操作风险管理的措施（阎庆民和蔡红艳，2006④；葛兆强，2008⑤）。

其次，操作风险度量模型的选择与应用研究。操作风险发生概率较低，但一旦发生可能会引发巨大损失，明显呈现出厚尾分布特征。针对操作风险的这一特点，司马则茜等（2011）通过 g－h 分布，使用损失区间法对我国银行定量管理操作风险的损失次数参数进行确定并加以实证⑥。全登华（2002）⑦、陈学华等（2003）⑧ 使用极值理论寻找可能导致金融机构发生损失的尾部风险。丰吉闯等（2011）对极值理论和损失分布法在度量操作风险方面的差异进行了研究⑨。潘建国和王惠（2006）认为可以使

---

①　钟伟，王元．略论新巴塞尔协议的操作风险管理框架 ［J］．国际金融研究，2004（4）：44－51.

②　刘超．基于作业的商业银行操作风险管理框架：实践者的视角 ［J］．金融论坛，2005（4）：20－25＋62.

③　曲绍强，解丽娟．关于我国商业银行操作风险管理框架设计的探讨 ［J］．金融发展研究，2009（1）：55－59.

④　阎庆民，蔡红艳．商业银行操作风险管理框架评价研究 ［J］．金融研究，2006（6）：61－70.

⑤　葛兆强．操作风险管理体制：框架、模式与建构 ［J］．广东金融学院学报，2008（5）：83－99.

⑥　司马则茜，蔡晨，李建平．基于 g－h 分布度量银行操作风险 ［J］．系统工程理论与实践，2011（12）：2321－2327.

⑦　全登华．利用极值理论计量银行操作风险 ［J］．统计与决策，2002（3）：46.

⑧　陈学华，杨辉耀，黄向阳．POT 模型在商业银行操作风险度量中的应用 ［J］．管理科学，2003（1）：49－52.

⑨　丰吉闯，李建平，高丽君．商业银行操作风险度量模型选择分析 ［J］．国际金融研究，2011（8）：88－96.

用内控评价结果对模型进行调整并加以运用①。陆静（2013）实证发现采用多元 Copula 函数计量操作风险的相关性可提高传统 VaR 模型的准确性②。汪冬和华徐驰（2015）使用厚尾分布的非参数方法解决了传统 VaR 低估风险的问题，使得衡量结果更接近实际情况③。戴丽娜（2017）发现非参数得到的操作风险的置信水平与参数法的 VAR 与 ES 存在差距④。高丽君（2017）使用两阶段阈值未知参数混合模型，发现其稳定性更强、结果更准确⑤。顾正娣（2017）通过构建 Weibull-POT 模型，并将操作风险损失分为内外部损失，发现商业银行的内部损失大于外部损失，而且期望亏损测度风险比 VAR 更加准确⑥。

最后，商业银行操作风险的实证研究。由于银行规模、业务性质以及环境等因素各不相同，因此其操作风险的状况、成因及应对措施也会存在差异，为实证研究提供了可能，研究思路主要是在分析银行业操作风险中的历史损失事件和数据基础上，进一步探究风险的现状和成因，并提出相应的监管措施。由于我国尚未建立起操作风险损失数据库，国内研究大都根据媒体报道收集整理相关损失数据进行实证检验。樊欣和杨晓光（2003）率先尝试利用国内外媒体公开报道的 71 起操作风险损失事件进行实证，之后又使用蒙特卡洛方法衡量了操作风险损失的分位数⑦⑧。张新

---

① 潘建国，王惠．我国商业银行操作风险度量模型的选择 ［J］．金融论坛，2006（4）：43 – 48.

② 陆静，张佳．基于极值理论和多元 Copula 函数的商业银行操作风险计量研究 ［J］．中国管理科学，2013，21（3）：11 – 19.

③ 汪冬，华徐驰．基于非参数方法的银行操作风险度量 ［J］．管理科学学报，2015，18（3）：104 – 113.

④ 戴丽娜．商业银行操作风险的度量——基于非参数方法 ［J］．数理统计与管理，2017，36（3）：541 – 549.

⑤ 高丽君，高翔．基于混合数据的银行操作风险参数混合模型分析 ［J］．中国管理科学，2017，25（5）：11 – 16.

⑥ 顾正娣．商业银行操作风险的测度 ［J］．统计与决策，2017（14）：167 – 170.

⑦ 樊欣，杨晓光．从媒体报道看我国商业银行业操作风险状况 ［J］．管理评论，2003（11）：43 – 47 + 64.

⑧ 樊欣，杨晓光．我国银行业操作风险的蒙特卡洛模拟估计 ［J］．系统工程理论与实践，2005（5）：12 – 19.

杨（2004）从法院公开审理的案件中收集了 1987—2004 年的 174 个银行操作风险损失数据，定量分析了各项操作风险损失类型①。周好文等（2006）对我国银行业 2001—2004 年因内部欺诈造成损失的 96 个样本的实证研究发现，银行内部欺诈事件发生概率服从泊松分布，其损失呈厚尾分布；并通过蒙特卡洛仿真得出了各置信水平下一年期的银行内部欺诈给银行业带来的损失金额②。袁德磊和赵定涛（2007）利用 2000—2005 年 307 起银行操作风险事件对操作损失频度和强度进行实证，研究发现由内部和外部欺诈引发的低频高危事件不容忽视③。刘睿和李金迎（2008）运用股票收益模型对我国 5 家上市商业银行 2000—2006 年的面板收益数据进行度量，并与基本指标法计算的操作风险资本金进行比较④。杨晔和何焱（2010）选用 1999—2009 年 112 起操作风险损失事件中的涉案金额进行实证，结果再一次验证了损失分布法对操作风险计量的优越性⑤。

2.3.3　市场风险评价

市场风险是指因影响市场价格各因素（利率、汇率、股票价格和商品价格）的不利变动而使银行表内和表外业务发生损失的风险⑥。国际金融市场不断深化以及银行业的转型升级对风险管理提出了更高要求，尤其是新巴塞尔协议的颁布，标志着银行风险管理进入了全面风险管理时代。

（1）国外研究

在市场风险度量方面，Baumol（1952）最早提出了 VaR 法，研究表明

---

① 张新杨. 我国商业银行的操作风险研究 [D]. 苏州：苏州大学，2004.

② 周好文，杨旭，聂磊. 银行操作风险度量的实证分析 [J]. 统计研究，2006 (6)：47 - 51.

③ 袁德磊，赵定涛. 基于媒体报道的国内银行业操作风险损失分布研究 [J]. 国际金融研究，2007 (2)：22 - 29.

④ 刘睿，李金迎. 基于股票收益的操作风险资本估计——自上而下方法 [J]. 管理科学，2008 (6)：96 - 103.

⑤ 杨晔，何焱. 我国商业银行操作风险计量方法实证分析 [J]. 国际金融研究，2010 (12)：74 - 81.

⑥ 薛冬辉，李莉，关宇航. 商业银行金融市场交易风险管理架构研究——以信用、市场、操作三大风险交互关系为视角 [J]. 金融论坛，2013 (11)：59 - 64.

该方法在证券组合选择模型上有显著成效①。1996 年，美国 JPM 公司率先运用该方法进行风险衡量，将其定义为"既定头寸被冲销或重估前可能发生的市场价值最大损失的估计值"；而英国 Kevin Dowd（1998）指出 VaR 是"给定置信区间的一个持有期内的最坏的预期损失"。尽管二者所刻画的风险特性不同，但在风险度量方面均具有重要的地位。巴塞尔委员会在 1996 年的《市场风险修正案》中，正式将 VaR 方法作为度量市场风险的有效工具，但亚洲金融危机和美国次贷危机用惨痛的事实证明，VaR 方法并不能确定投资组合的损失程度，也无法有效度量市场风险与信用风险的关系。为此，Rockafeller 和 Uryasev（2002）提出使用 CVaR 方法以弥补 VaR 的缺陷，该方法能够满足一致性风险度量的公理，将损失超过 VaR 极值的情况考虑在内，最后转化为线性规划问题，使得计算过程更为简便、计算结果更为稳定②。随后，分位数回归被引入市场风险度量中，该理论最早由 Koenker 和 Bassett（1978）提出，可以描述自变量对因变量影响的局部变化及其范围和条件分布，比普通的最小二乘回归有了较大改进③。Chernozhukov 等（2001）将分位数回归与 VaR 相结合，并进一步应用于实证金融领域④。Robert F Engle（2004）提出条件自回归模型，利用分位数回归估计模型参数，并实证了该模型在市场风险度量方面的有效应用⑤。

（2）国内研究

对于商业银行市场风险管理，国内重点研究了 VaR 方法的应用和改

---

① Baumol W J. The Transactions Demand for Cash: An Inventory Theoretic Approach. Quarterly Journal of Economics，1952，66（4）：545 –556.

② R Tyrrell Rockafellar，Stanislav Uryasev. Conditional Value-at-risk for General Loss Distributions［J］. Journal of Banking and Finance，2002（26）.

③ Koenker R，Bassett G. Regression quantiles［J］. Econometrica，1978，46（1）：33 –50.

④ Chernozhukov V，Umanstev L. Conditional value at risk: aspects of model estimantion［J］. Empirical Economics，2001（3）：271 –292.

⑤ Engle R F，Manganelli S. CAViaR: Conditional Autoregressive Value at Risk by Regression Quantiles［J］. Journal of Business & Economic Statistics，2004，22（4）：367 –381.

进。王志诚等（1999）①、费翔和李金林（2005）②、王桂芝和王峰（2005）③ 研究 VaR 方法在我国商业银行市场风险管理中的应用及优势。钱艺平等（2009）将韦伯分布引入风险资产损失率的计量，明确了市场风险的 VaR 计算公式及其影响因素的敏感性④。杨湘豫等（2010）将 t-EGARCH 模型和极值理论引入 VaR，同时利用 Copula 方法和蒙特卡洛模拟对 14 家上市银行股票计算其单只股票以及投资组合的 VaR⑤。李楠（2014）提出了 VaR 半参数估计方法，并以上市公司数据进行实证对比，结果显示在多种检验标准下，此方法比传统 VaR 具有优势⑥。

其次，从全面风险管理视角出发，研究商业银行市场风险体系的构建，如唐国储和李选举（2003）提出矩阵型全面风险管理体系⑦。李晓宇等（2006）提出了由组织、战略、实施、监督及信息系统构成的市场风险管理体系⑧。林谦（2009）提出了由流程、组织架构、报告、工具方法体系和信息系统五部分构成的风险管理体系模型⑨。寿梅生（2005）指出市场风险管理实施系统应包括预警、评估和技术支持三大

---

① 王志诚，唐国正，史树中．金融风险分析的 VaR 方法 [J]．科学，1999（6）：15 - 18 + 2.

② 费翔，李金林．VaR 方法：对商业银行市场风险的有效衡量及价值创造效应评价 [J]．经济社会体制比较，2005，（6）：76 - 79.

③ 王桂芝，王峰．VaR 在我国商业银行市场风险管理中的应用研究 [J]．中国流通经济，2005（1）：58 - 61.

④ 钱艺平，林祥，陈治亚．基于重尾分布的商业银行市场风险 VaR 计量研究 [J]．统计与决策，2009（24）：26 - 28.

⑤ 杨湘豫，赵婷，卢静．基于 Copula 理论的商业银行的市场风险研究 [J]．财经理论与实践，2010（5）：34 - 37.

⑥ 李楠，樊鹏英，王艳，陈敏．新资本协议下基于半参数估计的商业行市场风险 VaR 研究 [J]．数理统计与管理，2014（33）：1080 - 1089.

⑦ 唐国储，李选举．新巴塞尔协议的风险新理念与我国国有商业银行全面风险管理体系的构建 [J]．金融研究，2003（1）：46 - 54.

⑧ 李晓宇，孙万松，张凯．我国商业银行市场风险管理体系构建研究 [J]．管理现代化，2006（1）：17 - 19.

⑨ 林谦．全面风险管理视角下的商业银行市场风险管理体系 [J]．金融论坛，2009（7）：59 - 65.

子系统①。

最后，在商业银行市场风险的管控对策方面，雷英和吴建友（2009）以使用者风险分析为出发点，研究了企业会计准则第 37 号的市场风险和对商业银行报表使用者的影响，研究结论可以扩展应用到对其他行业以及其他种类的风险的披露中②。袁岗和罗良清（2010）结合近年来国内外商业银行风险管理研究成果，对有效防范商业银行市场风险提出措施和建议③。黄志凌（2012）指出防范商业银行市场风险，可以从加强内控机制的制度建设和加强市场风险的度量工作等方面入手④。梁莉等（2013）指出具备市场风险管理转变条件的商业银行，应逐步应用经济资本、按风险调整的资本收益率等方法，提高对资本的风险敏感程度，增强规避市场风险的能力⑤。王世华（2014）对目前银行市场风险管理存在的不足和困难给出建议和措施，指出可以从完善市场风险管理的规章制度、完善银行数据系统建设、加大对交易账户的审核力度等方面考虑⑥。贾正晞（2015）将内部风险管理与外部监管协同管理结合，设计了用于市场风险经济资本分配的三类方法并分别构建了模型⑦。

---

① 寿梅生. 我国商业银行市场风险管理系统的构建 [J]. 新金融，2005（4）：25 – 28.

② 雷英，吴建友. 商业银行市场风险披露对使用者的决策影响研究 [J]. 会计研究，2009（3）：39 – 46，94 – 95.

③ 袁岗，罗良清. 我国商业银行市场风险管理研究 [J]. 江西社会科学，2010（5）：85 – 87.

④ 黄志凌. 商业银行市场风险管理：反思与重构 [J]. 中国金融，2012（4）：22 – 24.

⑤ 梁莉，李晨保. 基于巴塞尔协议的我国商业银行市场风险管理 [J]. 金融理论与实践，2013（1）：31 – 34.

⑥ 王世华. 完善银行市场风险管理 [J]. 中国金融，2014（21）：53 – 54.

⑦ 贾正晞，杜纲，李娟. 基于内部模型的商业银行市场风险经济资本分配方法研究 [J]. 管理工程学报，2015，29（3）：231 – 238.

2.4　商业银行信贷风险预警指标体系与模型研究

2.4.1　商业银行信贷风险预警指标体系

（1）国外研究

20 世纪 60 年代，基于财务指标的商业银行信贷风险预警模型基本形成，改变了基于地理位置的信贷关系的"关系型贷款"对贷款申请者的信用评估方式，一些银行开始使用评分模型和财务数据等定量信息评估小企业贷款主体。美国经济金融学家 Altman（1968）针对 22 个财务比率处理而建立的 5 变量 Z – score 模型以及 Edmister（1972）基于中小企业 19 个财务比率的多元判别分析法最为典型。

进入 20 世纪 80 年代，国外研究将有关企业主和企业特征的定性变量添加到以统计类模型的财务比率数据为基础的 MDA 和 logistic 回归分析中。Von Stein 和 Ziegler（1984）分析了经营者行为对企业破产的影响。Cooper（1991）认为经营者学历、经验、资本都可看作是企业资源，为了预测新开办企业的成长情况，建立"基于资源"的 Logistic 模型。此外，Meyer（1998）指出银行可以使用地理优势等非定量信息评估小企业信用状况[1]。Greunet 等（2004）强调在评估企业信用风险中，年龄、企业性质、行业等定性因素对评估准确性的影响，但其研究并非针对中小企业，且只选用了有限的定性信息[2]。Altman 等（2008）对引入定性变量的价值进行了评估，主要采用 logistic 回归技术，发现债权人追偿的法律行动、公司历史文档、综合审计数据和公司特征等定性信息可以明显增强中小企业违约预测

---

[1]　Meyer and Lawrence. The Present and Future Roles of Banks in Small Business Finance [J]. Journal of Banking and Finance, 1998, 22 (6 – 8): 1109 – 1116.

[2]　郭小波，王婉婷，周欣. 我国中小企业信贷风险识别因子的有效性分析——基于北京地区中小企业的信贷数据 [J]. 国际金融研究，2011 (4): 62 – 67.

模型的能力①。Koyuncugil 和 Ozgulbas（2012）采用卡方自动相互探测（CHAID）决策树算法总结了中小企业的 31 种违约情况，确定了 15 项风险指标和 2 项预警信号，并制定了 4 个财务路线图②。Lisa Warenski（2012）采用案例法对定期贷款承销决策中的信用风险不确定问题进行研究，指出在金融模型中无法量化的信用风险相关的不确定性应作为信用风险的影响因素③。

（2）国内研究

国内学者对如何构建商业银行风险预警指标体系也进行了研究，如顾海峰（2012）认为应从贷款企业的财务运营能力、经营管理能力、技术创新能力三个层面系统设计商业银行信用风险预警机制的指标体系，并构造警度评价函数，以实现商业银行信用风险预警机制的警度判断及处置功能④。牛怡然（2011）依据财务风险预警理论，对中小企业财务风险预警指标体系建立的原则、指标如何选取等问题进行了研究⑤。李晓峰和徐玖平（2010）依据资信评估理论设计了商业银行客户信用评估的指标体系，同时运用 BP 神经网络构建客户信用综合评估模型，使用上述模型进行实证⑥。张奇等（2015）综合考虑宏观经济环境、客户信贷行为、企业经营

① Altman E I, Gabriele Sabato and Nicholas Wilson. The Value of Qualitative Information in SME Risk Mangement [J]. Journal of Financial Services Research, 2008 (40)：15 – 55.

② Ali Serhan Koyuncugil, Nermin Ozgulbas. Financial Early Warning System Model and Data Mining Application for Risk Detection [J]. Expert Systems with Applications, 2012, 39 (6)：6238 – 6253.

③ Lisa Warenski. Relative Uncertainty in Term Loan Projection Models：What Lenders Could Tell Risk Managers [J]. Journal of Experimental & Theoretical Artificial Intelligence, 2012, 24 (4)：501 – 511.

④ 顾海峰. 基于银保协作路径的商业银行信用风险预警机制研究 [J]. 财经理论与实践, 2012 (4)：2 – 6.

⑤ 牛怡然. 中小企业财务风险预警指标体系的建立 [J]. 河南科技, 2011 (5)：41 – 42.

⑥ 李晓峰, 徐玖平. 商业银行客户信用综合评估的 BP 神经网络模型的建立 [J]. 软科学, 2010 (2)：110 – 113.

水平对信用风险预警体系的影响，构建了基于 Logit 与 SVM 的混合预警模型①。

在指标的选择方面，隋剑雄和林琪（2004）以层次分析法和本征向量法为构建风险预警模型的基本算法，以从借款企业、信贷项目、银行内控和环境因素角度出发所构建的信贷风险预警参考指标为要求，构建了新型商业银行信贷风险预警系统②。宋荣威（2007）分别在财务和非财务两个方向上，从借款企业、信贷项目、银行内控等角度，建立起信贷风险预警指标体系，并运用 AHP 法计算出预警指标体系各因素权重以及综合预警指数，从而将信贷风险按等级进行了划分并给出对应的预警状态，支持了银行信贷风险管理机制的建立③。张新红和王瑞晓（2011）以现金流量指标为主，以资产负债指标为辅并加入自由现金流量与负债总额的比率和自由现金流量与流动负债的比率两个预选指标，为模型选取了每股收益、总资产收益率等 8 个指标变量④。王宜刚（2012）以结构化神经网络为基础，构建了包含盈利能力比率、运营能力比率、长期还款能力和短期还款能力四个方面（共 15 项指标）的银行贷款风险的指标体系⑤。

2.4.2　商业银行信贷风险预警模型

（1）国外研究

进入 21 世纪以来，国外开始将神经网络技术应用到评估企业信用风险、中小企业财务风险预警、财务困境预测、企业偿债可能性预测，以及

---

① 张奇，胡蓝艺，王钰．基于 Logit 与 SVM 的银行业信用风险预警模型研究 [J]．系统工程理论与实践，2015，35（7）：1784－1790.

② 隋剑雄，林琪．试论我国商业银行信贷风险预警系统的建立 [J]．金融论坛，2004（8）：44－49＋63.

③ 宋荣威．商业银行构建信贷风险预警指标体系的探讨 [J]．四川师范大学学报（社会科学版），2007（5）：37－42.

④ 张新红，王瑞晓．我国上市公司信用风险预警研究 [J]．宏观经济研究，2011（1）：50－54.

⑤ 王宜刚．基于结构化神经网络的贷款风险预警方法 [J]．统计与决策，2012（15）：53－55.

破产预测等。国外对商业银行信贷风险预警模型的研究主要包括以下三个方面。

首先，信贷风险预警模型的构建与应用，主要是对 BP 神经网络模型的研究。如 Baoan Yang 等（2001）基于知识获取、知识表示和知识推理过程的早期预警系统进行了讨论，检验了动脉神经网络（ANN）在商业银行贷款风险早期预警系统的应用，并基于 BP 模型设计决策工具[1]。H Zhou（2009）[2]以及 Zhi-Yuan Yu 和 Shu-Fang Zhao（2012）[3]基于 BP 神经网络理论，建立银行信贷风险预警模型，并进行实证检验，结论表明 BP 神经网络模型在银行信贷风险管理预警和决策中是有效的，它满足了风险警示的要求，可以提供更科学可信的检测和预警有关商业银行信用风险的理论依据。

其次，BP 神经网络模型与其他模型的比较研究，如 R C Lacher 等（1995）依据神经网络模型的级联关系架构（Cascor）相关理论，采用多元判别分析的方法对企业未来财务状况进行预测，研究表明级联关系架构相对于其他 BP 模型更具有优势[4]。Ming-Chang Lee 和 Chang To（2010）基于支持向量机（SVM）和 BP 神经网络原理，分别构建了企业财务评价模型，运用来自台湾证券公司的数据对两个模型进行实证分析，研究表明 SVM 模型优于 BP 模型方法，SVM 能提供更高的精度和较低的错误率[5]。

---

[1] Baoan Yang, Ling X Li, Hai Ji and Jing Xu. An early warning system for loan risk assessment using artificial neural networks [J]. Knowledge-Based Systems, 2001 (14): 303 – 306.

[2] Zhou H. BP Neural Network-Based Commercial Loan Risk Early Warning Research [C] //The 19th International Conference on Industrial Engineering and Engineering Management. Springer Berlin Heidelberg, 2013.

[3] Yu Z Y, Zhao S F. Bank credit risk management early warning and decision-making based on BP neural networks [C] // International Symposium on It in Medicine & Education. IEEE, 2012.

[4] R C Lacher, Pamela K Coats, Shanker C Sharma, L Franklin Fant. A Neural Network for Classifying the Financial Health of a Firm [J]. European Journal of Operational Research, 1995, 85 (1): 53 – 65.

[5] Ming-Chang Lee, Chang To. Comparison of Support Vector Machine and Back Propagation Neural Network in Evaluating the Enterprise Financial Distress [J]. International Journal of Artificial Intelligence & Applications (IJAIA), 2010 (7).

Altaf Hossain 等 （2011） 通过采用对比分析法对有限混合 ARMA-GARCH 模型、BP 神经网络模型、SVM 模型在预测财务回报方面的优势和劣势，其结论为 SVM 模型在偏差性标准方面最优；有限混合 ARMA-GARCH 模型在定向预测条件下最优①。

最后，基于财务数据的信贷风险预警模型实证研究，如 Guoqiang Zhang 等 （1999） 基于人工神经网络理论采用实证分析核交叉验证的方法对人工神经网络在破产预测中的作用进行研究，研究表明神经网络在预测和分类率估计方面优于逻辑回归模型并且神经网络在整体分类中采样变化的情况反映更稳健②。E Nurozkan 等 （2007） 采用人工神经网络的方法，通过对新兴金融市场中银行失败的风险以及建议进行了研究，得出人工神经网络是一种可以从预测精确度、适应性及稳定性角度评价财务状况的方法，是一种可以与财务比率、同行分析、综合银行风险评估，以及计量经济模型一同使用的早期预警模型③。Guofu Zhang 等 （2010） 首先基于企业可靠的财务信息和财务风险分析原理，选择了 9 个财务比率设置了企业的财务指标体系，其次基于 BP 神经网络模型建立了对该财务指标体系进行分析的理论模型并进行了实证研究，结果显示 BP 神经网络模型成功地预测了样本企业的财务状况，该模型具有良好的潜力，通过改进输入和输出能够提高预警系统的效果④。Koyuncugil 和 Ozgulbas （2012） 采用卡方自动相互探测 （CHAID） 决策树算法建立预警系统模型，以识别企业财务状况

① Altaf Hossain, M Nasser, M Arifur Rahman. Comparison of Finite Mixture of AR-MA-GARCH, Back Propagation Neural Networks and Support-Vector Machines in Forecasting Financial Returns [J]. Journal of Applied Statistics, 2011, 38 (3)：533 – 551.

② Guoqiang Zhang, Michael Y Hu, B Eddy Patuwo, Daniel C Indro. Artificial Neural Networks in Bankruptcy Prediction：General Framework and Cross-Validation Analysis [J]. European Journal of Operational Research, 1999, 116 (1)：16 – 32.

③ E NurOzkan, Gunay, Mehmed Ozkan. Prediction of Bank Failures in Emerging Finan-cial Markets：an ANN Approach [J]. The Journal of Risk Finance, 2007, 8 (5)：465 – 480.

④ Guofu Zhang, Jitian Wang, XinVue. The Research of Financial Risk of Enterprise Based on BP Neural Network [C]. //2010 International Conference on Computer and Com-munication Technologies in Agriculture Engineering, 2010 – 06 – 12 ~ 13.

和潜在风险，并通过对土耳其中央银行 2007 年 7853 家中小企业的数据进行实证①。Mădălina Ecater（2013）采用模型分析法，基于罗马尼亚样本公司的财务比率对公司财务困境问题进行了研究，得出的结论是：采用新的预警模型预测未来一年的财务困境的性能可提高 12 个百分点②。

（2）国内研究

国内商业银行信贷风险预警模型研究也大致分为以下三个方面。

首先，对信贷风险预警模型的构建与应用研究。王吉发和吴高魁（1996）首次将"神经网络技术"应用于微观预警系统，给出普遍意义上的"财务预警指标体系"③；杨淑娥和黄礼（2005）建立了在指标间相关度较高、呈非线性变化，或数据缺漏不全等情况下具有预测功能的财务危机 BP 人工神经网络预警模型④；李萌和陈柳钦（2007）采用上市公司贷款不良率作为衡量信用风险高低的标准，结合独立样本 t 检验和主成分分析法，构造基于 BP 神经网络技术的商业银行信用风险识别模型，实证分析了单隐层 BP 神经网络模型在信用风险识别方面的能力，并对其应用提出了改进建议；他们还构建了基于 BP 神经网络的商业银行信用风险模型，发现其具有很强的识别、记忆和泛化能力，但必须与其他定量、定性方法相结合⑤。胡绪华和吉敏（2009）运用 BP 神经网络模型对江苏省常州市商业银行进行信贷风险评价⑥。胡毅等（2015）建立了违约预警三级指标

---

① Koyuncugil A S, Ozgulbas N. Financial Early Warning System Model and Data Mining Application for Risk Detection [J]. Expert Systems with Applications, 2012, 39 (6): 6238 – 6253.

② Mădălina Ecaterina. Early Warning Models of Financial Distress, Case Study of the Romanian Firms Listed on RASDAQ [J]. Theoretical & Applied Economics, 2013 (5): 7 – 14.

③ 王吉发，吴高魁. 企业财务预警系统的理论与系统建立 [J]. 沈阳工业大学学报，1996 (S1): 52 – 55.

④ 杨淑娥，黄礼. 基于 BP 神经网络的上市公司财务预警模型 [J]. 系统工程理论与实践，2005 (1): 12 – 18 + 26.

⑤ 李萌，陈柳钦. 基于 BP 神经网络的商业银行信用风险识别实证分析 [J]. 南京社会科学，2007 (1): 18 – 29.

⑥ 胡绪华，吉敏. 基于 BP 神经网络的银行信贷风险评价 [J]. 统计与决策，2009 (11): 138 – 139.

体系和 Logit 模型，并从客户的外部因素、经营水平、交易水平几个方面筛出 24 个指标进行银行客户贷款违约预警①。曾莉和王明（2016）对知识产权质押融资过程中的风险因素进行分析，通过建立 BP 神经网络模型对科技型中小企业知识产权质押融资风险进行研究，结果显示该模型在对企业知识产权质押融资风险评价时具有较高精度②。刘澄等（2018）依据 Kalman 滤波理论建立了企业专利质押贷款的风险动态预警模型，并确定了企业还贷能力由健康到轻度危机再到重度危机的两个分割点，并通过实证结果验证了模型的预警效果③。也有文献关注其他风险预警模型的应用研究，如谢赤和徐国煅（2006）、程婵娟和邹海波（2009）研究了 CPV 模型在度量银行内部信用风险④及贷款违约概率⑤方面具有较好的效果；刘堃等（2009）将风险相关性原理和多米诺骨牌理论引入信用风险预警模型，基于企业关联关系和信贷行为构建了 C & B 模型，并以国内某商业银行的数据实证了 C & B 模型的预警有效⑥；黄曦和邹安全（2009）构建了基于 BP 神经网络的非线性组合预测模型，利用实证证明：组合预警模型其预测精度、适用性和优越性较以前的方法都有有效的提升⑦。张勇（2011）研究了资产负债组合模型并对其进行实证验证⑧；顾海峰（2013）研究了信用

①　胡毅，王珏，杨晓光．基于面板 Logit 模型的银行客户贷款违约风险预警研究［J］．系统工程理论与实践［J］．2015，35（7）：1752 - 1759.

②　曾莉，王明．基于 BP 神经网络的科技型中小企业知识产权质押融资风险评价［J］．科技管理研究，2016，36（23）：164 - 167.

③　刘澄，张羽，鲍新中．专利质押贷款风险动态监控预警研究［J］．科技进步与对策，2018，35（15）：132 - 137.

④　谢赤，徐国煅．银行信用风险度量 Credit Metrics ~ （TM）模型与 CPV 模型比较研究［J］．湖南大学学报（自然科学版），2006（2）：135 - 137.

⑤　程婵娟，邹海波．CPV 模型在银行贷款违约概率计算中的应用研究［J］．当代经济科学，2009（9）：15 - 20 + 124.

⑥　刘堃，巴曙松，任亮．中国信用风险预警模型及实证研究——基于企业关联关系和信贷行为的视角［J］．财经研究，2009（7）：13 - 27.

⑦　黄曦，邹安全．基于 BP 神经网络的企业财务危机组合预警研究［J］．经济与管理研究，2009（5）：87 - 91.

⑧　张勇．基于资产负债组合模型的银行贷款风险分析［J］．统计与决策，2011（19）：153 - 155.

突变下商业银行信用风险，构造了偏好熵权物元可拓的风险预警模型①。何慧芳和刘长虹（2013）依据交易成本理论、委托代理理论和银企关系理论，采用模糊综合分析构建知识产权质押融资风险预警评价模型并提出对策建议②。李成刚（2016）通过利用自组织数据挖掘算法（GMDH）客观、自动的筛选功能，对西部地区城市商业银行电子银行风险预警指标进行筛选，并以此构建了基于面板 Logit 的电子银行业务风险预警模型③。

其次，基于财务数据的信贷风险模型的实证研究，如刘倩（2010）采用相关分析法和逻辑回归法对沪深两市 40 家上市公司的基础财务指标进行筛选，以构建信用风险预警模型进行实证研究，研究表明该模型能有效地识别出问题企业，从而降低不良贷款的形成；且偿债能力指标、盈利性指标和成长性指标是对信用风险影响最大的三个指标④。Hong Shen 等（2011）采用 BP 神经网络计算方法，从财务指标出发，实证发现 BP 神经网络准确性较高⑤。Gang Xie 等（2013）将 Logistic 回归（LR）、支持向量机（SVM）和反向传播神经网络（BPNN）三种方法综合为一种新的集成学习方法，采用 Logistic 回归模型对 2012 年沪深两市 60 家服装纺织企业（15 家 ST 公司和 45 家非 ST 公司）进行实证，结果表明该方法比单一模型更有利于财务状况预测⑥。

---

① 顾海峰. 信用突变下商业银行信用风险预警模型及应用［J］. 数量经济技术经济研究，2013（9）：122 - 136.

② 何慧芳，刘长虹. 基于模糊综合分析法的广东省知识产权质押融资的风险预警评价研究［J］. 科技管理研究，2013（14）：151 - 155 + 159.

③ 李成刚. 基于 GMDH 算法和面板 Logit 模型的电子银行风险预警研究——来自西部地区城市商业银行的经验证据［J］. 系统工程，2016（10）：11 - 18.

④ 刘倩. 商业银行信用风险预警模型的实证研究［J］. 财经理论与实践，2010（7）：13 - 16.

⑤ Shen H，Cui J，Zhou Z，et al. BP-Neural Network Model for Financial Risk Warning in Medicine Listed Company［C］// Computational Sciences and Optimization（CSO），2011 Fourth International Joint Conference on. IEEE，2011.

⑥ Gang Xie，Yingxue Zhao，Mao Jiang，Ning Zhang. A Novel Ensemble Learning Approach for Corporate Financial Distress Forecasting in Fashion and Textiles Supply Chains［C］//Mathematical Problems in Engineering，2013.

最后，对不同风险预警模型的比较研究，如谢赤和徐国嘏（2006）对比分析了 Credit Metrics TM 模型和 CPV 模型的基本原理和参数选择，发现 CPV 模型对信用风险度量的精确性更高①。唐锋和孙凯（2008）采用 Wilcoxon 配对符秩检验、主成分分析法和 BP 人工神经网络模型，对上市公司财务危机进行研究发现，BP 神经网络对财务危机预警有效②。江训艳（2014）在研究几种主要信用风险度量模型之后，建议采用 BP 神经网络系统来预警商业银行的信用风险③。

2.5　研究述评

首先，关于相关概念的研究与界定。我们依次梳理了国内外关于创新型企业、知识产权、知识产权融资、知识产权质押贷款、知识产权质押贷款价值的概念及发展实践，在此基础上明确研究对象为"拥有自主知识产权的核心技术或知名品牌，具有良好的研发管理组织、创新制度和创新文化，整体技术水平先进且领先于同行业水平，在市场中具有竞争优势和持续发展能力、但实物资产匮乏、处于成长期且有较大融资缺口"的创新型企业。

其次，关于知识产权质押贷款风险及其价值影响因素研究。国内外综合运用规范分析、实证分析进行了多角度研究。其中，国外研究关注知识产权价值影响因素、积极探索质押标的价值与风险类型关系，但缺乏对知识产权质押贷款风险指标体系的研究；国内研究则基于不同视角构建了多种知识产权质押风险指标体系，指标涵盖范围较广，不仅包括定性指标还

---

① 谢赤，徐国嘏. 银行信用风险度量 Credit Metrics ~（TM）模型与 CPV 模型比较研究［J］. 湖南大学学报（自然科学版），2006（2）：135 – 137.

② 唐锋，孙凯. 基于 BP 人工神经网络的上市公司财务危机预警研究［J］. 现代经济（现代物业下半月刊），2008（13）：161 – 162.

③ 江训艳. 基于 BP 神经网络的商业银行信用风险预警研究［J］. 财经问题研究，2014（S1）：46 – 48.

包括定量指标，部分文献还针对样本数据进行了实证研究。这既揭示了我们研究的学术价值，也为我们进一步构建知识产权质押贷款风险预警指标体系提供了文献依据，同时也为梳理和进一步发现知识产权质押贷款风险影响因素提供了参考和方法论依据。

再次，关于商业银行信贷风险评价方法与模型研究。国内外研究大多运用财务风险预警理论，综合采用财务与非财务指标、定量指标与定性因素相结合的原则，对商业银行信贷风险及预警进行深入研究，并加以拓展。可以看出，国外信用风险、操作风险以及市场风险模型发展相对比较成熟，信用评价体系相对完善，数据资料丰富，其研究不仅仅局限于传统度量方法，更积极探索 BP 神经网络、支持向量机等数理模型在信贷风险评价中的应用。而国内相关文献主要集中在对国外主流信贷风险模型的介绍与比较，且由于数据资料相对匮乏，已有研究大多基于企业财务预警视角，且大多取自上市公司数据，少有研究取自银行现有的贷款企业样本，极少研究依据特有的中小企业数据；对信贷风险的管理和度量刚刚起步，风险价值分析和经济资本配置等方式正在逐步实施，尚未形成成熟的理念和工具，难以进行有效的风险预警，更遑论知识产权质押贷款风险预警。

最后，关于商业银行信贷风险预警指标体系与模型，国内外均对 BP 神经网络模型进行了深入的理论和实证研究，并通过不同风险度量模型的对比，进一步验证了 BP 神经网络模型在风险预警方面的优势，但鲜有针对创新型企业知识产权质押贷款风险的预警研究。因此，我们将从商业银行视角，采用 BP 神经网络、随机森林等技术，深入挖掘创新型企业定性与定量数据，构建知识产权质押贷款风险预警模型并进行模拟应用，建立对未发风险的主动预测模型和反应机制，逐步完善商业银行对创新型企业的知识产权质押贷款的风险动态监控机制。

第3章 知识产权质押贷款风险
形成机理及其管理原理

创新型企业一方面具有无形的知识产权资产富集的特点，另一方面又具有商业银行传统贷款决策中所要求的实物资产规模严重不足的特点，从而容易遭受商业银行的信贷配给。因此，在 2008 年国务院颁布《国家知识产权战略纲要》之后，与其他类型的企业相比，创新型企业对知识产权质押融资的需求更高。立足商业银行角度，与其他各类的贷款业务相比，开展知识产权质押贷款业务面临一些特殊的风险。商业银行和创新型企业都有必要加强知识产权质押贷款风险管理，而一个重要的前提，就是摸索和总结知识产权质押贷款风险的形成机理及其管理原理。

3.1 知识产权质押贷款风险机理的理论分析

3.1.1 有限理性理论

（1）有限理性理论及其发展

有限理性的概念是从哲学和经济学分别发展而来的，对此做出过贡献的有哲学家康德①、经济学家西蒙和贝克尔等人。虽然有限理性来自经济理性，但是与经济理性有区别，并且与非理性和反理性是严格对立的。

---

① 伊曼努尔·康德. 纯粹理性批判［M］. 北京：商务印书馆，1997.

　　总结起来，西蒙的有限理性理论的基本观点①有以下四点：①在做决策之前，对事物的真实特性无法完全了解；②做决策的时候，既不可能也没有必要去抓住事物的全部影响因素，而是要"抓大放小"，抓住事物的主要因素；③做决策的时候，通常无法（也不必要）找到最佳的解决方案，而是要选择满意的解决方案；④决策的过程，没有办法（也不必要）做到完全的理性，而是尽可能地按照理性做出决策。

　　如果考虑到风险因素，把奈特②基于不确定性的有限理性论述与西蒙③提出的基于心理机制的有限理性结合起来，形成了有限理性的两个构面，也就是系统的固有不确定性和行为人心理资源的稀缺性。

　　在西蒙的研究之后，有限理性的研究方向主要有三个：对完全理性的持续改进、实验与技术方法研究、理论折中（试图将其重新纳入经典经济学框架）。在2014年第4期《经济学方法杂志》中，一共发表了5篇系统总结有限理性主要方法的论文④。其中有两篇，一是卡西科普洛斯（Katsikopoulos）的论文，对有限理性的理想主义与现实主义两种文化进行了总结，指出两者的差异在于：基于规范的公理还是经验事实；目标是追求最优还是追求满意；不考虑还是考虑心理模型；放任参数变化还是限定参数；旨在解释还是预测；检验一种文化模型还是两种。卡西科普洛斯认为⑤，虽然理想主义者知道为什么去做（"知其所以然"），但是不一定真的能够做到；而在受到教育并在合适的情形下运用合适的工具的前提下，务实主义者就真的能够做到。二是罗斯（Ross）的论文，对有限理性的心

---

　　① Simon H A. Theories of bounded rationality [J]. Decision and Organization，1972（3）：161－176.

　　② 富兰克·H. 奈特. 风险、不确定性和利润 [M]. 北京：中国人民大学出版社，2005.

　　③ 赫伯特·A. 西蒙. 管理行为（原书第4版）[M]. 北京：机械工业出版社，2007.

　　④ Grüne-Yanoff Till，Marchionni Caterina，Moscati Ivan. Introduction：methodologies of bounded rationality [J]. Journal of Economic Methodology，2014，21（4）：325－342.

　　⑤ Katsikopoulos K V. Bounded rationality：the two cultures [J]. Journal of Economic Methodology，2014，21（4）：361－374.

理学模型和经济学模型进行了比较研究①。此外，Kelley（2014）②、Glazer
和 Rubinstein（2014）③ 则分别利用实验方法与调查方法研究有限理性并进
行了展示。

可见，有限理性理论有助于"化目标为现实"，在提供决策方法的同
时，从行为学上，提供了使决策具有可行性的理论依据。因此，有限理性
理论适用于指导金融创新等新生事物的研究，如知识产权质押贷款相关的
研究。

（2）基于有限理性理论的知识产权质押贷款风险形成机理分析

关于风险决策视角的有限理性观点。

从风险来源看，知识产权质押贷款风险非常多元化，经识别和筛选
后，仍然有56种④。为了更加系统地阐述和解释知识产权质押贷款风险的
形成机理，需要借助相应的理论分析框架和合理运用技术性分析工具。有
限理性理论就具备这些特性，能够较好地满足这样的研究需要。图3-1对
同时考虑认知水平与风险水平的理性决策的四种观点进行了总结。

不难看出，在图中横轴表示风险水平的高低，从而决定了理性决策的
复杂程度。知识产权（通常可被认定为资产或资源）具有如下基本特征：
资产形态上的无形性；产权界定上的法律属性；资产运用上的专有性（资
产专用性）；申请、授权和特许等活动的地域性；时间性；等等，这些特
征共同决定了知识产权的固有风险的程度。知识产权固有风险与资本市场
中的诸多风险因素交织并相互作用，从而导致知识产权融资决策的复杂程
度被进一步提高。

---

① Ross D. Psychological versus economic models of bounded rationality [J]. Journal of Economic Methodology, 2014, 21（4）：411-427.

② Kelley H. Experimental Study of Firm Bounded Rationality and the Pattern of Trade [J]. Journal of Economics & Management Strategy, 2014, 23（4）：969-1006.

③ Glazer J, A Rubinstein. Complex Questionnaires [J]. Econometrica, 2014, 82（4）：1529-1541.

④ 姚王信. 企业知识产权融资研究：理论、模型与应用 [M]. 北京：知识产权出版社，2012：134-141.

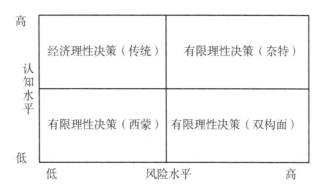

图 3 - 1　理性决策的四种观点①②

关于知识产权质押贷款风险形成机理分析。

由于影响知识产权质押贷款风险的因素复杂多样，在分析其形成机理和提出、筛选、确定应对策略时，不论从技术上，还是基于决策需要，都无法把这么多的因素全部考虑进来，否则容易陷入"坐而论道"的局面，不能解决实际问题。必须找到一种分析工具或决策依据，简化问题，使决策具有可操作性。有限性理论就为分析知识产权质押贷款风险提供了新的参考维度。有限性理论的精髓是决策时的信息不完全、通过考虑主要因素去找满意解、做出有限理性的决策。因此，对知识产权质押贷款风险形成机理的分析路径不同，决策时的满意解决方案也就会不同。

一是商业银行路径的分析。银行是质押风险的最直接和最敏锐的感知者，风险发生时，其贷款安全受到威胁。银行更关注借款人的经营风险和财务风险。借款人经营决策失误并产生不利后果，会导致其盈利水平发生不利变化，从而带来预期收益下降的风险，严重时会威胁其持续经营。银行在应对风险时，无法考虑到质押风险的全部因素，也难以在可承受的交易成本下找到最优决策方案。因此在实务中，银行信贷管理人员通常抓住最主要的还款能力因素来进行贷款决策，属于有限理性理论的典型运用。

---

① 袁艺，茅宁. 从经济理性到有限理性：经济学研究理性假设的演变 [J]. 经济学家，2007（2）：21 - 26.

② 袁艺. 基于有限理性的企业策略行为决策研究 [M]. 北京：经济科学出版社，2013：49 - 52.

发生质押风险时，对知识产权进行处置并非贷款人的优先选择，优先的考虑是要包括借款人的其他变现能力或受保证的变现能力。在考虑贷款偿还能力时，与未来现金流指标相比，盈利能力指标具有劣势：如果借款人的未来现金流可以完全覆盖贷款的本金和利息，或者借款人能够取得有效的担保，知识产权质押贷款的风险实际上就得到了有效的控制。

二是知识产权人路径的分析。知识产权质押贷款的风险实际发生时，知识产权人的财产通常也会遭受损失，甚至被质押的知识产权从知识产权人手中转移至贷款人手中。因此，知识产权人更为关注的是知识产权的估值风险和处置风险。知识产权的价值变化或波动就能够决定知识产权人现实的或预期的利益的大小，例如，专利（或技术）的领先程度及其稳定性、替代技术的状况等。一旦发生知识产权质押贷款风险，银行等贷款人的第二顺位选择就是对知识产权进行处置，以获取具有最高流动性的现金，以弥补其贷款损失。知识产权的处置价值（清算价值）具有较大的不确定性，处置时可能会大大损害知识产权人的利益（这样的情形在企业并购中更加常见）。知识产权人的满意解是事先估计知识产权的质押价值[①]和清算价值，并为其设立保险。

三是公共政策路径的分析。知识产权质押贷款风险发生时，作为不请自来的第三方，政府的公共政策的权威性和可持续性就会受到威胁。政府更关注知识产权相关的法律、政策风险和参与各方或利益相关者的道德风险。当知识产权法律或政策不稳定或不具有连续性，或者投资者对此难以预期时，或者在司法的过程中出现欠缺或不当时，知识产权质押贷款的诸多参与方或利益相关者的权益难以得到保障，这是作为维护一国法律环境的政府所不愿看到的情况。当缺乏诚信氛围时，包括政府在内的各方的利益也会受到损害。因此，在知识产权质押贷款决策过程中，建设和维护良好的法治环境，在全社会倡导诚实守信的道德环境，并正确引导大众舆论的走向，就成为政府的满意解决方案。

---

① 姚王信. 企业知识产权融资研究：理论、模型与应用 [M]. 北京：知识产权出版社，2012：117－112.

因此综合起来，基于有限理性理论的知识产权贷款质押风险，主要源于借款人的经营风险与财务风险、知识产权人的估值风险与处置风险，以及政府能够加以主导的法律风险与道德风险。这六类风险是构建知识产权质押贷款风险评估模型的理论基础。

3.1.2 信息不对称理论

信息不对称是现代信息经济学和契约经济学的核心概念。契约或合同一般是显性的，通过书面形式明确订立，因而能够缓解签约双方、多方和第三方的信息不对称。经济学中所说的资源配置，在管理学中，通常都表现为特定决策的过程或结果。能否做出科学的决策，很大程度上依赖于给定的信息。如果决策者掌握了完整和准确的信息，资源配置决策的结果就会更好，资源配置的效率就会更高。在项目管理中，由于信息不对称理论的运用，项目的管理效果或决策效果得到了有效的提高。因此，商业银行必须掌握充分和恰当的与知识产权质押活动有关的信息，以提高其知识产权质押贷款决策的科学性和效率。同时，信息处理成为贷款成本的必要组成部分。

知识产权作为质押物，向金融市场传递了质物、所有权人和借款人有关的质量等信息。知识产权人或借款人、出质人；质权人或贷款人；中介机构；附加担保人等知识产权质押贷款活动的主要参与方，也有向信贷市场传递特定信息的能力，从而影响知识产权质押贷款风险的高低。

（1）知识产权信息与质押贷款风险

知识产权质押贷款业务与传统的抵押贷款业务不同，作为质押物的知识产权资产具有无形性和更强的专用性。尽管与传统抵押贷款业务类似，借款人出现违约时，商业银行有权处置质押物并以处置所得的收益来弥补贷款损失，但是影响知识产权价值尤其是其变现价值的因素更加复杂，处置质押物的所得不一定能够完全覆盖贷款损失。这就要求商业银行具有更强的信息收集和处理能力，通过缓解信息不对称来应对违约风险。知识产权有关的信息对贷款风险的作用机理通常表现在以下四个环节。

一是企业知识产权管理水平的高低。知识产权管理水平是指企业运用知识产权和其他资源实现价值增值的能力，通常被包含在企业盈利能力之中，是企业偿还知识产权质押贷款的基本资金来源，从而形成对贷款的保障或风险覆盖。知识产权管理的主要环节包括企业知识产权战略、知识产权管理体制、研究与开发（指技术、品牌等的形成，即广义的研发管理）、日常管理（知识产权的日常维护，促其本身价值稳定增值）、知识产权经营、知识产权保护和知识产权风险管理。通过进一步分类、细化，知识产权管理活动能够实现标准化，管理水平也可以做定量化处理。这样，知识产权管理水平与贷款风险之间的关系就能够通过实证研究得到比较精确的揭示。商业银行应该致力于获取知识产权管理水平有关的信息，作为管理知识产权质押贷款风险的重要基础。

二是企业提供的知识产品或服务的状况。知识产权产品或服务是知识产权的物化载体，是知识产权最终实现其价值的基本途径，可以是物化产品形态，也可以是服务等无形产品形态。知识产权产品是企业构建商业模式的重要基础，直接构成企业的价值主张，决定了企业的营销策略和成本结构，是企业核心资源的主要载体。围绕知识产权产品构建的企业盈利模式影响了企业的盈利能力和净现金流量，而知识产权产品的生产经营特征决定了企业的资产结构，从而通过资产、收入和现金流等多项指标，决定了企业的实际偿债能力。商业银行在做知识产权质押贷款决策时，必须获取知识产品状况有关的信息，作为对贷款风险所做出判断的重要依据。

三是知识产权资产的抵押能力。作为质物，知识产权在法律意义和市场意义上的双重抵押能力并非一成不变，在贷款期间和贷款前后，都应关注其抵押能力，以保障贷款偿还。首先是知识产权的类型。抵押能力明显依赖于知识产权的类型，例如，与资产专用性较强的专利相比，商标的抵押能力通常要强得多。而且，能够被特许使用的商标的抵押能力又要强于无法被特许使用的商标。其次是知识产权的权属，即产权是否明晰，知识产权如果有权属争议，往往会丧失抵押能力。再次是组合担保能力。组合担保比单一的知识产权质押的抵押能力更强。最后是信用增级能力。例如，质押再担保通过增强知识产权质押的信用，由再担保人按合同约定，在借款人违约后部分或全部承担质押贷款损失，从而进一步降低了商业银行的风险。如果商业银行能够有效地获取知识产权资产抵押能力方面的信息，将会有效地降低贷款风险。

四是知识产权的处置或变现能力。贷款风险预防措施失败后，借款人违约，商业银行对质押的知识产权进行处置或变现并将收益优先用于偿还贷款本息，是除救济措施外的对贷款风险的最后一道保障。影响知识产权变现能力的因素非常复杂：第一是知识产权交易市场和其活跃的程度，如果存在活跃的知识产权交易市场，知识产权的变现能力就会得到提高。第二是知识产权的真实市场价值（相对于潜在市场价值而言），市价越高，对贷款本息的保障能力就越强。而市价又取决于知识产权自身的潜在特质，主要跟市场应用前景有关，其中有一类独特的应用是防范竞争对手形成知识产权优势（收购知识产权以打压竞争对手，收购后一般将该知识产权封存不用）。第三是质押率，通常质押率越高，对贷款风险的覆盖就越低，银行的风险就越高。第四是法律限制，通常在贷款决策时就已经排除了法律风险，因此除非法律环境发生了较大的变化，否则法律限制不至于在贷款期结束后影响知识产权的处置。

（2）知识产权人信息与质押贷款风险

中国金融市场还处于发展的早期阶段和不断完善之中，诚信建设任重道远，在交易中，应该重视了解金融活动参与各方的背景。知识产权人（直接质押贷款时是借款人，间接贷款时是出质人）的相关背景信息直接影响借款人的履约意愿和最终履约能力，因此在知识产权质押贷款决策过程中，商业银行等贷款人必须事先加以了解，以提高决策的可靠程度。知识产权人信息一般由以下四个维度构成。

一是企业管理者的特征。已有研究表明，人格、经验等管理者特征分别与企业信用和经营业绩存在显著关系，并向资本市场传递出企业质量相关的信息。商业银行可以事先收集、储存和处理管理者特征相关的信息，通过进一步的分析和研究，得出企业真实履约意愿方面的判断或结论，据此做出贷款决策。

二是企业的管理能力或管理效率。不同企业之间存在管理能力的差距，不同时期的同一企业管理能力也有可能存在差异。前者得到了差别管理效率假说的支持，而后者则由无效管理者替代假说加以验证。在资本市场活动尤其是并购活动中，管理效率的差异很大程度上影响甚至决定经营绩效，从而最终对借款人的履约能力产生影响。商业银行通过观察、收集和处理企业的管理能力或管理效率方面的信息，不仅能够提高决策效率，也有助于降低贷款风险。

三是公司治理水平。公司治理决定了企业的权力安排。两权分离带来投资者与经理人之间的利益分歧，即股东和经理人之间的委托代理问题，如投资不足或过度投资问题。经理人与商业银行等债权人之间也会产生委托代理问题，如资产替代问题。已有的研究表明，公司治理水平与企业的经营业绩之间存在显著的正向关系。也就是说，公司治理水平越高，企业的管理绩效和经营业绩就越好。这说明，通过提高公司治理水平，就有助于提高企业的偿债能力。因此商业银行收集、掌握和处理借款人的公司治理有关的信息，能够为知识产权质押贷款决策提供信息。

四是财务与会计信息披露水平。以财务信息为核心的信息披露可分为法定信息披露和自愿信息披露两种形式，在理论上属于"信息透明度"问题。已有研究表明，企业信息披露水平与信息不对称水平之间存在显著的反向关系。然而，由于存在信息披露成本，除了法定信息披露的强制要求外，企业通常不会做出无限制的自愿信息披露。商业银行在知识产权质押贷款等信贷决策和管理过程中，通常会要求借款人实时披露偿债能力信息，以及时、充分地掌握借款人的信息，缓解信息不对称问题。

（3）质权人（或者商业银行等贷款人）信息与质押贷款风险

与质权人（或者商业银行等贷款人）有关的基本特征等信息，也有可能影响知识产权质押贷款决策，主要表现如下所述。

一是抵押歧视。信贷配给和资金缺口等理论表明，银行无法满足全部借款人的资金需求，不可能"一视同仁"地公平对待每一个借款人。知识产权作为质物，具有无形财产权、法律授予性、人身权与财产权相联系的双重性、专有性、地域性和时间性等特征，导致银行在借款人违约时，面临的风险经常大于实物资产设立的抵押的风险。这就是抵押歧视问题。利用高水平的信息收集和处理能力，提高信贷决策的科学性和效率性，有利于商业银行等贷款人缓解或消除对知识产权的抵押歧视。

二是银行规模。大银行与中小银行基于规模效应，在知识产权质押贷款决策中，存在明显的态度差异。主要由于知识产权评估价值和质押率这两个因素的不利影响，知识产权质押贷款的规模通常不大。这样，大银行基于交易成本和贷后管理成本的考虑，在知识产权质押贷款决策时往往持审慎态度。而中小银行自身规模决定其交易对象的规模也不大，尤其是小微银行或社区银行，更倾向于接受知识产权质押贷款这种小规模的信贷业务。因此在贷款实务中，中小银行对待知识产权质押贷款的态度往往比较积极。

三是贷款方式或贷款担保方式。由于知识产权资产的无形性等特征，单纯用知识产权质押作为担保的贷款风险往往较高。改进担保方式，有利于降低贷款风险，提高商业银行的贷款意愿。例如，在知识产权质押贷款申请时，提供其他担保措施或保证方式，实现"捆绑式"担保。又如，通过降低质押率实现信用增级，或者设立较高的补偿性余额。可见，贷款方式影响银行的贷款决策。在实务中，中小商业银行的相关业务主管更倾向于接受质地好的企业的借款申请，甚至不要求这类企业提供知识产权质押担保，从担保贷款转向完全的信用贷款。

四是区域金融发展水平。我国的金融发展水平存在地域性的差异，樊纲等人对此有深入的研究。区域金融发展水平越高，可供选择和运用的金融工具越多，识别金融风险的能力和水平也就越高，避险、管理风险、分散风险和承受风险的能力相对就会高一些，能够更有效地管理知识产权质押贷款风险，因此银行对相关信贷业务的接受度就高一些。统计数据表明，东部地区金融发展水平较高，知识产权质押贷款融资的案例在数量上就占有优势，远远超过金融发展水平较低的中西部地区。

（4）中介机构信息与质押贷款风险

知识产权质押贷款中的一个重要环节是中介机构，贷款决策往往建立在以资产评估等中介机构为主的工作成果基础上。因此与中介机构相关的信息，对知识产权质押贷款风险也会产生影响。

一是资质。在中国，普遍设置了中介机构的准入门槛，根本目的是保证由符合门槛要求的中介机构来提供高质量的中介业务服务。换句话说，高质量的中介机构的服务，有助于缓解信息不对称，进而提高知识产权质押贷款决策效率和降低贷款风险。

二是专业胜任能力。中介机构的服务能力，归根结底是靠专业人员来提供。中介机构应建立高质量的服务标准，并招募具有专业胜任能力的人员来执行，以保证服务的质量。

三是估价风险。知识产权的价值评估结果显著影响其质押贷款决策，尤其是在根据质押率计算贷款额的情况下，影响的程度更大。从实践来看，过去既发生过知识产权价值被高估的情况，也发生过被低估的情况。这都是估价风险的具体表现。估价风险主要来源于技术和环境等客观因素，也来源于人为因素（如估价操纵）。

四是政治联系。政府导向是中国经济社会发展的制度优势，知识产权质押贷款就是由政府推动、引导和实施的，政府在一定程度上影响知识产权质押贷款的成交意愿。可见政治联系较大程度上影响了商业银行的决策。在实践中，有政治背景的借款人，也较容易获取知识产权质押贷款融资，而且融资的条件也比较优惠。例如，在 2010 年广州亚运会期间，金锣集团利用当时的政治形势，用商标权质押从中国农业银行获得了融资，融资金额高达 10 亿元。

（5）担保人信息与质押贷款风险

贷款担保为商业银行提供了更多的保障，基本机理是分散贷款风险。商业银行了解知识产权质押贷款中的担保人的相关信息，有助于提高贷款决策效率，降低贷款风险。广义的担保包括质押以外的其他担保（担保人）、保险（保险人）和财政贴息（财政部门）等，这里为表述的简洁，都用担保人来指代。

一是担保。商业银行会优先批准提供额外担保的知识产权质押贷款申请。其基本原理在于，企业违约时，这些额外的担保措施进一步降低了贷款风险。根据《担保法》和《物权法》的规定，主要的担保方式有：保证（含共同保证）、抵押（含最高额抵押）、动产质押或权利质押、留置、定金，以及其他创新性担保方式。在中国还包括形式多样的政策性担保措施。政策性担保承担了一部分经济调控功能，是国家管理经济的行政手段之一。政策性担保的形式主要有：政府担保基金，如事业或企业化运用的中小企业担保中心；政企合作担保基金，如政策性担保公司与商业性担保公司合作下的担保基金；政府委托管理担保基金，如出口信贷基金；政府投资担保基金，通常采取优先股方式投资。

二是保险。保险即专利质押贷款险，在专利等知识产权质押贷款中，由保险公司对贷款进行保险，与借款人、商业银行和政府（政策性担保公司）一起，共同承担知识产权质押贷款风险。在中国的知识产权质押融资试点中，保险公司有两种保险方式：对质押的知识产权承保和对贷款合同承保，前者只对知识产权价值进行保险，后者则对整个贷款合同进行保险。在实务中，国家知识产权局推广的是中山市的"银行＋保险＋风险补偿基金＋服务机构"的保险方式（参见《国家知识产权局办公室关于引入专利质押融资保证保险完善专利质押融资风险补偿机制的通知》）。甘肃省则实行的是专利保险资助的办法，由财政对符合条件的参保企业实施保险费限额补贴、部分补助的方式，连续补助三年（参见《甘肃省专利保险资助资金管理办法》）。

三是贴息。贴息就是贴息贷款，由政府财政部门及其委托的机构或组织，以及非政府部门、机构或组织，全部或部分地承担知识产权质押贷款的利息，而借款人只需要按照贷款协议，归还本金和剩余部分利息。其中，由政府财政实际承担贷款利息的，就是财政贴息。贴息是政府或非政府组织对借款人提供的支持和激励，属于公共政策的一种实践方式。2016年以来，全国以地级市为主，陆续出台了大量的专利权质押贷款贴息政策，由地方财政对质押贷款进行部分或全额贴息，有效地降低了知识产权质押贷款风险。

综上，信息不对称理论通过信息的产生、传递、接收和处理等环节，不仅直接构成知识产权质押贷款的管理成本，还影响被决策者所实际感知的知识产权质押贷款风险，从而最终影响贷款决策与管理实践。

3.1.3　不完全契约理论

奥利弗·哈特（Oliver Hart）因为其在契约理论方面的贡献，而获得了 2016 年度的诺贝尔经济学奖。哈特最重要的贡献不是建立在严格假设前提下的标准契约理论，而是建立在有限理性理论、信息不对称理论和交易费用理论等基础上的不完全契约理论。相对于"完全契约"，不完全契约关注的是诸多原因导致的契约的不完备性。在理论上，不完全契约的基本理论分析框架是：逻辑起点是契约的不完全性，研究终点是如何实现财产权（或剩余控制权）的优化配置，而联系其起点和终点的则是在企业管理理论（尤其是产权理论、交易费用理论和公司治理理论）指导下的围绕控制权配置的信息经济学（尤其是激励理论）这一理论分析工具。而在实务中，契约的各参与方受到主（如有限理性）、客观条件（如交易成本）的限制，事先难以预见契约履行过程中可能出现的全部情况，也就无法通过契约条款进行事先的、周全的约定（尤其是风险防范、分散、承担和救济类的条款），导致出现条款缺失或欠准确等情形，形成不完全契约。基于民法的意思自治原则，不完全契约有机会通过再谈判，重新进行补充约定。不完全契约的两个成因：一是有限理性，二是交易成本。前者表明契约存在固有的认识缺陷，后者表明在当前条件下签订完备的契约的成本太高，不具有可行性。此外，能够用来解释不完全契约的理论还有风险理论或不确定性理论、信息不对称理论和机会主义理论等。

知识产权质押贷款合同的参与各方，在投融资决策过程中都不同程度地存在有限理性和信息不对称的情形，同时相对于传统信贷决策，创新型企业知识产权质押贷款面临更高的信贷约束（主要原因是经营具有更强的不确定性，经营风险更高）、高利率水平（主要原因是信贷配给和抵押歧视）、抵押贷款价值的强波动性（主要原因是知识产权固有风险、资产专用性和技术进步带来的强周期性）和较高的价值评估与风险评估成本（主要原因是知识产权产品市场的波动性和资产评估机构与从业人员的高门槛），这些都充分说明了知识产权质押贷款合同是不完全契约。立足契约管理去降低知识产权质押贷款风险，有一种可行的思路，就是尽可能把知识产权质押贷款合同中的隐性契约转变成显性条款。

（1）知识产权质押贷款活动中的契约关系人分析

经济合同（协议）是契约的一种，可以把知识产权质押贷款活动中的契约关系人分为直接当事人、间接当事人和隐性当事人。

一是直接当事人。知识产权质押贷款业务涉及两种主要的活动，一是知识产权的出质活动和入质活动，二是借款活动与贷款活动。在这两类活动中有一系列的直接当事人。

①知识产权人。实际拥有或占有知识产权的当事人是知识产权人，由原始权利人和特许权利人两类当事人组成。其中，原始权利人通过知识产权创造活动或者接受他人转让获取知识产权，从而取得知识产权中的所有权和财产权。特许权利人通过特别许可制度取得知识产权的使用权。知识产权的出质与入质权利能否得到正确行使，往往取决于知识产权人的状况。知识产权人的人身权（如在知识产权文件中标注自己是知识产权的创造人）和财产权（如知识产权的所有权、实施权、转让权和收益权等）是否合法和完整，最终都会反映到知识产权质押贷款风险中来。

②出质人。在知识产权质押活动中，出质人提供其占有的知识产权财产，可能是贷款合同中的债务人，也可能是贷款合同中债务人以外的第三人。出质人必须依法享有知识产权，并且是有效知识产权。

③质权人。在知识产权质押活动中，质权人占有知识产权，如果债务人（借款人并可延伸至担保人等）到期不履行债务，质权人可以对知识产权进行处置（折价、拍卖、变卖等），并就所得的价款优先受偿。在知识产权质押贷款融资中，知识产权的使用权通常不归于质权人，而是由出质人继续使用。上述三类直接当事人，共同构成知识产权出质和入质活动的直接参与方。

④借款人。在知识产权质押贷款活动中，借款人是用知识产权作为质押，从商业银行等贷款人处申请并取得贷款的组织或个人。借款人取得贷款的具体质押方式有三种情形：第一种，是单独用知识产权作为质押向商

业银行等金融机构申请贷款；第二种，是以知识产权作为质押并以其信用或其他财产做保证，构成共同担保向商业银行等金融机构申请贷款；第三种，是以知识产权作为质押并以第三人作为担保（还可再用借款人的信用或其他财产做保证），构成共同担保向商业银行等金融机构申请贷款。在信贷业务中，借款人可以是出质人，也可以是包括原始权利人和特许权利人在内的知识产权人。

⑤贷款人。在知识产权质押贷款活动中，贷款人通常是商业银行或财务公司等其他金融机构。贷款人作为质权人，接受知识产权资产，并以其作为质押担保向借款人提供信贷资金，并要求借款按照贷款合同的要求履行到期还本付息的义务。借款人和贷款人作为直接当事人，共同构成借贷活动的直接参与方。

二是间接当事人。主要包括三类参与知识产权质押贷款活动的个人、机构或其他组织。

①担保人。担保人为借款人提供除知识产权质押以外的其他保证措施，如信用担保、财产担保等。

②中介机构。中介机构及其从业人员在知识产权质押贷款活动中为直接当事人提供资产评估、知识产权代理、财务与会计、信用评级、法律和保险等专业服务。

③政府。政府在知识产权质押贷款活动中负有公共管理责任，但是在中国政府主导型的市场经济中，政府的公共职能在知识产权质押贷款活动中也得到了延伸。根据 2018 年政府大部门制机构改革方案，政府履行以下四类公共管理职能：第一，知识产权行政管理。其中，专利权、商标权和地理标志由新组建的国家知识产权局管理，版权由国家广播电视总局行使，植物新品种保护权由国家林业局与草原局和农业农村部分别行使。第二，资产评估等中介机构的管理。由相关政府部门或其授权的机构或组织负责实施管理；第三，金融监管。中国银行保险监督管理委员会对信贷和保险市场的管理；第四，其他行政管理。如国家市场监督管理局对知识产权质押贷款合同的管理。

三是隐性契约关系中的当事人。同样与信贷配给和抵押歧视有关，但是在知识产权质押贷款活动中，隐性契约更多地表现为委托代理行为，也就是企业的股东、管理者和债权人之间的利益分歧的具体形式。商业银行基于约束代理行为的需要，制定了一系列的限制性条款（如规定贷款用途、贷款合同履行之前禁止新的贷款申请、限制现金股利与股票回购等威胁债权人利益的行为），通过补偿性余额等措施维持借款人现金流的稳定性，以尽可能地维护商业银行等贷款人的债权安全。在实务中，商业银行可以在规范化的贷款合同中约定某些限制性条款。但是受《反不正当竞争法》和金融监管的约束，通过隐性契约实现限制性条款的经济意图，有利于降低管理成本。通常，借款人在获得贷款后，会主动制定相对保守的后续融资政策和股利分配政策，以维护与商业银行的关系。在信号传递机理的作用下，金融市场的参与者们能够观察到借款人的稳健的负债政策和低股利政策所传递的履约能力与意愿的信号，从而有助于支持包括知识产权质押贷款在内的投融资决策。

（2）知识产权质押贷款契约的完备性与贷款风险分析

不完全契约理论的核心是格罗斯曼、哈特和莫尔共同创立的 GHM 模型，是现代经济学五大标准分析工具之一。GHM 模型建立在科斯和威廉姆森等人创立的交易费用理论基础上，威廉姆森从经济学角度对契约的不完备性进行了总结，并将其归纳为三种不确定性：随机不确定性或原发不确定性（如知识产权的固有风险）；继发不确定性（如信息不对称）；行为不确定性（如有限理性）。而爱伦和施瓦茨等人则从法律角度揭示并总结了不完全契约的五种成因：语义上的歧义；当事人的疏忽大意；契约的订立成本过高；信息不对称；市场异质性和当事人的偏好。在知识产权质押贷款合同的订立过程中，上述三大类十种当事人各自的不确定性和知识产权资产的特性交织在一起，在五种成因的作用下，使最终订立的合同不完备，从而形成与传统贷款风险相比具有异质性的知识产权质押贷款风险。其中，立足商业银行等贷款人的不确定性和契约不完备性的诱因来进行分析，最有利于揭示知识产权质押贷款风险及其异质性。

一是贷款合同中的权利条款。尽管知识产权质押贷款合同中对商业银行的如下权利进行了约定，但由于上述五种原因仍无法严格保证合同的完备性：自主进行信贷决策，并在中国人民银行和中国银行保险业监管委员会的政策范围内确定贷款金额、期限与所适用的利率等核心条款；合同期满收取贷款本息；有权要求借款人提供包括知识产权质押在内的担保措施；有权要求借款人披露相关财务与管理信息，并在贷款合同约定期限内进一步延伸至知识产权有关的经营与管理信息；有权要求借款人遵守金融法律、法规和政策，以及商业银行制定的管理政策；有权按照贷款合同约定进行贷后管理，检查贷款使用情况并进行监督，并根据结果采取事先约定的进一步措施，直至提前收回贷款本息和采取处罚措施；等等。通常，贷款合同针对不完备性，订立预防性条款，例如，如果贷款期限不明确，有权通过催告等措施，要求借款人在合理的期限内偿还贷款本息。当然，贷款合同也会对其他当事人的权利进行约定，这里不再赘述。通过权利约定，有利于通过平等协商的方式，保障缔约各方的合法利益，缓解信息不对称和降低知识产权质押贷款风险。

二是贷款合同中的义务条款。知识产权质押贷款合同中同样需要载明商业银行的义务条款：向借款人提供符合贷款合同约定（如日期、金额等）的资金；按照中国人民银行规定的利率水平和浮动范围合理确定贷款利率；按照贷款合同约定的还款方式收取贷款本息；合同期满，借款人履行完贷款合同后，商业银行应及时解除知识产权质押合同或返还质押物；等等。知识产权质押贷款合同中约定不明的事项，本着平等协调原则和不损害公共利益和第三人合法利益的前提进行处理。例如，商业银行未按约定日期或金额提供贷款、利率歧视或抵押歧视、商业银行在发放贷款时预先扣除贷款利息等情形。在知识产权质押贷款合同中对借款人的义务进行约定，能够公平地按照契约精神保护商业银行和其他当事人的利益，保障合同的全面履行，进一步降低知识产权质押贷款风险。

三是贷款合同中的限制性条款。如前所述，通过民事协商，限制性条款以契约的形式，对借款人进行"额外"的要求和约束，从而获得更加充分的知识产权信息、借款人的经营与管理信息，并对借款人的后续行为进行约束，降低其"行为的不确定性"，起到了缓解降低商业银行的信息不对称的作用。此外，债权人与企业之间存在法玛和米勒所说的"第一类"

委托代理问题，限制性条款有利于解决资产替代等委托代理问题，从而降低知识产权质押贷款风险。

四是贷款合同中的救济性条款。在知识产权质押贷款合同中，救济性条款同时保护相关当事人的合法权益，分散贷款风险。典型的救济性条款有三种：第一种是免责条款，第二种是贷款发生违约后的救济条款；第三种贷款风险分散条款。关于免责条款，是当事人在贷款合同中事先约定的、能够部分限制或完全免除未来的合同责任的条款，例如，不可抗力导致的合同责任；一方当事人违约在先，导致另一方当事人不再具备履行合同的前提条件；当事人之前经过平等协调事先约定的其他免责条款；等等。关于违约救济条款，是当事人事先在贷款合同中尽可能列举违约事项后，事先约定救济措施的条款，例如，再次要求一方实际履行合同；一方先行违约后，另一方暂停执行合同；未违约方实施保全措施，如商业银行提前收回贷款本息；一方存在违约迹象时，另一方要求其提供有利于保障其合法权益的补充保证措施；一方已经违约或很可能违约或丧失履约能力，另一方可以要求解除合同；违约方承担违约金、罚息等；未违约方请求损害赔偿；司法或仲裁救济；等等。关于贷款风险分散，是改变贷款风险固有的风险承担格局（贷款人与借款人分别承担相应的贷款风险）的措施，主要是保险措施。在中国当前实务中，主要有对知识产权本身进行保险和对贷款业务（主要是贷款金额）进行保险两种方式。中国的知识产权质押贷款保险费用的支付也有两种保险形式，即分别由商业银行和借款人付费，而在西方国家，一般由商业银行付费。其他风险分散措施有：贷款人要求借款人提供额外担保措施；获取财政贴息；等等。在贷款风险实际发生时，贷款人（和借款人）通过救济性条款，能够减少或避免损失。可见，采取列举法的救济性条款具有不完备性，需要在贷款合同中订立预防性的"浮动条款"，以后续平等协调的方式弥补其不完备之处。

综上，不完全契约理论通过揭示知识产权质押贷款合同的不完备性，说明了知识产权质押贷款风险的又一个重要来源和对其进行管理的重要着力点或努力方向。不完全契约理论是从法律、制度和规范角度筛选风险评估影响因子、确定风险评估指标体系，以及选择或构建评估模型的主要依据之一。

3.1.4 商业银行资产管理理论

从商业信贷角度看，商业银行资产中占比最高的资产就是发放贷款所产生的债权资产。商业银行资产管理理论的管理对象就是其资产负债表中的这一资产项目，以及该资产项目的组合，管理的主要目标是流动性、安全性和收益性。商业银行资产管理理论经过了商业贷款理论（管理对象主要是债权资产，目标以安全性为主）、资产可转换理论（管理对象拓展到资产组合，目标是流动性为主）和预期收入理论（管理对象进一步拓展至未来现金流，目标是收益性为主）三个发展阶段。商业银行资产管理理论能够立足管理角度、围绕三个主要目标来解释知识产权质押贷款风险。

（1）商业性贷款理论

在英国商业银行的"真实票据论"基础上进一步发展而来的商业贷款理论，依据的基本情境是美国及其商业银行制度，明确了早期商业银行经营管理的基本原则。例如，根据资金来源的性质和结构来定资金运用计划，因此商业银行应保持较高水平的资金流动性，以保证经营安全，这个原则对今天降低知识产权质押贷款资产风险仍具有现实意义。

在知识产权质押贷款业务中，知识产权资产的高度专用性，决定了其变现能力较低，因此商业银行尤其值得重视资产安全风险问题。一方面，商业银行在运用股本或实收资本的基础上，主要通过吸收存款、同业拆借、向中国人民银行借款、从金融市场借款和发行金融债券或各种理财产品等方式获得不同期限的资金；另一方面，通过贷款业务和投资业务，不同来源的资金转化为流动资产、贷款债权和其他中长期资产。如果出现知识产权质押贷款违约的情形，商业银行就需要弥补该笔违约所造成的资金占用。从商业贷款理论来看，就形成资金流动性缺口，威胁经营安全，也就是知识产权质押贷款风险实际发生，并产生联动的一系列不利后果。从这个意义上说，商业贷款理论围绕资产安全风险较好地揭示了知识产权质押贷款风险。

（2）资产可转换性理论

资产可转换性理论又叫资产转移理论，由美国经济学家莫尔顿（Moulton）在1918年发表于《政治经济学杂志》第5、第6、第7、第9期连载的《商业银行与资本形成》的论文中提出①，并于次年在《政治经济学杂志》第7期进一步刊发了评论性论文②。资产可转换性理论的核心观点在于商业银行资产的可转让或可转移程度决定了其资产流动性的强弱，也就是说，商业银行保持资产流动性的最优选择是持有可转换资产。资产可转换性理论总结了高流动性资产的基本要素：信誉高（如政府公债）；期限短（如应收票据）或者没有期限（如流通股票）；容易出售（有公开而活跃的交易市场）。资产可转换性理论对银行管理实务的积极影响在于有效地扩大了商业银行资产类业务的范围，使商业银行的经营日趋灵活，有利于金融创新。显然，资产可转换性理论能够阐释知识产权质押贷款资产在流动性方面的弱点，从负面揭示知识产权质押贷款风险。

通常认为知识产权资产的可转换能力较弱，其变现程度的条件更为苛刻。借款人违约后，商业银行往往难以顺利地对知识产权质押物进行变现。基于资产可转换理论的分析和专利等知识产权质押融资试点实践中的经验进行总结，出于变现目的的知识产权资产融资方式可总结为9种，见表3-1。

从表3-1中不难看出，资产可转换理论的积极作用在于通过金融创新提高知识产权资产的变现能力，从而有可能借助市场机制，系统地降低知识产权质押贷款风险。

---

① H G Moulton. Commercial Banking and Capital Formation：Ⅰ［J］. Journal of Political Economy，1918，26（5）：484 – 508；Moulton H. G.．Commercial Banking and Capital Formation：Ⅱ［J］. Journal of Political Economy，1918，26（6）：638 – 663；Moulton H. G.．Commercial Banking and Capital Formation：Ⅲ［J］. Journal of Political Economy，1918，26（7）：705 – 731；Moulton H. G.．Commercial Banking and Capital Formation：Ⅳ［J］. Journal of Political Economy，1918，26（9）：849 – 881.

② Myron W Watkins，H G Moulton. Commercial Banking and Capital Formation：A Criticism［J］. Journal of Political Economy，1919，27（7）：578 – 605.

表 3-1　基于资产可转换理论的知识产权资产融资方式（出于变现目的）

序号	融资方式	基本描述	主要特征	实现方式
1	交易	知识产权具有可出售性，与普通商品一样可用于交易或转让所有权获得资金	知识产权资产专用性强，定价困难，交投不够活跃	需借助特定的场所，如知识产权交易市场；通过买卖或转让合同的方式实现交易
2	许可	许可方把知识产权的使用权转让给被许可方并收取许可费，获得资金	用知识产权资产的使用权获取标的公司的报酬	借助许可制度和许可合同
3	联盟	多家公司的知识产权人把核心专利集中起来成交，以专利费的形式获得资金	通过联盟或专利捆绑，提高专利的使用效率和获利能力（报酬更合理、非歧视和低成本）	组成专利池；借助知识产权代理等中介机构
4	出资	所有权人按照协议或市场价格把其拥有的知识产权的专用权或使用权投入标的公司并获得股东资格，预期获得未来收益（将来获得资金）	用知识产权资产的所有权获取标的公司未来收益的分配权	符合公司法的规定；依赖于资本市场的有效性
5	担保	以知识产权人拥有的知识产权作为担保，向商业银行等贷款人借款，以获得资金	不影响知识产权的使用权；用知识产权作质押等担保	商业性贷款；贷款合同
6	收购与并购	向政府出售知识产权获得资金；或者向并购方出售全部或部分包括知识产权在内的资产，以获得资金或者其他形式的对价	知识产权的所有权转移；或者被并购方的全部或部分资产的所有权转移	政府（或并购方）购买知识产权（或包括知识产权在内的全部或部分资产）
7	信托	知识产权所有者将其所拥有的知识产权委托给信托机构，由信托机构进行管理或者处分，以实现知识产权价值并获得资金	知识产权的财产权转移；人身权和所有权通常不发生变化	借助信托市场等金融市场

续表

序号	融资方式	基本描述	主要特征	实现方式
8	证券化	通过资产证券化操作，获得资金	知识产权的所有权产生转移，使用权通常不发生转移	借助证券市场等资本市场
9	诉讼	知识产权人等诉讼参与方争取胜诉，获得权利金等侵权赔偿资金	知识产权的全部或部分变现行为	知识产权民事诉讼、知识产权行政诉讼和知识产权刑事诉讼三种具体形式

（3）预期收入理论

预期收入理论产生于 20 世纪 40 年代，也称为商业银行资产投向选择理论。1949 年在专著《定期存款与银行流动性理论》中，美国经济学家普鲁克诺提出预期收入理论[①]。与商业性贷款理论和资产可转换性理论不同，预期收入理论的核心观点在于认为商业银行资产的流动性是由借款人的预期收入的大小决定的，而不是由资产流动性的高低或贷款期限的长短决定的。当然，普鲁克诺对此核心观点进行了精心的论证。

知识产权价值的实现过程和结果都具有较强的不确定性，因此借款人预期收入的实现的风险就更高，所以更需强调防范知识产权质押贷款风险。以下 13 类主要因素影响知识产权价值的实现能力，也就是知识产权预期收入的大小。

①法律属性。主要表现在知识产权权属的明确性和知识产权的有效性。知识产权法律文件记载了这些影响知识产权价值的信息，充分了解这些信息，有助于正确评估知识产权的价值。

②能够带来现实经济利益或预期收入。由于存在交易成本，现实的或预期的经济利益应当具有显著的规模，并能够持续产生（符合持续经营假设）。知识产权能够成为资产（无形资产）是有条件的：对于专利，只有

---

① 王维安，赵慧. 金融理论的世纪回顾与展望［J］. 经济学动态，2000（1）：4－8.

在得到实施和在商业化过程中获取收益时；对于专有技术，只有得到商业化应用并产生经济效益时；对于商标，只有存在相同产品竞争过程中取得相对优势时。而对于其他智力成果，只有在商业化的过程中与企业的生产经营活动紧密结合、持续发挥作用并能带来经济利益，才可以被界定为资产。

③知识产权的性质、特征和现状。知识产权的类型决定了知识产权的同质性或异质性，以及其他特征尤其是经济特征，从而影响知识产权的商业化过程和路径。例如，专利权和专有技术具有共性，在商业化过程中的主要着力点是发明新产品和技术创新，进而提升企业的产品竞争力和后续研发能力，服务于企业的盈利目标。但是两者的具体作用方式又是存在差异的，专利权是公开实施，而专有技术则是秘密实施。又如，商标权在商业化过程中的作用角度则是企业形象、产品知名度和品牌效应，并有助于企业扩大产品的市场占有率和激发消费者的潜在购买力。知识产权的状况包括历史发展状况和当前发展状况。前者是指无形资产的形成、发展和管理过程，例如专利的开发过程和申请、授权过程，商标的形成、申请和注册过程等。后者则是其管理现状和水平的反映，例如知识产权的使用情况、维护情况以及特定地域的知识产权法律保护情况等。有针对性地收集与知识产权的状况有关的信息，对知识产权的形成过程、成熟程度、发展状况和开发支出等具体情况进行科学的分析，合理估计研发成本、相关税费及其对利润的影响，对比分析影响知识产权价值的主要因素（预期收益的大小、收益期限的长短、相关成本费用的高低、配套资产的约束、现金流量和风险情况等），从而正确发现和评估知识产权价值。

④知识产权的法定寿命、剩余经济寿命和相应的保护措施。《专利法》《商标法》《著作权法》等法律较为严格地规范了智力成果的申请、实施和保护期限等主要环节，为智力成果的权益提供了法律保护，保障相关权利人在合法的地域、范围和时间期限内，能够单独享有该权益，从而促进智力成果的商业化运用。以知识形态为主要载体的智力成果，研发企业、组织或个人在开发成功后，获得法律所赋予的权利，并不意味着其已经得到商业化。只有参与到成功的商业化应用的过程中去，这些智力成果才能够

带来经济利益的回报。智力成果或知识产权的商业化应用周期可能会比较长，并且存在应用失败的风险。在此过程中，知识产权人能够单独享有经济利益的期间，往往比知识产权的法律保护期限短。这样为了杜绝侵权，知识产权的权利人必须采取相应的主动保护措施，对知识产权实施"额外"的保护，以有效地延长通过知识产权获得经济利益的期限。例如，专利权人在专利申请的过程中，不申报专利的最为核心的部分，而是把核心技术作为专有技术来保护，从而有效地避免专利公开所带来的技术泄密，变相地增加侵权行为的技术门槛。又如，在商标注册的过程中，同时主动对与商标类似（或接近，等等）的文字、图形和标识进行注册登记，预防潜在的侵权行为，以扩大商标保护的覆盖范围。如果采用收益法对知识产权价值进行评估，评估人应当主动了解专利等知识产权的法定寿命，以及相应的保密措施方面的规定，根据知识产权产品市场情况和核心技术发展趋势情况，合理估计知识产权的剩余经济寿命（而非只是法定寿命），从而恰当选择无形资产收益期限。

⑤知识产权实施的地域范围（指地理范围）、领域范围（指产业或细分行业范围）、盈利能力和赢利模式。知识产权实施的地域范围通常由知识产权法律做出限制，在国际知识产权运用的过程中尤其如此。专利法、商标法和版权法等相关法律对智力成果的保护，仅限于其主权管辖的地域及相关国际公约所规定的范围。如果一项专利如需在更大的范围内获得独享权益的权利，就需要向更多的国家或地区分别申请法律保护，并获得审核、批准或授权。不同知识产权的实施领域范围存在差异，例如专利，有的专利服务于较小的领域，只能在其所属行业的非常小的产品范围内加以实施，而有的专利则服务于较大的领域，能够在很大的产品范围内、甚至跨行业加以实施。又如商标，如果商标的权利人归属于跨行业的综合性企业集团，同一个商标就可能服务多个行业的产品。如果知识产权的使用范围，或实施的领域范围不同，其在商业化过程中的获利能力与获利方式也就不同。使用范围和领域范围决定了知识产权等无形资产获利范围，从而最终影响知识产权的价值。

⑥历史评估及交易情况。过去的交易情况显著影响知识产权的价值。

同一个知识产权，过去没有经过许可、排他性的许可使用，或者共同许可使用的情形，该知识产权的所有权的经济价值往往会高于经过许可使用的情形。类似地，同一个知识产权，过去经过许可、排他性的许可使用，或者共同许可使用的情形，该知识产权的使用权的经济价值往往会低于没有经过许可使用的情形。在采用市场法评估知识产权许可使用权的价值时，收集知识产权过去的评估及交易情况相关的信息，能够帮助掌握知识产权的实施范围、可交易性、交易的前提或条件、当前该知识产权的权利状况是否存在限制等历史交易信息，同时该历史信息能够提供重要的评估参考和交易参考。在采用收益法评估知识产权许可使用权的价值时，掌握知识产权的历史评估信息及交易情况相关的信息，能够判断历史盈利预测模型与实际情况是否契合，并进行针对性的差异分析和成因分析，以期在本次的价值评估中进行借鉴和修正。

⑦知识产权实施时受到的限制（法律、法规或者其他资产或资源的限制）。知识产权等无形资产的权利首先受到知识产权法等法律保护，但是法律也相应规定了知识产权人等权益主体的限制性条款，以避免其权利被滥用。法律对这些权利的制约，表现在：专利权的运用不能阻碍科技进步；在贸易活动中，禁止利用专利实施垄断等非法行为；在一定条件下，国家可以对关乎国防等核心公共利益的重大专利实施强制许可。知识产权等无形资产往往无法单独实施，必须与其他资产一起通过企业这一组织形式实现商业化，而这些企业必须满足所在区域的各种强制性要求并适应资源的约束，例如法律、税收、环保，以及交通和原材料供应等。

⑧转让、出资和质押等的可行性。以知识形态为载体的智力成果，能够通过商业化为其权利人带来经济利益，构成知识产权等无形资产交易的必要条件。只有能够为相关参与方带来显著的经济收益尤其是超额收益，知识产权才具备足够的吸引力和较高的经济价值，从而具备转让、出资等的可行性，这也是知识产权能够被用于质押贷款的前提之一。这就要求在收集技术成熟程度、知识产品市场需求状况和知识产权实施的条件限制等相关信息的基础上，深入分析实施知识产权所应具备的主客观条件，较为可靠地预测知识产权实施后的收入和成本情况，判断知识产权能够带来的

预期经济价值，从而据以分析知识产权转让、出资和质押等交易的可行性。

⑨与标的知识产权类似或相近的知识产权的市场价格信息。通过掌握被评估知识产权或类似知识产权的历史交易信息，以这些信息作为参考依据，重点分析被评估知识产权与历史交易中的知识产权的共性和差异（主要比较知识产权的特性、现实或潜在的收益能力、竞争能力与现状、所代表的技术水平、商业化过程中的成熟程度、运营风险状况等因素），并且与当前的市场价格、交易条件和供求关系等信息进行对比，用于修正采用市场法评估时的参数。同时掌握类似知识产权的历史交易情况，作为选择评估方法的参考依据。

⑩知识产权所处的宏观经济环境。企业或准企业是知识产权商业化的常见组织形式，企业的生产经营和管理活动在可能受宏观环境制约的同时，也可能受益于宏观环境，也就是说，企业与宏观环境之间的关系是对立统一的。国家的诸种宏观调控手段，一头影响着知识产权产品的市场供求关系，另一头也对企业的生产经营成本产生深刻的影响。宏观经济环境对知识产权价值的实现有直接或间接的影响。宏观经济环境和企业所处行业的预期前景，首先影响企业的经营前景，进而显著影响知识产权的预期价值。

⑪知识产品所在的行业状况及发展前景。知识产品所在的行业的发展成熟度、核心技术发展的成熟度、未来商业化应用的前景及行业在国民经济或全球经济中的地位，决定了该行业在整个经济中的重要性，以及市场竞争力、抵御风险的能力、行业成长性和经济周期属性等情况。实施知识产权商业化的企业，不可能独立于行业发展，而是受行业特征的影响。如果行业景气，则知识产权的商业化前景就会被看好；相反，如果行业前景不好，则市场竞争程度高，知识产权的商业化前景就不会乐观，知识产权的经济价值就会大幅降低。在评估知识产权的价值时，应当立足行业分析，收集必要的行业信息，以做出行业未来前景的合理假设，尤其是在收益法评估中，要全面考虑行业的现状与前景，以确定或调整知识产权盈利能力的预期收益期和贴现率。

⑫企业状况及发展前景。知识产权商业化的载体即企业的自身条件对知识产权价值的实现程度也会构成约束。例如，知识产权的价值实现，可以超越权利人的企业边界，借助许可制度，在被许可企业产生效益，实现价值最大化。知识产权使用权的许可，还与被许可企业的规模、资产与设备、市场地位、管理水平与能力等密切相关。在评估企业状况与发展前景时，需要调查和掌握相关知识产权权利人及其商业化的企业或者潜在商业化载体企业的状况。尤其是在运用收益法评估知识产权价值的过程中，收集并掌握企业的规模、资产与设备和市场地位等信息，据以分析知识产权产品的生产能力、市场占有率、竞争能力与趋势，进而据以预计产品销量、产品销售收入、产品销售价格和产品生命周期（收益期间）。此外，收集企业的管理信息（管理者特质、管理人员素质和管理能力与水平等），据以分析知识产权产品的成本控制、存货管理、资金预算与融通能力，进而据以合理预计产品销售成本、企业期间费用的总体水平和趋势，对产品销售利润和未来发展潜力进行预计，判断并区分知识产权在预期收益中的贡献度。

⑬其他内部和外部因素（经济政策、行业政策、市场状况和经营条件、生产能力、产品生命周期等）。需要在知识产权商业化的前期，收集、调查和掌握这些其他信息。例如，与本知识产权相关联的知识产权，或者替代知识产权的上述信息，能够与本知识产权共同发挥作用的关联资产的相关信息，以及外部专家对这些信息的意见，等等。这些内部因素和外部因素共同对知识产权价值的判断产生影响。

3.1.5　贷款能力决定理论

让·梯若尔《公司金融理论》中的第四章，通过对现有研究的总结，对借款人贷款能力的决定机理进行了数理化的描述。

（1）影响企业贷款能力的主要因素（一般因素）

部分结合知识产权质押贷款的特征，总结起来，影响企业贷款能力的一般因素主要有六大类：

第一类因素是可保证收入。可保证收入是在对企业经营管理人员使用激励相容约束契约时，外部投资者对企业融资项目投资收入的一种最好预期。可保证收入越高，外部投资者投资该项目的意愿越强。在合约利益的选择上，价值（社会剩余、净现值）与可保证收入（对投资者的价值）不可兼得。因此，"牺牲价值以增加可保证收入"的原理可以解释许多融资现象。

第二类因素是多元化。如果项目规模的扩张事实上代表了项目个数的增加，那么所有项目的结果就是完全相关的（取决于付出在项目上的努力程度）。当然，也存在多元化无益的极端的情况。当各个项目相互独立时，多元化可能会带来大量激励性收益。例如，当项目之间是相关的，交叉抵押是无效的：一个项目失败，据其设立的担保品也就没有价值了。有大量项目时，标准债务合约能达到社会最优。多元化的好处主要在于：减轻因委托代理带来的负激励问题、降低资本要求。现实中多元化存在着许多阻碍。例如，内生的相关性。又如，多元化的关键假设是项目间相互独立，一个失败另一个仍有可能成功，并以成功项目的收入为失败的项目提供担保品。而事实上，由于资产替代效应，借款人有权利去选择彼此相关的项目。而且，相关性破坏了担保品的价值，使交叉抵押失效。

第三类因素是抵押。资产或净资产是指借款人可以先拿来支付一部分投资成本的现金形式。另外一些资产不能先用于融资过程，是准现金。假设企业家没有现金，但可将一些应收账款作为以往业务的剩余转移给买者，这可给他带来无风险利润 A。因此，若当前项目成功，总利润为 R + A；失败，总利润是 A。显然，企业家可将无风险利润 A 抵押给放贷者，如同企业家拥有现金 A。抵押资产有助于借款人融资。企业的事后收入和企业资产的价值没有区别（除收入很低时资产仍有价值的情况之外）。借款人和放贷者有相同的对资产和现金的边际替代率，即对现金和资产的权利是将收入转移到放贷者手中的互相替代的手段。最优的形式是，将资产而非收入抵押给放贷者：出于激励的考虑，要求在绩效差时惩罚借款人。此时，借款人几乎没有收入，只能被剥夺资产。越大规模的贷款，对担保品的要求越低。更一般地，使担保品与公司融资模式被共同决定：期限越长的贷款，担保品越少。资金实力越强的企业，其最优的负债期限就越长，因为这类企业承受得起较少的担保品。绩效糟糕时，企业家未必要抵押实物资产。可以抵押任何为投资者带来收益、为企业家带来更高成本的转移或行为。特别地，企业家可将他的工作作为担保品，既可直接承诺绩效不好就走人，也可间接地通过制度变化使投资者更容易解雇经理人。这些制度变化包括：增加董事会中外部人的数量、取消收购防御措施，以及给予风险资本中止项目的权利，等等。

第四类因素是流动性与可靠性（委托代理问题）。企业家的报酬要到他的管理成效（最终利润）实现以后才能支付。越是延迟报酬的支付，获得的信息量就越大，对企业家绩效的评估就越准确。现实中，企业家的报酬是逐渐支付的，而非到最后才"结算"。原因在于：企业家随时需要消费，因此愿意将其报酬分散在各期；企业家可能想提取现金进行新的有利可图的业务。如果企业家的绩效明确显示出来以前就允许他提走现金，会加重道德风险。通常，在流动性和可靠性之间存在着两难选择。企业家退出的时候，如果投资者无法证实企业家是否面临着有吸引力的外部投资机会，如何处理不完美的绩效衡量问题，是个复杂的问题。由于观察不到是否存在外部投资机会，为策略性退出创造了机会。可以选择提早退出的权利进一步加重了道德风险，因为提早退出可避免与不良绩效相关的惩罚。企业家报酬的类型取决于流动性冲击是否出现。若投资者可检验流动性冲击的存在性，就不存在任何问题。但事实上，企业家面临流动性冲击时选择全部退出，拿到报酬，没有流动性冲击时完全留置，等成功的时候再拿到报酬，是其个人最优的选择。流动性冲击的不可观测会使企业家更难获得流动的索取权。这意味着更大程度的留置（对企业家而言是更为延迟的收益）。例如，风险资本家通常在首次资本注入后 4~5 年退出；这时候的绩效常常未知。因此，事先获得对未来利润的估计尤为重要。

第五类因素是人力资本的不可转让性。与实物资产相比，对于企业家人力资本的投资是无法夺取的，因为它具有不可转让性。

第六类因素是贷款谈判能力。确定一些降低借款人谈判能力的因素，来帮助他获得资金。具体有：①声誉。借款人已经获得不会寻找机会对放贷者进行再谈判的好名声（也就是，放贷者也可能建立了不接受再谈判的名声）。若投资已经发生而完成项目的要求仍未正式写进合约，放贷者可能会担心：减免债务后，可能会受到企业家进一步的勒索。所以，若不想示弱，可能会拒绝企业家的勒索。②放贷者的分散性。分散性可能会阻碍再谈判。③外部选择权。要估计企业家在再谈判中的谈判能力，应看他的外部选择权。企业家的外部选择权对其有害无益，因为投资者可能不再为其任何项目提供融资。若企业家能够被替代（可能有成本），其再谈判能力也会减弱。因此，贷款协议可规定，放贷者可夺取资产，解雇企业家。给予放贷者夺取公司资产的权利，会使企业家做出不会剥夺放贷者的可信承诺。担保品的价值取决于企业家在多大程度上不可或缺。

（2）知识产权质押贷款能力的主要影响因素（特有因素）

依据让·梯若尔较为严密的分析框架和相关的实证研究提供的经验证据，完全结合知识产权质押贷款的特征，对知识产权质押贷款能力的主要影响因素总结如下[1]：

①企业经营及相关能力。主要包括生产能力、知识产权管理水平、赢利能力、成长能力、担保保证能力、知识产权资产处置（变现）能力、公司治理能力、融资方式、信息披露水平、抵押歧视、知识产权类型，等等。

②知识产品的市场特征。主要包括产品供需状况、产品市场规模、产品价格弹性、法律竞争限制、剩余期限、授权方式，等等。

③企业管理能力。主要包括销售服务能力、管理者特征、质量管理体系、企业规模、企业信誉、知识产权是否为企业的核心资产（或核心竞争力）、知识产权权属是否明确，等等。

④知识产权融资特征。主要包括估价操纵风险、知识产权固有风险、政策风险、知识产权过时风险、诉讼风险、政治联系，等等。

⑤知识产权的市场特征。主要包括知识产权改变市场趋势的能力、行业发展能力、知识产权使用者的认知程度，等等。

⑥知识产权及其产品的市场化程度。主要包括产品市场竞争程度、知

---

① 参见：姚王信.企业知识产权融资研究：理论、模型与应用［M］.北京：知识产权出版社，2012.

识产权市场化程度、替代知识产权的情况、产品超额获利能力，等等。

企业贷款能力决定理论与信贷配给、融资约束等理论一起，揭示了造成不同的企业之间融资能力差异的主要机理，从而有助于实现建立个性化的知识产权贷款风险识别、评估与预警管理体系。

3.1.6 企业金融成长周期理论

同一家企业在不同的发展阶段，融资需求和供给存在差异。这说明对贷款风险进行管理时，需要结合企业的发展阶段来进行判断和决策。

（1）企业金融成长周期理论

融资结构是指企业筹集到的各种来源的资金之间的组合关系。企业融资结构取决于诸如公司治理结构、融资偏好和融资需求等内部因素，也取决于诸多银行体系是否健全、资本市场是否成熟和完善、资金供求关系是否紧张等外部因素。1970 年，韦斯顿（Weston）和布里格姆（Brigham）[①]在观察和研究了企业成长阶段与融资来源之间的关系后，据以提出了企业金融成长周期理论，借助企业成长周期和金融特征这两个分析工具，对企业的金融成长周期进行了划分。六个阶段的名称和融资来源的情况，可参见表 3 -2。

表 3 - 2 企业金融生命周期与融资来源

阶段	融资来源	潜在问题
创立期	创业者自有资金	低资本化
成长阶段 Ⅰ	自有资金 + 留存利润、商业信贷、银行短期贷款及透支、租赁融资	存货过多，流动性危机
成长阶段 Ⅱ	以上来源 + 金融机构提供的长期融资	形成金融缺口
成长阶段 Ⅲ	以上来源 + 证券发行市场提供的长期融资	导致控制权分散
成熟期	以上全部来源	保守的投资回报
衰退期	资金退出、并购、股票回购、清算等	下降的投资回报

---

① Weston J F, Brigham E F. Managerial Finance ［M］. New York：Dryden press，1970.

基于现代金融生命周期模型的研究，作为解释企业融资来源变化的一个重要原因，信息问题是一个重要的解释变量。企业创立期的资产规模小，管理不规范，各类业务记录也不够完全，会计信息透明度不高，达不到外源融资的基本要求（门槛），难以获得银行等传统金融市场的资金支持，不得不依靠融资成本相对较低的内源融资。进入到三个类型的成长阶段，随着市场份额和业务量的增加，企业的扩张动机增强，新的项目投资越来越多，对中长期资金的需求增加较快。企业规模随之不断扩大，资产的数量越来越大，长期资产显著增加，用于传统融资的抵押能力增强，各类业务也越来越健全，信息透明度不断提高，外源融资的可行性和重要性都增加了。进入稳定增长的成熟阶段后，企业的业务与管理记录、财务会计制度等都趋于完善，逐步满足资本市场融资的条件。与之相对应，企业债务融资的比重降低，股权融资的比重上升。在市场竞争中获胜的一部分绩优企业，通过自身发展和资本运作成长为行业内的大企业或企业集团。综上所述，结合成长周期分析的企业融资函数可表示为金融成长周期模型——公式（3-1）：

$$F = f(E, X, Y, Z) \qquad (3-1)$$

其中，$X = x(t, s, q)$；$Y = y(t, s, q)$；$Z = z(t, s, q)$

式中，F 为企业融资规模；E 为资金需求量；X 为内源融资量；Y 为债务融资量；Z 为股权融资量；t 为时间；s 为企业信息透明度；q 为企业规模。从该金融成长周期模型容易看出，在企业生命周期的不同阶段，资产规模、信息透明度、市场供求关系等约束条件的变化，不仅影响企业的资金需求量，最终也会影响企业的融资结构。金融成长周期模型所揭示的基本变化规律就是，创立期和成长初期的企业，面临较大的外源融资约束，融资渠道狭窄；反之亦然。

（2）创新型企业的金融成长周期分析

创新型企业在不同的生命周期阶段的金融需求不同，因而呈现明显的金融成长周期。现将创新型企业在不同时期（划分为初创期、成长期、扩张期、成熟期和衰退期五个阶段）的融资特征总结如下。

初创期。创新型企业的初创期阶段，最为主要的融资特征是"融资难"和"融资贵"。由于新产品或新技术商业化的风险较高，初创期企业容易出现"死亡谷"① 现象。在这个阶段，创新型企业还在新产品（或服务）和新技术的研发阶段，需要投入大量资金，但是具有超前性的新产品与新技术还不具备商业化的条件，不能够产生现金流回报，这样就形成了与其他阶段相比、占总资产比重最大的资金缺口。此时，企业规模小，研发支出高且风险大，市场前景不明朗，企业缺乏传统融资方式所需的抵押担保资产，难以从银行获得稳定的信贷资金。因此，初创期创新型企业不得不依靠留存收益、风险投资、无偿资助、政府贴息信贷资金、担保补助和政府周转资金等渠道筹集资金。民间借贷和小额贷款等也是初创期创新型企业的补充融资方式。

成长期。与初创期相比，处于成长期的创新型企业的资金缺口占总资产的比重相对降低。由于随着产品市场推广和技术攻关，带来短期资金的需求"井喷"，成长期的创新型企业也会出现"死亡谷"。在成长期，研发成果开始商业化，与其他资源结合，转化为产品或服务。企业逐步加大新产品的生产规模，开拓的市场布局，运用营销手段增加市场份额，同时制定应对同类产品竞争的战略。与此同时，企业还需增加研发资金，完善新产品和新技术，推动产品的持续升级，以保持市场竞争优势，并规避市场风险，从而对流动资金有较大的需求。企业主要依靠风险投资基金、创业投资基金、银行贷款、债券融资、融资租赁、政府资金等融资渠道。

扩张期。与成长期相比，处于扩张期的创新型企业资金缺口占总资产的比重有所回升。在扩张期，创新型企业在进一步开拓新市场的同时，不断扩大生产经营规模，对中长期的资金需要快速增加。此时，企业的市场份额、客户群和盈利模式相对稳定，财务制度更加健全，发展前景

---

① "死亡谷"是指创新型企业在发展过程中通常会遇到一些紧急情况下的资金需求，如果不能及时得到解决，对企业发展就将产生很大影响，甚至会使企业面临倒闭或被收购的风险。

良好，发展速度提高，从而成长为高技术企业。在这个阶段，虽然企业资金需求量最大，但投资价值也非常明显。一方面可以用应收账款、存货、厂房、机器设备和知识产权等资产进行担保融资；另一方面可以利用良好的预期前景，在资本市场开展股权融资，而风险投资基金和创业投资基金则利用这个阶段退出。总而言之，这一阶段创新型企业融资方式有多样化的选择，同时面临的主要风险是市场风险和企业整体运营风险，需要通过健全企业组织结构、完善企业治理结构和优化内部资产结构来应对风险。

成熟期。此时，创新型企业资金缺口占总资产的比重显著降低，企业发展稳定。在这个阶段，在激烈的市场竞争中，生存下来的创新型企业一般已经"做大做强"为大型高技术企业，企业的研发能力得到空前的强化，在技术上形成了稳定的核心竞争力，市场风险和技术风险相对有所降低，经营管理风险的重要性上升。其中，技术风险的主要表现是研发过程中的创新能力开始下降，专利成果转化为产品的速度不能满足消费者快速变化的个性化需求。经营风险主要表现为企业的活力降低，创新的氛围弱化、速度下降、节奏变慢，以"大企业病"为特征的管理结构等内部矛盾突出。在融资方面，在这一阶段，企业的抵押担保条件优良，信用资产等级高，企业资金的主要来源是内部积累，银行贷款占比增加，企业与金融业的合作逐渐成熟和稳固。同时，企业通过资本市场运用债券和股票等融资工具，获得股权融资等长期资金。

衰退期。这是企业融资能力最弱的阶段。进入衰退期的过程中，行业竞争加剧，市场总量随着消费升级不断萎缩，创新型企业的市场占有率也不断降低，导致生产规模持续降低。与此同时，企业创新能力下降，导致产品不能满足消费升级，缺乏竞争力，实际上失去"创新型"的企业性质；而市场中的替代品快速出现，企业利润快速下降，财务状况不断恶化，管理制度不能与时俱进，企业在亏损状态下运营，整体能力下降。衰退期的企业要么倒闭清算，要么"二次"创业和创新。但由于企业资信状况没有吸引力，投资者缺乏投资兴趣，主要依靠资产剥离与重组、不良资产变卖、部分资产清算，以及专利权、商标等知识产权交易来回收资金，以图开拓新的业务领域，获得二次成长机会。

（3）基于金融成长周期的知识产权质押贷款分析

创新型企业通常会在成长期利用知识产权质押贷款进行外源信贷融资。

首先，在成长期，知识产权的相对优势已经形成。企业通过研发活动或广告等初始投入，形成了技术或品牌优势，并实施了商业运用。知识产权优势也可能表现为一定的数量上的优势，或者市场竞争中的相对优势（表现为市场占有率或良好的发展前景），使知识产权质押融资能够形成一定的贷款规模。

其次，在成长期，创新型企业创造的现金流非常有限，不足以弥补初始投资。不仅如此，市场投资机会决定企业仍应持续投入大量资金，以扩大生产经营活动，增加市场占有率。因此，企业面临较大的资金缺口。

再次，在成长期，创新型企业具有"轻资产"的特征。此时，企业的技术或品牌效应已经显现，市场的想象空间也比较大，生产、经营或服务已经具备一定的规模。银行等金融机构已经能够比较容易地获得企业抵押资产、生产经营、市场方面的信息，并且对这些信息的验证也容易实施。另外，证券市场也同样能观察到企业的内、外部信息。在成长期，创新型企业利用知识产权质押等外源融资的可能性大大提高了。

最后，在成长期，创新型企业还有如下一些影响融资活动的特征：资产负债率相对较低；内源性融资资源枯竭，融资结构渐趋合理；融资规模越来越大；融资成本较高；与初创期相比，市场失灵的程度开始快速降低；融资风险通常较高。这些特征都不同程度地、正向或负向影响商业银行的知识产权质押贷款决策。

与企业贷款能力决定理论揭示企业之间的融资能力差异的主要机理不同，企业金融成长周期理论解释了同一企业在不同阶段的融资能力差异的主要机理，从而提供了根据企业的发展阶段有针对性地实施贷款风险管理的理论依据。

3.2 知识产权质押贷款风险的管理原理：
识别、度量与预警

知识产权质押贷款风险管理应该属于商业银行管理范畴。但是现有的银行管理课程设计①中，尤其是风险与收益管理的部分，并没有充分考虑到知识产权质押贷款风险管理问题。这里，结合金融风险管理的理论框架，运用知识产权风险管理的基本理论，从知识产权质押贷款风险的度量与预警视角，试图总结并提出知识产权质押贷款风险管理的基本理论。

3.2.1 知识产权质押贷款风险管理的基本原理

（1）知识产权质押贷款风险的构成②

知识产权质押贷款风险涉及四个主要的过程：知识产权形成过程中产生的风险被固化的过程（知识产权固有风险）、知识产权质押过程中的风险（知识产权质押风险）、商业银行对知识产权质押贷款进行管理的过程中所产生的风险（商业银行信贷资产管理风险）和作为质押物的知识产权运营与管理风险（知识产权运用风险）。

这四种风险相互影响，使知识产权质押贷款风险的管理难度高于一般的商业贷款，因此政府有义务采取措施去分散、补偿知识产权质押贷款风险。而商业银行则要采取措施加强知识产权质押贷款风险管理，重点是风险识别、风险评估与度量、早期预警与风险应对。其中，风险识别与度量是建立风险预警体系的基础性工作。

首先，是知识产权固有风险。发生在知识产权形成与确认过程中的瑕疵所带来的已知的或未知的不确定性，将危及知识产权价值、质押价值、

---

① S. 斯科特·麦克唐纳（S Scott MacDonald）. 银行管理（第6版）[M]. 钱宥妮，译. 北京：北京大学出版社，2009.

② 姚王信. 企业知识产权融资研究：理论、模型与应用 [M]. 北京：知识产权出版社，2012.

信贷资产价值以及企业价值。表现为：知识产权的固有缺陷、实施成本；专利的性质（突破性创新、渐进式创新或非技术性创新）；技术领先的程度（是否已过时、竞争性技术或替代技术的情况）；剩余使用寿命或剩余保护期限；依附于知识产权之上的竞争限制的强度；所有权等权属情况；是否属于核心知识产权；知识产权的类型；等等。

其次，是知识产权质押风险。是与知识产权质押行为相联系的风险，主要包括知识产权估价风险、质押法律风险和质押行为风险。Richard Raz-gaitis 把知识产权价值的影响因素总结为技术内在质量、技术保护、市场因素（不包括竞争性因素）、竞争因素、被许可方因素、财务因素、法律诉讼等特殊风险因素、契约执行有关的其他的法律因素、政府因素等九大方面一百多个具体因素，评估师评估时需要加以考虑。同时，结合中国的国情，还有估价操纵、政治联系和评估师自身因素所导致的评估风险等因素。

再次，是商业银行知识产权质押信贷资产管理风险。是与商业银行管理相关的风险。传统上根据巴塞尔协议，把商业银行的风险分为信用风险、市场风险、流动性风险、操作风险四个基本类型。在此之外，研究者们还考虑国家风险、合规风险、声誉风险、战略风险等。中国的贷款风险分类从五级（正常、关注、次级、可疑和损失）扩展到十二级（正常分四级、关注分三级、次级分二级、可疑分两级和损失）、十三级（把关注分成四级）。巴塞尔协议Ⅲ则提高了资本充足率（核心一级资本充足率提高至4.5%，一级资本充足率提高至6%，资本充足率维持8%）、完善了缓冲资本机制、加强流动性监管（建立流动性覆盖率和净稳定资金比率指标）、在巩固风险资本管理框架的基础上引入杠杆率指标（权益资产比率不低于3%）。

在这些风险管理要求的基础上，商业银行实施知识产权质押信贷资产风险管理，理应考虑到知识产权质押贷款的特性。总结起来，主要包括如下风险管理措施或程序：①借款人资质管理。商业银行应审查借款人是否符合借贷主体的条件、知识产权的权利凭证有无瑕疵、知识产权权属的持续性、出质人与知识产权权利人之间的一致性等。②知识产权出质的适格性管理（包括担保管理）。商业银行应审查知识产权的法律授权情况、其他权利关系人情况（不存在公司法、合同法等意义上的潜在纠纷）、潜在侵权纠纷分析、质押登记与公示。③知识产权出质期间的贷款管理。例如，知识产权信息披露管理、知识产权使用情况报告。④知识产权质物处置管理。通过全国或地区知识产权交易市场等途径处置知识产权，在此过程中要尽力维护知识产权价值。

最后，是知识产权质押后的运用和管理风险。诸多因素可能会导致知识产权质押后的价值缩水或者预期收益（现金流）没有能够完全实现，从而威胁贷款安全。质押制度保障了借款人在丧失知识产权使用权的同时获取信贷资金支持，但是如果知识产权实际使用人在对知识产权的后续管理中不尽职，或者市场环境出现了不利变化，会使知识产权实际产生贬值，进而导致借款人违约后通过处置质押知识产权而获取的现金，不能够完全覆盖贷款本息。因此，商业银行应通过持续监控知识产权及其运营管理情况，尤其是建立早期风险预警系统，防范风险、减少损失。

（2）知识产权质押贷款风险管理的措施

立足金融风险管理理论框架，金融风险管理主要包括制度性措施和技术性措施。

制度性措施是方向性和指导性的政策、办法和程序。知识产权质押贷款行为虽然是市场自发产生的，但是在国家知识产权局执行《国家知识产权战略纲要》以来，在知识产权质押融资制度的促进（或加持）下得到了较快的发展。在金融风险管理理论框架下，可以从法律（或政策）、组织和程序方面建立知识产权质押融资的制度措施。

首先，是法律制度与政策措施。从法律与政策角度来看，知识产权质押融资能够试点成功，与《担保法》《物权法》等一批法律、法规与政策的制定、修订或完善有关，尤其更贴近实务的实施细则、司法解释的出台，也与《关于进一步推动知识产权金融服务工作的意见》《商业银行知识产权质押贷款业务的指导意见》等金融发展法律制度有关，还与知识产权评估准则、指南和指导意见等资产评估法律制度有关。当前，由于知识产权质押融资相关的法律制度还停留在地方层次的"管理办法"（例如上海市的《上海市知识产权质押评估实施办法》《上海市知识产权质押评估技术规范》)，比较重要的问题，是如何修订、完善"知识产权法"，形成统一的法典，以满足规范和保障知识产权质押融资行为的需要。

其次，是组织制度。包括国家宏观管理（含社会信用、中介体系建设方面的组织保障）、企业知识产权管理和商业银行信贷资产管理等三个方面的组织工作的制度保障。以企业知识产权管理组织为例，应从直线型、职能型和矩阵型等管理组织结构模式中确立一种与本企业战略目标相符合的模式。① 选择的依据：①满足法律要求。《企业专利工作管理办法》（国知发管字〔2000〕第 2 号）要求企业高层应直接掌握专利信息和统筹专利工作，同时也要求专利管理应靠近企业研究与生产经营活动。②遵循管理科学。设置管理机构时，要考虑企业的传统和文化、企业所处的层级（母子结构、总分结构下的具体单元）、企业类型、企业规模、行业特点、企业拥有知识产权的数量、企业的业务结构、企业既有的管理结构情况等因素。③符合质押贷款管理实际的需要。在知识产权管理部门内部，要划分知识产权法律事务和日常经营管理事务两类不同性质的知识产权管理事务。

最后，是程序制度。流程管理最容易落到实处。知识产权质押贷款风险管理的程序制度的制定者可能是政府、行业组织、企业或银行。以商业银行为例，知识产权质押贷款风险管理程序制度的核心是风险控制措施，包括事前、事中和事后的管理控制，涉及事前对拥有知识产权的客户的资质、信誉、经营能力和财务状况的调查，以及知识产权的权属、技术特征等的调查和核实；事中的贷款与否的决策；事中的贷款形式以及附加担保等决策；事中的还贷形式或条件决策；事后的对客户的回访制度；全过程的与舞弊有关的内部控制；全过程的流程控制。以信用审查流程为例，主要由客户提出贷款申请环节、客户基本资料（例如营业执照、税务登记证、法人代表个人资料、婚姻状况、经营居住地址、电话）审查与初步实

---

① 杨胜. 论企业知识产权管理组织结构模式及选择 [J]. 改革与战略, 2007 (7)：136 - 139.

地调查环节、资料审查（例如身份证明、资产证明、财务资料、知识产权抵押与担保资料、信用调查、银行内部业务审查）环节、实地调查（经营场所考察、经营环境与现状考察、知识产权使用与管理情况考察）环节、客户业务情况（客户的上、下游关系，知识产权在客户业务中的地位与作用）调查、知识产权价值评估、贷款审批与拨付。

技术性措施是关于如何具体落实、任务分解、执行方法等方面的措施。知识产权质押贷款风险管理的技术性措施围绕风险识别、风险度量和风险控制与管理来设计的。

首先，是识别技术。知识产权质押贷款风险识别是度量的基础。在认识知识产权质押贷款风险的形成机理的基础上，通过流程划分、风险源分析等办法，来识别知识产权质押风险。

其次，是度量技术。知识产权质押贷款风险识别和度量是对其进行有效管理的基础。通常的思路是对识别出的风险分别进行度量，再用数理方法对这些风险进行综合处理。

最后，是管理技术。知识产权质押贷款风险被识别和评估之后，就可以运用管理技术对其进行有区别的管理。

由于商业银行风险管理技术方面的理论研究已经相对成熟，实务程序也已经比较规范。而知识产权质押贷款风险的识别和度量问题缺乏应有的研究关注，同时，在实务方面，各商业银行也是"各走各的路"，没有统一的程序标准。知识产权质押贷款风险的识别和度量是预警的前提，预警是本书研究的重心和主要归宿。因此，我们重点阐述知识产权质押贷款风险的识别、度量，以及与预警有关的理论与实务问题。

3.2.2 知识产权质押贷款风险的识别

商业银行风险识别的基本方法有财务分析法、风险清单法、头脑风暴法、德尔菲分析法、情景分析法和风险图分析法或风险树搜寻法，以及筛选—监测—诊断法等，无论何种方法，必要的财务报表分析都可以作为识别的技术基础。通常，按照一定的逻辑（如风险形成的时序、风险的内外部边界等）对风险进行识别与排列的风险清单法，能够与风险管理流程更好地结合，有利于风险识别。但是，由于商业银行风险具有隐蔽性的特点，风险清单法不利于发现未知风险，因此要与其他方法结合起来使用。

（1）知识产权质押贷款风险产生的基本原理

从理论上看，知识产权质押贷款风险源自抵押贷款价值与市场价值之间的偏离。如图 3-2 所示，当抵押贷款价值低于市场价值时，就不能完全覆盖贷款本金和利息，从而产生违约风险。但是否真的发生违约，还取决于借款人的其他条件。只有当借款人无法取得偿还贷款本息的现金流时，违约才会真正发生。因此，知识产权质押贷款风险是违约的前提条件之一，但并非充分条件。

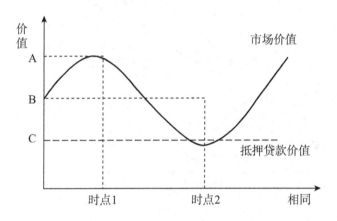

图 3-2　抵押（质押）贷款价值

资料来源：崔宏. 抵押资产：市场价值抑或抵押贷款价值［J］. 农村金融研究，2008（4）：28-34.

更详细的分析，基于不同运用目的，知识产权的价值形态也会不一样。如图 3-2 所示，基于股权投资目的，知识产权表现为中、长期的投资价值。知识产权的投资价值会因市场环境和企业内在价值的变化，而形成市场价值 A。当知识产权被质押时，会形成质押价值。质押价值也会由于市场环境和企业内在价值的变化，形成市场价值 B。通常，市场价值 A 和市场价值 B 是相等的。投资价值、市场价值和质押价值都表现为知识产权在用价值的一种形式，其共同基础都是知识产权的持续运用。在非持续运用的情况下，首先作为知识产权市场交易的一个环节，知识产权被在正常市场条件下出售（或转让），所体现的价值是"有序清算价值"。其次是知识产权在破产、重整等清算条件下被出售，所体现的价值是"强制清算价值"。此外，还有知识产权达到预期使用寿命或法定使用寿命后的剩余价值即残余价值。

通常，知识产权的投资价值、抵押价值、市场价值、在用价值、有序清算价值、强制清算价值和残余价值的数量关系符合图3-3的描述。这里，只考虑质押价值。当折现后的知识产权的质押价值低于贷款本息时，就产生了知识产权质押贷款风险。

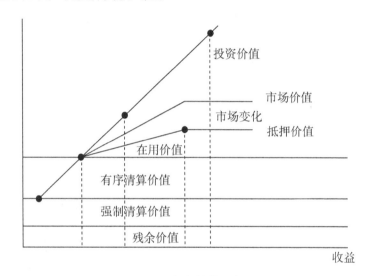

图3-3 抵押价值示意图

资料来源：根据李挺伟在天津市无形资产研究会2010年学术年会上的发言整理。

因此，我们的研究问题即知识产权质押贷款风险预警与防范问题，就转化为如何考察知识产权质押贷款风险的来源和数量问题，从而产生了识别与评估知识产权质押贷款风险的管理需要。

总体来说，因不确定性对盈利造成负面影响的银行风险包括信用风险、流动性风险、利率风险、市场风险、外汇风险、偿付能力风险、操作风险，巴塞尔协议Ⅱ所做的总结非常成功①。也有提及国家风险、声誉风

---

① Joel Bessis. Risk Management in Banking ［M］. New York：John Willey & Sons, 2002：11-22.

险、法律风险、合规风险和战略风险的①。当然，这些风险往往交织在一起，难以完全区分；为了研究的需要，我们仍然要对其进行相对合理的划分，以构建围绕风险识别、度量和预警的知识产权质押贷款风险防范管理理论体系。同时也不难理解，任何风险要么来源于组织的内部，要么来源于组织的外部，要么兼而有之。因此，本书的研究分别从商业银行内部和外部去识别知识产权质押贷款风险，会更有助于与银行的风险管理流程相结合。

（2）内部风险识别

内部风险指银行在管理知识产权质押贷款即从受理知识产权质押贷款的申请资料，到借款人履约还款或者承担违约责任的过程中产生的不确定性，风险源主要在银行内部。从管理流程来看，这些风险主要与银行有关员工、执行团队和合作伙伴三个层面有关。

第一个层面，是与员工有关的风险。知识产权质押贷款决策的全过程都涉及银行的员工，由于信息不对称或者员工没有完全执行相关规范，都会产生风险。这些风险存在于信息收集、员工手册及其执行、技术操作和合规管理四个主要环节之中。

首先，是信息收集工作，主要包括贷前的尽职调查（也有委托中介机构进行的，属于代行员工职能）、贷中用于支持贷款决策的资料收集和贷后的信息管理。在知识产权质押贷款业务中，与信息收集有关的主要风险点如下所述。

①可能接受与借款人主体资格有关的包含虚假或伪造等有瑕疵的信息资料。主要包括：企业法人营业执照副本复印件；组织机构代码证复印件；税务登记证复印件；银行开户许可证复印件；贷款卡复印件；法定代表人身份证复印件；公司高管、代理人身份证复印件；企业董事会（股东会）签字样本；企业预留印鉴；与企业经营许可、资质、涉外投资有关的证件复印件；法人授权证明书；企业变更登记有关文件的复印件；企业转制、改组等具有重要性的行为有关的资料；政府批件（若有）；等等。

---

① 何自力. 商业银行管理 ［M］. 北京：北京大学出版社，2014：248－250.

②可能接受与质押知识产权、质押活动有关的包含虚假或伪造等有瑕疵的信息资料。主要包括：知识产权法律文件；知识产权申请过程说明；知识产权登记或授权法律文书；知识产权与知识产权组合清单；知识产权维持费缴纳证明；知识产权许可（使用）合同（如有）；知识产权转让合同（如有）；知识产权人基本情况及身份证明（如符合）；知识产权使用情况详细说明；知识产权维护、纠纷或涉及诉讼情况说明；知识产权出资验资报告（如符合）；知识产权价值评估报告；知识产权质押登记证明文件；知识产权保险单（如有）；知识产权质押过程中产生的有价单据；等等。

③可能接受与贷款项目有关的包含虚假或伪造等有瑕疵的信息资料。主要包括：项目情况报告或介绍；可行性研究报告；开工许可或报告；项目批复文件（如有，如环保文件）；项目变更及概算调整的批复文件；项目概、预、决算审查及工程竣工验收报告；项目评估报告；项目建设资金来源证明文件；项目监理等资料；项目预测现金流量表；项目对外融资批准文件；等等。

④可能接受与借款人经营管理活动有关的包含虚假或伪造等有瑕疵的信息资料。主要包括：公司章程；公司高管人员（董事、经理、财务总监）有关信息；主要股东信息；各类批准文件、许可证、合格证和资质证复印件；公司主要规章制度概要；公司符合国家产业政策导向的证明资料（如有）；公司享受税收优惠政策的相关支持材料；公司经营模式（如主营业务特点、特许经营情况、连锁经营情况）；公司经营能力情况（主导产品或服务、设备与不动产情况、技术与研发情况、生产与管理情况、人才或劳动力情况）；公司发展能力情况（产品或服务的市场分布、各主要细分市场的占有率、客户集中度与稳定性、市场前瞻情况、市场竞争情况、供应链与渠道情况）；近三年的年度管理、财务、计划与预算报告；公司发展规划（短期、中期与远期）；合同台账；银企关系与担保情况；知识产权管理制度（入职员工知识产权背景调查、知识产权奖励台账；知识产权费用预算、知识产权申请管理、知识产权档案管理、知识产权检索管理、知识产权变更或放弃管理、知识产权纠纷管理、知识产权研发管理、知识产权广告与推广管理、知识产权引进管理、知识产权合同管理、知识

产权运用管理、闲置知识产权管理、知识产权内部评审管理、对离职员工的知识产权管理、知识产权处置管理等）；等等。

⑤可能接受与借款人财务活动及财务成果有关的包含虚假或伪造等有瑕疵的信息资料。主要包括：注册资本相关证明材料；审计报告与合并报表（如适用）；同期比较财务报表；纳税情况表；近三年财务分析报告；公司现有借款情况汇总表与明细表；公司对外投资汇总与明细表；收入—成本结构表；供应链与客户情况表；公司往来业务汇总与明细表；公司主要资产（存货、固定资产、无形资产）汇总与明细表；公司关联方关系与关联交易情况表；等等。

⑥持续跟踪贷款使用情况与监控客户（借款人）过程（贷款后续管理过程）中可能获取包含虚假或伪造等有瑕疵的信息资料。主要包括：经营情况（销售、利润及同期比较数据）；发展计划及其落实情况；财务状况（资产总额、负债、净资产、资产负债率；贷款情况明细表：包含金额、期限、担保方式，以及知识产权质押贷款占比）；定期实地检查时是否受到客户误导；质押知识产权保险情况；质押知识产权纠纷与诉讼情况；质押知识产权价值变化情况；贷款资金流向与回流情况；贷款资金使用合规情况；水电气等消耗数据与生产经营的匹配情况；工资发放情况；停产或半停产情况；销售与资金回笼情况；还贷与续贷情况；新增订单及合同情况；公司涉及诉讼情况；委托第三方实施贷后管理时，是否受第三方，或第三方受客户误导；违约贷款催收过程中接收的企业资产质量、经营情况、财务情况、质押知识产权情况等信息；处置质押知识产权过程中接收的有关信息；等等。

其次，是与员工业务手册及其执行有关的风险，主要围绕贷款管理。商业银行为了规范、指导和监督员工的管理与服务工作，制定了较为详细的员工业务手册，主要包括：新员工培训手册；试用期工作手册；行为规范管理手册；业务规则手册；信贷业务手册；银企往来业务手册；合规手册；等等。以《信贷业务手册》（以下简称《手册》）中的担保管理环节为例，员工在知识产权质押贷款业务中，可能涉及如下因担保工作带来的贷款风险。

①质押知识产权范围确定风险。通常，商业银行可接受依法能够转让的商标专用权、专利权以及著作权中的财产权。员工在执行过程中，可能范围过宽或过窄。

②接受（尤其是在不知情的情况下接受）了明确规定不得接受的知识产权质押物。例如，不能强制执行和处理的知识产权（如地理标志、新植物品种权等）；所有权有争议的知识产权；被依法查封、冻结、扣押或采取其他强制性措施的知识产权；难以判断实际价值或难以变现、保值和"保管"的知识产权；已经质押的知识产权；没有法律依据的新型权利质押；等等。

③在对出质人资格审查过程中发现和提交的相关资料，没有能够完全符合《手册》的要求。相关资料前已述及。

④在对质押人调查分析时没有能够完全符合《手册》的要求。主要包括对质押人的主体资格、是否同意质押的意愿表示、知识产权的授权情况、抵押物的权属、拟质押知识产权及其组合的清单，以及其他相关与知识产权质押活动有关的手续和文件的审查，以识别其是否真实、完整、合法、有效，并符合金融监管机关和商业银行的有关业务规定。

⑤在对知识产权价值评估或委托中介机构进行评估时，未能完全符合《手册》的要求。主要是确定知识产权价值及其变现的可行性。涉及：评估机构是否具备评估资格；评估报告是否合法、真实和科学；拟评估知识产权与质押知识产权的品种、数量是否吻合；评估方法是否科学；评估基准日与质押时间的匹配性；质押知识产权变现的可行性；质押知识产权上是否设立了其他优先权利；等等。

⑥质押率与质押额度的确定，未能完全符合《手册》的要求。主要指是否按照既有的计算规则确定质押率和质押额度。其中，在确定知识产权质押率的过程中，需要统筹考虑质押权利是否容易变现、借款人的信用等级以及知识产权的市场价格、面临的商业风险和相关的融资费用等因素。

⑦核保流程未能完全符合《手册》的要求。通常，《手册》会要求双人核保：在对质押担保进行调查评估时，安排两个人分别独立地对出质人及质押知识产权进行实地核查，据以形成核查结论，同时在《授信分析报

告》的担保分析部分，加以详细阐述；如实、正确填写《授信业务质押核保书》，由知识产权的出质人签字盖章、质押担保的核保人加以签字确认后，作为知识产权质押合同的附件保存。

⑧质押登记不完全符合《手册》要求，相关人员可能没有及时觉察。质押登记手续是知识产权质押的法定要求。如果以专利权和商标专用权中的财产权质押，登记机关为国家知识产权局；如果以著作权中的财产权质押，登记机关为国家广播电视总局。

⑨质押担保的保险不完全符合《手册》要求，相关人员可能没有及时觉察。一般，知识产权质押不要求额外进行保险。但是在知识产权质押融资实务中，考虑到一些商业银行不可控制的"额外"风险，经借贷双方协商，可以就知识产权价值进行商业保险。

⑩知识产权质押贷款合同不完全符合《手册》要求，相关人员可能没有及时觉察。将在"法律风险"部分进行阐述。

⑪知识产权质押担保管理不完全符合《手册》要求，相关人员可能没有及时觉察。例如，在知识产权质押合同签订完成后，在质押合同约定的移交日，商业银行应督促出质人把质押合同项目下的《出质权利凭证》和其他相关资料一起，交付银行保管，并经银行验收后，向出质人出具《收押凭据》。又如，商业银行应按照规定的贷后监控频率，对质押物的保管、管理和变化情况进行定期检查，同时督促出质人履行质押合同中规定的义务。重点关注出质的著作权、商标专用权和专利权中的财产权，了解是否有未经银行同意的转让或许可情况。

⑫知识产权质押担保债权实现过程中的管理不完全符合《手册》要求，相关人员可能没有及时觉察。例如，未能及时向出质人、出质债权的债务人主张行使质权；授信合同履行期届满，授信客户已经履行债务，或者出质人已经清偿所担保的债权，商业银行没有及时返还质物及相关单证，或者交接手续存在瑕疵，或者对办理了质押登记的知识产权没有及时与出质人向原登记机关办理注销登记；出质人、出质债权的债务人拒绝行使质权，未能及时提起诉讼或申请仲裁；处置知识产权的过程存在瑕疵；知识产权质押担保债权得到部分清偿，客户对银行就全部质押知识产权行

使抵押权存有误解；经登记的质押知识产权被分割或转让的，行使质权时违反《手册》要求；是否存在滥用知识产权处置或变现所得，或者在使用过程中被债务人误解情况。

再次，是技术操作风险。商业银行的操作风险包括组织风险和技术风险两个层次。在实务中，操作风险可分为外部欺诈、内部欺诈、损坏实体资产、就业政策与工作场所安全、业务中断和系统失败、客户—产品与业务操作疏忽，以及执行—交割与流程管理等七个类别。这里阐述知识产权质押贷款中的技术操作风险（组织风险另行阐述）。知识产权质押贷款中的技术操作风险包括业务记录过程中的错误、信息系统不完善和风险监测手段不足三个类型。

①知识产权质押贷款业务记录风险。主要指贷款的发放与贷款支付、贷款的回收与款项的入账，包括正式的会计信息系统记录和非正式的备查式记录。银行会计信息系统发生记录错误的可能性非常小。但是非正式记录出现问题的可能性是存在的。

②知识产权质押贷款业务穿行管理信息系统的风险。管理信息系统有助于克服包括记录风险在内的手工或模块化信息系统的缺陷，但是也有可能产生新的风险。例如，数据库风险（要求能够满足信贷决策需要，能够直接被调用，还要能够修改和定期检查数据）；管理软件风险；硬件风险；人事风险；等等。

③知识产权质押贷款监控风险。狭义上，在实务中主要是监控借款人知识产权质押融资所获资金的流向。事前在借款合同中约定贷款用途，审查借款人专用资金账户及相关支出凭证（发票或者客户供应商的合同），在特定情形下银行把贷款资金直接汇入客户的供应商账户。

最后，是合规风险。合规风险与法律风险的区别在于内部管理（内源驱动）和外部约束（外源驱动），前者侧重于行政责任和道德责任，后者侧重于民事责任。两者的联系在于基准是法律法规、政府监管规则、银行业协会准则时，会趋于一致。从商业银行角度看，产生合规风险的主因是商业银行违法、违规受到相关部门处罚，从而导致较为严重的财务损失和声誉损失。商业银行需要研究信用风险、市场风险、操作风险和其他风险与合规风险之间的关系并加以统筹考虑，从而保证其制定的各项风险管理政策，与商业银行的诸多管理流程与管理程序之间保持一致。

①合规政策有关的风险。商业银行的合规政策的适用范围应当是全体员工和全部业务，不能有例外或遗漏的情形。应当明确识别与管理合规风险的主要流程和程序，并详细、清晰地界定合规管理的各种职能和事项。例如，知识产权质押贷款业务是新兴业务，应纳入合规管理部门加以管理；合规管理部门应与信贷业务部门共同负责知识产权质押贷款业务的合规管理；知识产权质押贷款业务人员与合规管理部门之间的沟通机制、权责分配；合规管理部门和人员在执行知识产权质押贷款业务合规审查时的独立性；等等。

②合规组织有关的风险。将在"组织风险"中阐述。

③合规风险管理计划有关的风险。主要是将知识产权质押贷款业务纳入合规风险管理计划；结合风险合规管理，对知识产权质押贷款业务进行流程再造，改进相关的风险管理工作；建立针对知识产权质押贷款的风险评估机制。

④合规风险识别以及与管理流程有关的风险。主要是在知识产权质押贷款管理流程中，为科学合理地嵌入合规风险识别与管控功能，使合规要求落在空处。例如，在知识产权质押贷款的贷前调查、贷款决策和贷后管理等主要流程中，缺少合规风险管理部门介入的接口。

⑤合规培训与教育制度有关的风险。一方面，国家关于知识产权、商业银行管理等方面的法律法规持续更新；另一方面，银行员工的内部流动性和外流动性都比较大，都要求开展持续的合规培训与教育活动。如果事前防范培训和后续教育不到位，知识产权质押贷款的风险会增加。

第二个层面，是与执行团队（或管理层）有关的风险。

①与知识产权质押贷款有关的决策风险。知识产权质押贷款决策风险集中于知识产权审查、贷款定价和保密等环节。这些环节需要基层员工、中层管理部门和高层决策者们共同努力实现。员工贷前调查是做出贷款决策的基础，而质押率的确定则是银行高层决策者和中层管理人员的任务。这两者前已述及，不再重复。知识产权质押贷款发放的决策主要由审贷会

按照管理授权，分别由信贷员、信贷部门负责人、总经理和银行审贷会来实施审批。对在知识产权质押贷款管理活动中获知的客户智力成果、重要经营管理信息、客户基本资料，以及其他商业秘密，银行工作人员应负有保密义务。否则，会面临相关的保密风险，最终威胁知识产权质押价值。知识产权质押贷款决策中有一类特殊的问题，涉及知识产权的许可。一方面，贷款申请人可能用接受许可带来的知识产权进行质押融资；另一方面，贷款申请人可能会把已经获得质押融资的知识产权对外许可。这类问题都有可能对知识产权质押价值带来影响。对于前者，在贷款决策前应取得相关的确权资料；对于后者，应通过定期的贷后回访等途径获取相关的信息，在贷款合同设计时，应要求借款人许可前应取得银行的同意。

②资本金（偿付）风险。这是商业银行的通行要求，资金本金不足也会导致不能完全覆盖包括知识产权质押贷款风险在内的银行全部风险。这就要求把知识产权质押贷款风险量化为潜在损失（实际是倒过来计算银行需要多少资本金，是银行风险管理的主要难点之一）。本书的研究将致力于通过建立风险预警机制，量化知识产权质押贷款风险。

③资金管理风险。资金缺口是商业银行的常态，商业银行要从资金运用与来源的预期时间分布来判断流动性状况，以决定资金运用与来源之间的缺口的时间分布。并非所有的缺口都会带来现实的资金管理风险，只有超出一定范围的资金缺口才意味着存在风险。资金管理风险当然与知识产权质押贷款风险之间存在关联，但后者所占的比重非常小，资金管理风险不是知识产权质押贷款风险的主要来源。

④组织风险。一个包含董事会或类似权力机构在内的风险组织管理体系在管理和控制知识产权质押贷款风险方面具有基础性的作用。主要风险在于，董事会和高级管理层不关心知识产权质押贷款风险；相关员工缺乏"主动合规、合规创造价值"等合规理念；风险管理体系与银行经营范围、组织结构和业务规模不相适应；风险管理部门的组织结构、职能设计与资源配置，不适应知识产权质押融资风险管理的需要；风险管理部门与合规管理部门、内部审计部门等之间的协作关系不协调；风险管理部门的相对独立性无法得到保证；业务架构、银行组织机构与风险管理机构存在功能

或结构矛盾；等等。

⑤声誉（信用）风险。声誉风险是指由商业银行经营、管理及其他行为或外部事件导致利益相关方对商业银行负面评价的风险。根据相关研究①，包括知识产权质押贷款在内，有可能影响商业银行声誉的事件或风险源主要有：工作环境（如组织秩序、员工竞争力；工作条件与企业氛围）；社会责任（社会公益、自然环境、社会氛围营造）；情感诉求（公司好感度、公司认可度、公司信任度）；产品和服务（采取与公司产品和服务的运作、质量管理、创新、客户价值有关的措施）；公司愿景和领导力（管理层素质、公司愿景的科学性与可行性、把握市场机会）；财务状况（盈利能力、低风险偏好、成长与扩张倾向、超越竞争对手的能力）。

⑥战略风险。知识产权质押贷款业务对银行规模、企业特质和知识产权性质等具有相对特殊的要求，所以受银行战略风险的影响也就比较大，例如大型银行和中小型银行参与知识产权质押贷款业务的战略定位是存在差异的，大型银行倾向于与中小型银行合作开展或者外包此类业务，而中小型银行则倾向于亲自经营此类业务。商业银行的战略风险主要源自：战略目标的整体兼容性；战略目标与具体经营战略之间的匹配（科学性和可行性）；经营战略所依赖资源的可靠性和充分性；战略执行的效率和效果。

⑦内部控制风险。银行管理层对内部控制的建设与实施负有责任，银行的内部控制措施可以与《员工手册》结合起来实施。内部控制不力会在诸多环节产生或影响知识产权质押贷款风险。例如，在审查拟质押知识产权的适格性时，未能做到"审贷分离"，导致不适格的知识产权被用于质押。又如，在对质押担保进行调查评估时，没有做到"双人核保"，导致质押人的适格性、质押知识产权的法律属性与运用现状、质押知识产权的评估与预期变现能力，或者质押知识产权上的附着权利与义务都与实际情况存在差距，从而有可能导致错误的知识产权质押贷款决策。

第三个层面，是与价值链合作伙伴有关的风险。在金融全球化的今

---

① 参阅哈里斯—芬布兰声誉指数指标体系；毕翼. 商业银行声誉风险预警体系初探 [J]. 上海金融，2013（10）：77 - 79.

天，银行已经不可能事事都亲力亲为。银行利润的产生，或者价值实现的过程，对其价值链合作伙伴的依赖越来越强。商业银行的价值链合作伙伴包括：技术服务供应商；业务外包商；银行产品分销商；银行之间的合作平台；各类战略联盟成员；互联网金融平台；银信、银证、银保等金融同业合作平台；银行与企业合作平台；银行与地方政府合作平台；境外合作（战略伙伴关系）机构；等等。商业银行与其价值链合作伙伴之间一定程度上存在"一损俱损、一荣俱荣"的关系，如果不能通过有效的管理来减少或避免"害群之马"的出现，那么这些"害群之马"所产生的风险，最终会殃及银行自己。

在知识产权质押贷款业务中，大型银行和中小型银行都有开展价值链合作的倾向。这是由知识产权质押贷款的规模相对较小、交易成本相对较高所决定的。

（3）外部风险识别

在知识产权质押贷款风险中，除了知识产权的技术性特征外（例如溢出效应、集聚效应等带来的影响），外部风险的影响路径与其他类型的贷款业务是相同的，主要包括银行自身信用风险之外的信用风险、市场风险、利率风险、法律风险和国家风险等。知识产权风险往往与这些外部风险结合在一起，共同发挥作用。

①客户信用变化风险。客户因为违约而导致产生损失的可能性，或者是因评级变动和履约能力变化而导致其偿债能力变化而导致信贷或有关产品损失的可能性。巴塞尔协议Ⅰ和Ⅱ把信用风险分为违约风险（发生违约的可能性，主要由借款人的信用评级及其变化所决定）、敞口风险（在不考虑清偿的前提下交易对手可能发生的违约可能性）和清偿风险（变现质押知识产权、其他附带保证方履约能力及法律保护等因素引起的风险）。信用风险与其他风险（来自银行内部和外部）共同作用，被放大或受到抑制。在知识产权质押贷款中，客户自身经营状况的恶化、质押知识产权价值发生波动都有可能导致信用风险，商业银行通常无法控制该风险的产生，但是可以通过加强风险管理来降低信用风险发生的可能性或减少信用风险给银行带来的损失。

②市场风险。由于市场价格的不利波动导致商业银行损失的可能性，包括由于价格因素导致的宏观流动性趋紧、波动性偏大，以及汇率和利率风险。在知识产权质押贷款中，往往指流动性风险和利率风险，较为敏感的是利率风险。由于质押率所决定，运用知识产权进行融资的成本是偏高的（质押率偏低），因此容易产生利率风险。

③法律风险。知识产权质押融资首先是知识产权资本运营的一种形式，但是知识产权管理方面的法律法规对知识产权的法律属性及其资本运营会产生重要的影响。以专利为例，这些风险由专利申请过程中的法律风险、专利资本运营过程中的法律风险和专利维权过程中的法律风险所组成，也就构成了识别知识产权质押贷款风险中的法律风险的基本逻辑。

④国家风险。通常指国际背景下的国家风险。本书的研究中，指一国之内的政治风险、社会风险和经济风险。在知识产权质押贷款管理中，国家风险主要包括知识产权政策、金融政策、其他国民经济管理与宏观调控政策等发生不利于商业银行的变化的可能性。

3.2.3　知识产权质押贷款风险的度量

包括银行风险在内，金融风险的一个重要特征，就是其风险的综合性，也就是诸多变量共同作用下的风险结果。出于研究上的便利，通常的做法是对主要的风险分别进行度量，最后再构建模型进行综合加权和赋值。在知识产权质押贷款风险度量中，尤其重视知识产权质押担保因素。

（1）信用风险

信用风险的度量，既有定性分析方法，也有定量分析方法，各有特点，可以结合运用。其中，定性方法，主要结合一些现象和特征来判断借款人的信用状况与还贷能力，当然这些现象和特征也往往通过具体的指标来表现。在西方的研究中，总结了一些特征，例如，5C 要素（道德品质、还款能力、资本实力、担保和经营环境条件，用于判断借款人的还款意愿和还款能力）分析，应重视知识产权质押担保的特征、指标与分析，以及其他条款对知识产权质押担保能力的增强或弥补作用。又如，5W（借款人—借款用途—借款期限—担保—还款方式与安排）、5P（个人因素—借款目的—偿还—保障—前景）等。定量方法的种类非常多，主要是利用其他指标来判断信用指标。简单的定量方法，跟定性方法比较接近，例如运用财务指标进行信用分析：杜邦财务分析体系和沃尔比重分析法是比较著名的经典财务分析方法，重视依靠财务指标之间的相关关系。除了实务中大量应用的 CreditMetric 模型、KMV 模型、CreditRisk + 模型和 Credit Portfolio View 模型外，更多的是基于财务会计信息的、信用风险判别数理统计模型受到关注和应用。例如：Z 值模型（多元线性判定模型）、Logit 模型（多元逻辑模型）、Probit 模型（多元概率比回归模型），以及联合预测模型，还有本书的研究中将要运用的神经网络分析法等现代金融工程模型。

（2）市场风险

知识产权质押贷款中的市场风险，主要源自金融市场的整体价格波动（利率、汇率），也由于知识产权质押价值的波动所带来的特有风险对单笔贷款的实际利率产生影响。市场风险的度量方法也很多，其中主要的方法或模型有：敏感性分析方法（逐一对单项因素进行敏感性测试来度量贷款风险）；波动性方法（运用统计方法即标准差和协方差来表示收益与均值的偏离程度）；VaR 方法（既定置信水平下，贷款或贷款组合在未来特定时期内的最大可能损失）；压力测试（情景分析法，是常用的方法）与极值分析（极端条件下的 VaR 与概率水平，有利于例外管理）。

（3）流动性风险

流动性风险主要包括基于投融资活动的个别流动性风险（筹资流动性风险）和基于金融市场的整体流动性风险（市场流动性风险）。其中，对市场流动性风险进行度量，更容易分离出知识产权质押贷款风险。在资产管理理论、负债管理理论、资产负债管理理论，以及商业银行资产管理理论发展演变的基础上，逐步形成了多样化的针对筹资流动性风险的度量方法。例如，资金缺口法、指标法、现金流量法、期限结构法，以及基于VaR 的流动性风险价值法等。同样也产生了诸如外生性 La_VaR 方法、内生性 La_VaR 方法的市场流动性风险度量方法，前者基于买卖价差，而后者则基于最优变现策略。另一种分类方法是把流动性风险分为金融资产流动性风险和金融机构流动性风险。其中，知识产权质押贷款风险更容易通过金融资产流动性风险度量分离出来。金融资产流动性风险度量方法主要包括时间法、价差法、交易量法、量价结合法、La_VaR 方法等。在实务中，常用的金融机构流动性风险度量方法主要包括指标体系分析法（具体分为流动性指数法、存款集中度法、财务比率指标法等）和缺口分析法（具体分为流动性缺口分析、资产负债到期日结构法、利率敏感性缺口、久期缺口分析法等）。

（4）操作风险

知识产权质押贷款中的操作风险的特色之处，在于质物（知识产权）管理的差异，如何把资产范围从实体资产拓展到全部资产，则知识产权质押贷款的操作风险可以视同商业银行的全部操作风险加以度量。巴塞尔协议Ⅱ规定了三种操作风险计量方法：基本指标法（能够覆盖操作风险的资本量等于前三年各年正的总收入乘以 15% 并加总后的平均值）；标准法（细分商业银行业务，分别规定操作风险细数，例如公司金融业务为18%）；高级计量法（通过风险管理系统中的内部风险计量系统计算操作风险）。在学术研究中，提出或验证的操作风险计量方法众多，例如极值理论法、损失分布法[1]。

（5）综合度量

通过人为地或主观地划分风险项目或类型，对商业银行风险或贷款风险进行逐项计量，对商业银行风险管理来说是必要的。但是也需要通过综合度量，从总体上考察商业银行风险。尤其是知识产权质押贷款风险，也涉及几乎全部类型的商业银行风险，即商业银行的所有的风险都会对知识产权质押贷款风险产生影响，因素综合度量对知识产权质押贷款风险也是必要的。

回顾金融风险综合度量方法，有三种方法是主流方法。一是均值—方差模型。该模型由 Markowitz 提出，并有四个前提假设：有效市场、投资者

---

① 丰吉闯，李建平，高丽君. 商业银行操作风险度量模型选择分析 [J]. 国际金融研究，2011（8）：88 - 96.

风险厌恶、银行金融产品收益率服从正态分布、投资者能够利用资金无限制地购买任何数量的资产。通过资产组合回报的标准差来衡量其面临的风险。二是 VaR 模型。该模型由 Morgan 提出，是单一风险度量工具，体现的则是金融机构的整体风险。该模型涉及银行金融产品持有期、置信水平和投资组合未来价值变动三类变量，Var 表示金融机构在三类变量决定下的金融机构所面临的最大损失。三是一致性风险度量模型。该模型是在 Artzner 等人的研究基础上提出的，包括 CvaR 和 ES 两种一致性度量工具。

2008 年次贷危机以后，基于 Copula 函数的金融风险综合度量风险方法受到重视。Copula 函数是在 Sklar 定理的基础上提出的。该方法打破了传统风险度量方法中的正态分布假设，具有数理意义上的一系列优越性。

3.2.4　知识产权质押贷款风险的预警

（1）知识产权质押贷款风险预警的可行性

知识产权质押贷款是基于《国家知识产权战略纲要》的一种金融业务创新，但是从银行金融来说，本质上与其他质押担保贷款没有什么不同。因此，知识产权质押贷款总体上也是可以进行风险预警的。

知识产权质押与传统质押担保相比，主要的区别在于三个节点：知识产权担保物的法律属性；知识产权质押价值的规律；知识产权变现能力。而基于这三个节点所带来的风险，都是具有可预警的性质的。

①知识产权法律风险。与其他多数经济犯罪所涉及的法律制度的复杂性相比，知识产权法律风险更容易被预期。第一，包括知识产权法在内的法律制度本身就是重要的风险预警手段，预防重于惩治。知识产权法律制度预防作用发挥得越好，知识产权法律风险就越容易被加以预期、度量和防范。预防作用提高法律作用于社会的整体效率①，具体到知识产权及其相关法律，主要表现在：降低侵犯知识产权或违法使用知识产权的案件发生率，减少或避免社会财富损失；稳定知识产权有关的利益相关者们的心

---

① 陈爱娟. 法律预防功能及其发挥［J］. 安庆师范学院学报（社会科学版），2008（4）：43－46.

理预期，促进发明创新、维护社会安定和经济秩序；减轻非法侵害行为造成的精神伤害；等等。第二，与知识产权权属有关的法律制度，大大提高并保障了知识产权的财产权、使用权及其预期。以《专利法》及其实施细则为例，解决了专利授权、申请、审查与批准、期限、终止与无效，以及实施、强制许可与保护等基本的和重大的问题，保护了专利权人的合法权益。尤其是专利的期限①，稳定了其商业化活动中的心理预期。第三，与知识产权管理与运营有关的法律制度，为包括质押在内的知识产权商业化运用提供了有效的制度保障。以《物权法》为例，对知识产权中的财产权做出了具体的规定："可以转让的注册商标专用权、专利权、著作权等知识产权中的财产权"；"以注册商标专用权、专利权、著作权等知识产权中的财产权出质的，当事人应当订立书面合同。质权自有关主管部门办理出质登记时设立。知识产权中的财产权出质后，出质人不得转让或者许可他人使用，但经出质人与质权人协商同意的除外。出质人转让或者许可他人使用出质的知识产权中的财产权所得的价款，应当向质权人提前清偿债务或者提存"；等等。由此看来，知识产权法律风险具有可以预期的一面，能够在知识产权质押贷款风险管理活动中，通过风险预警来加以管理。

②知识产权质押价值波动的风险。如前所述，知识产权质押价值波动有其自身的规律，可以运用一些科学管理手段加以分析、预测，进而实现风险预警。第一，知识产权质押价值波动有上限和下限。其上限是投资价值，下限是残余价值，并且还有在用价值、清算价值等其他状态下的参考刻度。因此，知识产权质押价值的预测值有比较明确的区间。第二，知识产权质押价值的波动（这里指其市场价值）具有内在的稳定机制，这是受到知识产权法、担保法和物权法等法律的规范和保护，以及知识产权交易市场（如特许、转让等）的价格形成机理的共同作用所产生的特殊机制。因此，与其他多数金融产品的价值相比，知识产权质押价值更容易被度量或预测。第三，随着企业等知识产权所有权人对知识产权管理的重视，知识产权的价值与企

---

① 发明专利权的期限为二十年，实用新型专利权和外观设计专利权的期限为十年。

业价值同步增长，有利于商业银行运用投资价值管理理论与方法，对知识产权质押价值进行度量，从而降低商业银行的风险预警成本。

③知识产权变现能力的风险。与固定资产等有形资产不完全相同，知识产权的变现的可能结果情形较为简单，因此容易被预测和管理。第一种情形，是企业因经营管理不善而丧失偿债能力（例如多数家族企业破产时其专利技术和品牌等无形资产受到的影响较小），此时的知识产权价值受到较小的影响，变现风险也较小，因此容易预测和管理。第二种情形，企业的知识产权受到持续时间较长的事件的影响，遭受了严重的破坏而丧失偿债能力（例如三鹿奶粉事件的发酵时间比较长），其商标等无形资产的价值逐渐消失，最终无从变现，因而也会比较容易事先加以预测和管理。第三种情形是企业的知识产权资产遭到无征兆的突然打击，无形资产价值瞬间消失，失去变现价值，难以通过风险预警进行管理。因此，总体而言，对用于质押贷款目的的知识产权的变现价值的波动，是能够做到事先风险预警的。

（2）知识产权质押贷款风险早期预警系统的基本原理

广义来看，商业银行风险预警管理的全部流程可以分为八个阶段，即风险信息的收集与识别、即时风险提示、风险评估、风险预警、风险应对、组织实施、风险持续跟踪与监控、结束预警。狭义来看，知识产权质押贷款风险早期预警系统只包括风险识别、评估与预警，其他流程应纳入预警管理范畴。

风险预警本身的基本流程包括三大步骤：①预先建立标准值或风险区间。②测算具体风险，通过构建预警模型、选择预警指标、运用识别与评估出的风险信息计算风险值或风险区间。③把测算出的具体风险与标准值进行比较，进行风险预警。关于构建预警模型，在风险评估环节已经概括阐述。这里仅阐述包含知识产权质押贷款在内的商业银行贷款风险的指标选择、预警值计算与比较。

首先，是关于预警指标选择与分类。由于金融风险形成原因的复杂性，在商业银行的知识产权质押贷款风险预警环节，选择预警指标也是比较困难的事情。主要原因是相关的风险指标数量众多，既有定性指标，也有定量指标，筛选起来工作量很大，还需要依靠一些特定的数理分析方法；然而，几乎所有的数量分析都是建立在特定的假设基础上，其衡量结果都存在一定程度的缺陷。所以，在实务中还是需要决策者运用管理经验进行权衡，取何种利弊结构，把对商业银行短、中、长期的不利影响降至最低。要在预警模型中使用预警指标，必须按一定的规则（要求是与该模型的原理匹配）对预警指标进行分类处理。一类处理方法是直接建立在主观经验判断的基础上，按照经验逻辑对指标进行分类。因此，相对来说，预警指标的分类是比较灵活的。例如，根据借款人发展能力的可持续性，可以把相关的风险指标精练成如下八类：资产获利能力（例如，可以用总资产报酬率表示，下同）；偿债能力（流动比率等）；经济效率（产销平衡率）；可持续发展潜力（资本保值增值率）；财务弹性（到期债务本金偿付率）；盈利能力（总资产净现金流量比率）；财务风险（债务股权比率）；担保能力（质押率）。又如，可以根据商业银行贷款风险预警分类管理办法，把风险指标分为财务风险、经营管理风险、管理行为风险、管理体制风险、担保风险、供应链与客户风险、经营环境风险等类别。另一类处理方法是建立在数理逻辑的基础上，运用特定的数理方法进行分类（本质上仍是主观经验的数理表达方式，属于间接的主观经验判断）。在进行指标筛选时，往往运用建立在模糊数学基础上的层次分析法，或者与因子分析法相结合的主成分分析方法等数理分析方法，对指标进行分类、排序和取舍。

其次，是关于预警指标的量化与计算。对于定量指标，按其所代表的经济或数学意义进行直接量化。对于完全的定性指标，需要借助专家意见法（德尔菲法）等方法将其转换为定量指标。

最后，是关于风险预警。把计算的风险值与既定的标准值或风险区间进行比较，以确定特定知识产权质押贷款风险的预警级别。

在预警的基础上，实施监控管理，实现贷款风险防控的目标。对于已经被列为预警客户的借款人，商业银行的风险管理部门应加以重点跟踪监测。监控管理的内容往往是经过筛选和分类后的预警指标所反映的那些信息。在知识产权质押贷款风险监控管理中，尤其重视对知识产权质押物的法律权属相关信息、价值变动相关信息和商业性运用情况相关信息。

第4章 知识产权质押贷款风险影响因素

知识产权质押是一种担保制度，可以保障债权人权利的实现，属于权利出质的抵押。[①] 依据法律可以转让的知识产权被债务人（也有可能是第三人）移交给债权人进行占有，即债权的担保是该项知识产权，在整个质押的过程中会存在诸多风险，为了保证债权人的权益不遭受损失，有必要分析风险具体影响因素，这些影响因素是由知识产权质押贷款所产生。在知识产权质押贷款的背景下，本章通过具体的理论分析，主要从理论层面梳理了风险具体影响因素。

4.1 知识产权质押贷款风险影响因素的理论分析

4.1.1 知识产权自身特征的影响

关于知识产权特征，国内研究有诸多论述，鲍静海（2014）认为知识产权的唯一特性是客体的无形性[②]；牛草林（2013）认为知识产权具有以下特征：固有风险，时间价值递减性，无形性，时效性，独特性，流动

[①] 程春，杨立社. 农业科技企业知识产权质押融资问题思考［J］. 科技管理研究，2015（3）：126 - 129 + 141.
[②] 鲍静海，薛萌萌，刘莉薇. 知识产权质押融资模式研究：国际比较与启示［J］. 南方金融，2014（11）：54 - 58.

性，受地域、时间限制程度，易被侵权（现实的或潜在），处置困难等①；
江滢（2001）认为知识产权的特征主要体现在相对垄断性、法律效力时空
上的有限性以及权利保护范围的不确定性②。本节根据对已有研究成果的
分析归纳，同时依据本课题前述章节的研究内容，提出了知识产权六大特
征：知识产权双重性、知识产权专有性、知识产权地域性、知识产权时效
性、知识产权依附性、知识产权市场性。

（1）双重性

财产权利和人身权利都是知识产权的属性，即具有双重属性特征。财
产权利是对物质的拥有权，这类拥有权与知识产权紧密相关，同时这类权
利是可以继承与转让的，知识产权拥有者可通过该权利获得收入及财富；
人身权利是一种特定的专属权利，与知识产权的关系也是非常密切的，对
知识产权权利人而言，该权利是终身拥有，是不可以进行继承或转让的。
知识产权的双重性，在开展知识产权质押贷款时，商业银行要对知识产权
的人身权利和财产权利同时关注，知识产权权利拥有性涉及人身权利，知
识产权权利价值性涉及财产权利。财产权利是知识产权具有价值的基础，
人身权利直接影响对知识产权的拥有。

（2）专有性

知识产权专有性可理解为，只有获得知识产权权利人的许可或授权，
才可以在许可或授权的指定区域内拥有使用该知识产权的权利，同时注
意，必须是在知识产权所属权利的有效期内才可行使该类许可或授权。专
有性是防范侵权的有效特性。知识产权专有性也体现在对某种类别知识产
权，被政府管理部门已经认定为智力成果，则在此之后，如果有其他相同
类别的知识产权也申请同类别智力成果时，政府部门是不予认定的。知识
产权专有性在知识产权质押贷款方面可体现为：①具有专有性的权利主
体。因为拥有知识产权权利的人垄断所有权，受到法律的保护。知识产权

---

① 牛草林，薛志丽．知识产权（IP）融资约束因素研究［J］．财会通讯，2013
（24）：114－119＋129.

② 江滢，郑友德．知识产权特征新论——兼析知识产权与有形财产权的区别
［J］．华中科技大学学报（社会科学版），2001（4）：16－20.

权利人可以将知识产权用于质押贷款，贷款银行基于此特征，可以开展知识产权贷款业务；②具有专有性的权利客体。基于智力创造活动的特点，智力成果的形成是需要付出很多努力的，但是入股智力成果被其他人获得，会被传播、复制和利用。因此，对于同一种（类）发明创造或可识别的标志，只有一个客体被授予权利，所以权利客体具有专有性；知识产权具有唯一的权利客体，这将保证该类质押贷款业务的顺利实施；③具有专有性的权利内容。知识产权的权利具有稳定性和可授予性特征，同时权利内容也具有特定性。知识产权权利人对其拥有的知识产权，可转让或者许可其他人行使，依据这一特性知识产权质押贷款方可顺利实施。

（3）地域性

知识产权地域性可理解为，国家领土对知识产权具有严格的限制性。知识产权是受到法律确认和保护的一种专有性权利，伴随着经济全球化的发展，国际的合作与交流越发频繁，知识产权制度逐步实现了统一化和国际化。知识产权质押贷款时，商业银行要关注所质押的知识产权的地域性，因为知识产权所有人在申请国可以获得法律保护，主要有以下两个主要途径：一是按照其他国家的法律规定，重新申请知识产权；二是通过国家间互相认可的知识产权保护条约，获得相关国家的知识产权保护，所以知识产权地域性是知识产权质押的前提和重要保证。

（4）知识产权时效性

知识产权时效性可理解为，时间的效力限制作用于知识产权之上，财产性质的权利是具有一定期限的，具有保护期或有效期的实效性体现在当知识产权超出其有效期的时候，不会受到法律的保护，当保护期限届满，知识产权则可进入公有领域，成为整个社会的财富。① 知识产权具有法定的保护期限，例如：注册商标保护期在《中华人民共和国商标法》中是 10 年（自核准注册之日起计算，期满可以续展）；发明专利的保护期在《中华人民共和国专利法》中是 20 年，规定从申请之日起计算，同时注意，

---

① 牛草林，薛志丽．知识产权融资约束因素研究［J］．财会通讯，2013（24）：114 - 119 + 129.

外观设计专利保护期和实用新型专利保护期是 10 年。商业银行在开展质押贷款业务时，要充分关注所质押知识产权的时效性，知识产权在保护期限内其权利有效，则可以开展质押业务，知识产权不可以用于质押贷款的情形是超过了保护期限，则权利终止。而且，还要考虑由于没有按时缴纳专利的年费导致专利失效的情形。

（5）知识产权依附性

知识产权依附性可理解为，知识产权产生经济价值需要有配套的研发人员，同时特定的产品和一定的生产销售渠道也是必需的。前文论述了依附性是知识产权的重要特征之一，正是基于此点，知识产权质押贷款和不动产抵押贷款之间，存在较大差异。商业银行在开展质押贷款业务时，要充分关注所质押知识产权的依附性，由于多种外部因素影响知识产权的变现能力，由此，在市场上，知识产权的这种依附性将使它的流通性较低。在进行知识产权质押贷款时，知识产权质押贷款企业和商业银行之间签署的贷款合同中，对于具体信息的说明，不可能涵盖全部信息，所以商业银行进行贷款实施前的核查时，会受到知识产权依附性特征的影响，致使商业银行在具体核查时面临诸多困难。

（6）知识产权市场性

知识产权市场性可理解为，知识产权能够变现的最终途径，需将知识产权产品，通过市场进行销售，如果能够在市场上销售出去，说明具有知识产权市场性。价值最大化，通常是企业开展经营活动的目标，判断具有一定技术含量的知识产权是否先进并不是取决于科学理论的深度，主要取决于是否满足市场的需求。例如，一项商标权利变现能力强弱的衡量标准是被消费者认可程度有多少。具有知识产权的产品在市场上得到越高的认可度，则知识产权的变现能力就会越强。

综上，实施知识产权质押贷款业务的商业银行，可针对知识产权质押物的市场性，开展市场调研工作。商业银行在评估贷款变现风险时，可针对所质押知识产权市场性的具体市场调研结论，作为重要参考依据。

4.1.2 创新型企业特征的影响

创新型企业主要是指技术创新型企业或高新技术型企业。① 创新型企业具有实体资产规模偏小的特征，在初创期和成长期分别具有不同的主要资源，初创期主要资源是人力，成长期主要资源是无形资产。商业银行不会接受人力资源作为担保物融资，同时，商业银行可以接受具有质押条件的无形资产，通过无形资产质押开展具体融资活动。② 本节梳理了创新型企业在知识产权质押贷款背景下的主要特征，主要包括：企业类型主要是科技型企业，企业所处阶段处于成长期，企业面临的主要风险是经营和技术风险。

（1）企业类型主要是科技型企业

知识产权质押贷款的本质是拥有或控制知识产权的企业，为了获得金融机构或其他机构的贷款，将其所拥有的知识产权进行质押。能够拥有或控制知识产权的企业一般属于具有创新能力的科技型企业，创新型企业一般具有自主的知识产权，例如可以拥有外观设计、专有技术及发明专利等。创新型企业的特点就是固定资产拥有的较少，但同时拥有自主知识产权的数量较多，这些知识产权就可以被创新型企业作为质押物，通过金融机构进行质押贷款。通过上述途径，可以较好地解决创新型企业的融资难题。基于此，创新型企业在知识产权的开发上就会很有动力，进而可以提高创新型企业拥有知识产权的数量，有效加速技术向生产力的转化；可以扩大创新型企业的规模，有效提升创新型企业的科技水平。

（2）企业所处阶段处于成长期

我们在前述章节分析了企业金融成长周期理论，1970 年，韦斯顿（Weston）和布里格姆（Brigham）③ 提出该理论，其特点是分析了企业不

---

① 曹跃杰. 创新型企业特征初探［J］. 中国高新技术企业，2012（1）：27–29.

② 程永文，姚王信. 有限理性视角下知识产权质押贷款风险形成、评估与检验［J］. 科技进步与对策，2015（13）：139–144.

③ Weston J F, Brigham E F. Managerial Finance［M］. New York：Dryden press，1970.

同成长阶段的融资来源。创新型企业在不同的生命周期阶段的金融需求不同，因而呈现明显的金融成长周期。在第 3 章我们分析了创新型企业在不同的企业成长阶段（主要是初创、成长、扩张、成熟和衰退五个阶段）融资特征具有差异。创新型企业的成长阶段将是创新型企业获取资金支持的最困难的阶段。创新型企业利用知识产权质押贷款的阶段通常是在成长期。处于成长期的创新型企业，诸如固定资产之类的有形资产规模较小，这种状况越发凸显技术和人力资源的核心地位。创新型企业可充分利用其核心资源进行知识产权质押贷款，通过这个途径可以解决自身在成长期需要解决的投资额度高、固定资产少、资金需求大的困境。由于知识产权自身特征的影响，不同知识产权的质押，在企业所处的不同阶段也是存在差异的，在企业初创期专利由于技术含量高、市场供应小同时替代物少等有利因素，具有较高的价值；但相对于商标，创新型企业只有进入成熟期，这时企业的知名度，即商标才有一定的价值。所以创新型企业在处于成长期时，主要进行专利权质押，当创新型企业处于成熟期时，主要进行商标权质押。

（3）企业主要风险是经营和技术风险

目前，金融机构对知识产权质押业务保持谨慎态度，所以对知识产权质押贷款的范围和额度都有限。我国知识产权质押贷款已有一定规模，但是相对于大规模的创新型企业和银行数十万亿元的贷款而言，知识产权质押贷款的额度很小。银行等金融机构非常谨慎地开展此项业务的主要因素就是知识产权质押贷款的风险较高，高风险导致这种融资方式的普及率不高。申请知识产权质押贷款的创新型企业现阶段的主要风险为经营风险和技术风险。

企业的经营风险成为重点关注的内容，在知识产权质押贷款中企业是第一还款源，企业的盈利能力及经营的稳定性可影响到知识产权质押贷款工作的顺利开展。可实施知识产权质押贷款业务的创新型企业大部分是处于成长期，基于成长期的特点，创新型企业的经营发展状态存在着很大的不确定性，同时成长期的创新型企业在治理结构、管理层结构及财务制度等方面还有待完善，经营风险成为这个时期最大的风险。知识产权质押贷款各方需努力采取措施降低风险：金融机构需实时监控创新型企业的经营状况；使用知识产权贷款的创新型企业也应积极提升自身企业管理水平和经营能力。

创新型企业的技术风险伴随着科技迅猛发展同样值得高度关注。知识产权的独占性决定了其价值的不可替代性和技术的重要性。当今时代，技术的更新速度越来越快，出质的知识产权会由于技术更新或技术替代产品的出现而发生减值，导致质押企业未来收益的减少，以致大大增加知识产权质押贷款企业和商业银行的经营风险。因此，在知识产权质押融资业务的实施进程中，技术风险发生的概率较高，质押贷款的创新型企业需不断适时更新自己的技术，以保持其所拥有知识产权的先进性和创新性。

4.1.3 知识产权质押贷款特征的影响

知识产权是知识产权质押贷款的标的物。我国《担保法》对知识产权质押的含义已经做出了明确的规定。[①] 在《担保法》中使用了"质押"一词，这样做出定义主要是为了强调保证性、抵押性和留置性。我们在前述章节中，对知识产权质押贷款的含义已经做出了界定，在融资的实践环节中，知识产权通过质押可应用于债务担保，同时需要注意，知识产权质押所具有的主要特征：双重性、专有性、地域性、时效性、依附性、市场性等。

（1）质押标的物的无形性

知识产权质押与动产质押标的物的显著区别，就是知识产权质押标的物的无形性，这种无形性的特征还明显区别于其他财产权等各类权利质押。例如，为保证债权人利益的实现，在债券权利质押中，债权凭证可作为财产保证开展权利质押。在股票权利质押中，股票和有价证券由于可进行转让和登记，所以该类凭证可作为质押标的物。在动产质押中，标的物可以是固定资产、存货等。与此相反，知识产权质押的标的物属于无形资产，知识产权证书是知识产权凭证，该凭证的性质与有价证券的性质是不同的，由于它仅仅是政府部门对知识产权人颁发一种确权证书，这种确权

---

① 赵亮，张辰. 我国知识产权质押论析［J］. 科学管理研究，2015（2）：101 - 104.

证书的转让不能证明知识产权实际发生了转移。

（2）知识产权质押设质形式的特殊性

知识产权质押设质形式不同于债券和有价证券的质押。标的物是债权的权利质押，在对债权进行设质时，需要相关主体（质权人、出质人、债务人）对所质押债权的具体情况要熟悉。如果所质押的标的物属于有价证券类别，有价证券质押多是通过证券化或票据化拥有的权利设质，债务人，即出质人，应该提交拥有权力的票据或证券。知识产权的设置形式与债券和有价证券有显著不同，主要体现在设质形式存在差异性。我国《担保法》明确规定，在知识产权设质这一环节，被质押的知识产权的权利证书是不需要转移给质权人，主要途径是双方（或者三方）在签订合同时约定，需要去有关部门办理对知识产权的转移和占有手续。

（3）知识产权质押价值的波动性

在质押贷款环节，知识产权价值评估难度较大，并且其价值在整个质押过程中存在波动性，这是受到知识产权的无形性、地域性和时间性等若干自身特征的影响。知识产权质押价值需要第三方评估机构评估确定，同时担保额度也是建立在评估价值的基础之上。多种复杂的因素均会对知识产权的预期收益产生决定性影响，这些因素主要包括：替代技术、经营水平和所在市场成熟度。在这些诸多因素中，任何一项因素发生改变，将会直接影响到知识产权的质押价值。对于商业银行而言，在知识产权质押期内，知识产权质押价值处于保持不变或价值提升，商业银行才可保证达到其预期的盈利水平，可规避相关风险。然而，知识产权质押价值在实践中的波动性通常是商业银行难以控制和无法预见的。

4.1.4　市场与经济环境特征的影响

（1）经济发展

经济发展是最基本的宏观因素指标，经济发展需要技术进步，同时技术进步又是经济发展的关键。当创新型企业加大技术研发类投入时，企业的知识产权资产将不断增加。经济发展状况越好，创新型企业越需要加大技术投入，企业的融资活动主要通过财务杠杆进行，伴随着经济发展，创新型企业对知识产权质押贷款的需求越发强烈。

（2）利率变动

利率变动在各种宏观风险影响因素中效果最为明显。创新型企业用于质押贷款的知识产权价值会由于市场利率的上升而降低，直接导致质押知识产权价值降低，商业银行是质押知识产权质权人，所以商业银行将遭受一定的经济损失，进而面临市场风险的危机。与此相反，在市场利率下降的条件下，知识产权质押贷款中创新型企业为了获得贷款需要承受的贷款利息成本会增加，这将导致创新型企业对知识产权质押贷款的需求降低。

（3）货币流通状态

货币流通状态与经济发展水平密切相关，经济发展速度加快，会加速货币流通，导致商业银行中存款数量的增加，商业银行可拥有更多的资金进行信贷活动，从而有利于商业银行开展知识产权质押贷款业务。市场上货币流通状态，可用货币供应量 M2 的增长率表示，M2 增长率大幅下降，说明经济发展速度放缓，将会导致有知识产权质押贷款业务的商业银行风险的增加。所以，货币流通状态的好坏，将直接影响知识产权质押贷款能否顺利实施。

（4）外部交易市场

外部交易市场在知识产权质押贷款中将直接影响所质押知识产权的处置和变现能力。如果知识产权变现能力和处置能力较弱，通常不利于创新型企业从商业银行获得贷款。基于理性思维方式，商业银行在进行贷款审批时，需要考虑风险规避从而有效保证自身经济利益的获得，当贷款风险发生时，商业银行可以较为快捷和便利地拍卖或者变卖质押标的物，这样可有效保障自身利益不受损害。综上，当外部交易市场对知识产权的处置出现障碍时，所质押知识产权资产的变现风险加剧，导致债权人（商业银行等金融机构）的信贷风险不能被转移或分散。外部交易市场有效性，直接会影响知识产权质押贷款的顺利实施。

4.1.5　法律与政府环境特征的影响

（1）知识产权的法律状态

在知识产权质押贷款业务的实施中，知识产权法律状态决定了能否开展质押贷款，即处于"一票否决"的地位。所以，知识产权法律状态的合规性是商业银行开展知识产权质押贷款业务的准入条件，因此当知识产权法律状态处于失效时，该类知识产权毫无经济价值，商业银行对该类知识产权是不予接纳的，这时主要会涉及诉讼风险和权属风险。

第一，诉讼风险。依据我国《商标法》，商标被核准注册后的一段时间内，基于法定事由，任何人均可向商标评审委员会申请，该商标可被撤销。我国《专利法》也有类似规定。当所质押知识产权处于上述状态时，就会出现申请质押贷款的知识产权处于无法被法律保护的状态，这种状态可给商业银行带来诉讼风险。除了具体法律提及的状态外，拥有知识产权的产品还会遭受仿冒品、盗版、山寨产品的侵权，这类侵权行为的发生会极大地影响到所质押知识产权实现其应有的价值。由于诉讼风险的存在，目前商业银行开展知识产权质押贷款业务推行得相当缓慢，同时也说明我国对知识产权的法律保护问题亟待完善。

第二，权属风险。用于质押贷款的知识产权当出现权属不确定的情况时，商业银行将会遭受无法挽救的损失，因为当权属无效时，整个知识产权质押贷款过程都是无效的。目前在我国现行法律法规制度下，知识产权登记制度不规范和登记信息不完备时有发生，由于登记的不完善性，知识产权权属存在不确定风险。

权属风险主要涉及相同知识产权重复登记和知识产权存在潜在权属纠纷。当这类风险发生时，商业银行对拥有的知识产权质押物很难处置。在知识产权信息登记方面，对有些关键性信息没有明确记载，例如专利年费、授权转让、商标续展费的交付等，这会出现知识产权虽然已经进行了登记，有些已失去了有效性，如果商业银行拥有这类知识产权作为质押物，但这类知识产权质押物是没有价值的。所以商业银行应当高度重视申请知识产权质押的质押物的权属风险，以便规避知识产权权属的不确定性给商业银行在质押业务中带来的风险。

（2）知识产权评估制度

在此方面，主要涉及的文件是《专利资产评估指导意见》（中国资产评估协会制定）和《资产评估准则——无形资产》。这些文件的制定有力地推动了我国知识产权评估制度的完善。但目前知识产权质押贷款业务中，并不仅仅局限于专利权的质押业务，非专利性质的知识产权评估还有待完善，同时在上述评估准则和指导意见中，有关部门没有出台评价体系与具体的操作细则，这些内容尚需完善。同时，在知识产权质押贷款业务的操作过程中，商业银行贷款审核人员存在对知识产权质押价值理解上的差异性，由于缺乏具体操作规范文件，难以监督审核评估报告（知识产权中介评估机构出具的报告）的客观与真实性，所以知识产权质押价值的评估风险很难规避。

（3）质押贷款风险分散机制

在此方面，目前我国已经建立了可公平交易，但尚不成熟的知识产权交易平台。判断知识产权质押贷款风险分散机制的完善与否，主要分析出质方在出现违约时，这个风险分散机制能否有效运转，进而通过该机制，保护债权人利益。完善的知识产权质押贷款风险分散机制，需满足以下要点：有成熟的知识产权交易平台，这个平台有助于变现所质押的知识产权；同时颁布降低风险的相关政策，例如担保方式、保险制度和政府贴息等。目前在质押贷款风险分散机制的建设中，需增加知识产权交易信息的透明性，降低所质押知识产权的拍卖及转让环节成本，有效保护债权人权益。

4.2 知识产权质押贷款风险影响因素的初步梳理

在已有相关文献中，苑泽明（2012）主要从管理、技术、风险、经济和法律五个方面分析了知识产权质押价值影响因素[①]；杨莲芬（2014）分析了科技型中小企业知识产权质押融资影响因素（拥有知识产权数量，资金需求情况，企业可供选择的融资方式，知识产权质押融资的成本，银行开展知识产权质押贷款的积极性，银行的贷款政策）[②]；刘军（2014）从

---

① 苑泽明，李海英，孙浩亮，等．知识产权质押融资价值评估：收益分成率研究［J］．科学学研究，2012（6）：840，856 – 864.
② 杨莲芬，董晓安．浙江省科技型中小企业知识产权质押融资意愿分析［J］．浙江大学学报（理学版），2014（2）：238 – 244.

商业银行知识产权质押贷款风险评估的视角进行了阐述，这些因素主要有：知识产权法律风险影响因素，知识产权市场风险影响因素，企业风险影响因素等①；姚王信（2012）从影响知识产权担保能力的因素进行研究，主要有两大类：知识产权价值因素和融资因素②；综上，对已有相关文献的梳理详见图 4 - 1 所示。

<table>
<tr><td>知识产权质押价值影响因素</td><td>科技型中小企业知识产权质押融资</td><td>商业银行知识产权质押贷款风险评估</td><td>知识产权担保能力</td></tr>
<tr><td>·技术方面
·经济方面
·法律方面
·管理方面
·风险方面</td><td>·知识产权数量
·企业资金需求
·融资方式
·融资的成本
·银行贷款积极性
·银行的贷款政策</td><td>·知识产权保值
·知识产权变现
·知识产权估值
·知识产权法律
·知识产权市场
·企业管理</td><td>·知识产权价值
·企业融资</td></tr>
</table>

图 4 - 1　知识产权质押贷款影响因素相关已有研究梳理

通过借鉴已有文献，同时结合前文理论分析，本节基于创新型企业知识产权质押贷款路径展开了深入分析。创新型企业将依法拥有的知识产权作为质押物并由担保公司进行担保从银行等金融机构获得贷款，在这个路径中涉及诸多方面：知识产权自身、创新型企业、知识产权贷款银行、市场与经济状况、政府与法律环境，在理论层面，我们基于这五个方面的因素，对知识产权质押贷款风险影响因素进行了初步梳理。

4.2.1　知识产权自身因素

在知识产权质押贷款中会涉及诸多方面的因素，知识产权自身因素处于核心地位。知识产权质押标的物具有无形性和价值波动等特征，这些特征均会对知识产权质押贷款造成直接影响，同时，基于商业银行规避贷款

①　刘军. 商业银行知识产权质押贷款风险评估研究［J］. 会计之友，2014（21）：21 - 25.

②　姚王信，王红，苑泽明. 知识产权担保融资及其经济后果研究［J］. 知识产权，2012（1）：71 - 76.

风险，需要重点考虑还款源，即所质押的知识产权要能为企业带来经济利益，在知识产权自身因素中，具体因素有：知识产权营业收入比、知识产权资产比、知识产权使用年限比、知识产权产品获利比、知识产权产品市场规模和知识产权价值波动。

（1）知识产权营业收入比

该指标可以用知识产权资产与营业收入总额之比求得，这个指标主要可提供知识产权资产的流动情况，当知识产权资产规模一定时，知识产权营业收入比的比值越小，则说明知识产权资产在营业收入总额中比例很小，知识产权资产能够得到很好的控制，有利于强化知识产权流动性。

（2）知识产权资产比

这个指标是知识产权资产与企业资产总额的比值。当这个比值较高时，表明在企业资产总额中，知识产权资产所占的份额较大，可以从另一个角度来说明，该企业对知识产权的拥有是高度关注的，企业已将知识产权资产作为核心竞争力的重要内容，在此背景下，如果该企业进行知识产权质押融资，则商业银行会认为该知识产权在质押贷款中具有较高的安全性和保障性，这可有效规避商业银行将面对的金融风险。

（3）知识产权使用年限比

该指标可用申请质押知识产权已使用年限与该知识产权法律规定登记年限的比值来表示。通常法律规定的登记年限如下：著作权、发明专利权、实用新型专利权和外观设计专利权的期限分别是五十年、二十年和十年。知识产权使用率是个相对数指标，这个指标越高，表明该知识产权的使用率越高，使用率高表明该知识产权将要到期了，受到法律保护的期限正在减少，将存在较大法律风险和价值波动风险，在这种情况下，商业银行需要慎重考虑是否批准该项贷款业务。

（4）知识产权产品获利比

该指标可以通过知识产权产品利润总额与企业全部产品利润总额的比值来表示，表明了知识产权产品的获利能力。该指标可通过以下方面体现：知识产权产品的市场竞争状态、该产品所在市场的供给需求情况。对于获利能力前景的判定，可以通过产品使用技术的先进与否、产品的适用程度、成本的合理程度等诸多因素来判定和分析。无形资产的价值是依附于有形资产来体现的，知识产权属于无形资产，即知识产权形成的产品的价值与知识产权价值的提升是正相关的。所以，知识产权产品获利能力情况越好，则越有利于知识产权价值的体现。

（5）知识产权产品市场规模

知识产权产品市场规模可以直接揭示创新型企业的产品给予用户和消费者的满意度，可以表明这种产品对于市场的控制能力及其在市场上所处的地位。知识产权产品市场规模可以通过知识产权产品销售量或销售额与市场上同类产品销售量或销售额的比值来表示。其值越高，说明产品在市场中的份额越高，说明创新型企业的经营水平和竞争能力越强。伴随着创新型企业市场份额的不断扩大，并达到一定规模时，创新型企业将会获得某种形式的垄断，这种垄断的形成，会给创新型企业带来垄断性利润，同时可以让企业保持一定的竞争优势，进而可以证明企业超额利润可通过知识产权资产来获得。

（6）知识产权价值波动

知识产权属于无形资产，相比于有形资产，知识产权具有较大的价值波动幅度。知识产权出质方的诸多因素，例如经营水平、市场状况和替代技术等，这些因素均会影响到知识产权对企业的预期收益，当这些因素对知识产权产生不利影响时，知识产权价值将会下跌。在知识产权质押阶段，商业银行实现预期盈利目标的前提条件是知识产权价值保持平稳或上浮。由于知识产权价值波动，发生了知识产权价值下跌的情况，商业银行对于该类情况是不可预见与控制的。所以，由于该因素的影响，基于风险规避，商业银行知识产权质押业务的开展是缓慢的。

4.2.2　知识产权质押创新型企业因素

实施知识产权质押贷款的创新型企业，该类企业属于成长期科技型企业。该类企业主要风险是技术风险和经营风险。知识产权质押贷款业务中，商业银行关注第一还款源，即创新型企业自身因素。在知识产权质押创新型企业因素中，我们考虑了偿债能力、营运能力、盈利能力、企业规模及信誉。具体因素有：资产负债率、流动资产周转率、营业净利率、营业收入增长率、企业规模和企业信誉。

（1）资产负债率

资产负债率是反映企业偿债能力最常用的指标，即负债总额与资产总额的比值。资产负债率高表明创新型企业拥有的负债风险较高；资产负债率低表明创新型企业拥有债务风险较低，同时也表明，企业不善于利用财务杠杆去创造更大的经济价值，将降低企业盈利能力。商业银行会重点审核创新型企业资产负债率指标，该指标数值应该处于一个适当的水平上（过高或过低都不好）为好。

（2）流动资产周转率

流动资产周转率是用于衡量企业生产营运水平的指标，该指标通常表示为营业收入与流动资产的平均值之比。该指标越高，表明资产的流动性越高，企业营业收入主要是由流动资产带来，企业的流动资金能够良性循环，企业有足够的资金应对各种贷款的偿还，则意味着可有效降低企业的违约风险。商业银行会认真审核创新型企业的流动资产周转率，创新型企业流动资产周转率越大，商业银行在知识产权质押贷款中的风险就越小。

（3）营业净利率

营业净利率是对企业盈利水平评价的重要指标，可用净利润比营业收入得出。该指标在知识产权质押贷款的风险管理中需重点考核。该指标数值越高，表明创新型企业在市场中具有较强竞争力，同时，可降低商业银行对信贷风险的预警程度。

（4）营业收入增长率

营业收入增长率是创新型企业是否可持续发展的考核指标之一。这个增长率的计算通常可用本年度营业收入增长额与上年度营业收入总额相比来确定。当创新型企业处于高速成长阶段，这个指标的数值就会越大，说明企业整体经营情况处于良好状态。接受知识产权质押贷款的商业银行认为这类企业安全性较高，愿意对该种类型的企业提供知识产权质押贷款。

（5）企业规模

企业规模主要从营业收入、资产总额、从业人员数量等方面进行衡量，企业规模越小抵御风险的能力就越小，商业银行面临的风险就越大。商业银行在开展知识产权质押贷款，需要进行贷前审查，在企业规模因素中，商业银行会重点关注创新型企业营业收入，该营业收入在企业所处行业中的水平；企业的资产总额，该资产总额在企业所处行业中的水平；企业的从业人员数量，该从业人员数量在企业所处行业中的水平。

（6）企业信誉

企业信誉代表了企业在社会上的信用和名声，主要通过企业的生产经营活动取得。该指标越高，例如企业产品货真价实和按期付款等，表明企业在社会上受到认可与好评；该指标越低，例如假冒伪劣和故意拖欠货款等，表明在社会上受到较低评价甚至诋毁。企业无形资产之一是企业信誉，如果企业信誉高，则企业可获得竞争优势。为了规避知识产权质押贷款的风险，商业银行愿意给信誉高的创新型企业提供贷款支持，所以商业银行对创新型企业的贷前审查中，企业信誉是一个非常重要的审查因素。

4.2.3 知识产权贷款银行因素

在质押贷款业务中，提供贷款资金的主体是贷款银行，所以贷款银行因素直接关系到知识产权质押贷款顺利实施，知识产权贷款银行因素主要有：资本充足率、存贷款比率、净资产收益率和不良贷款比率。

（1）资本充足率

资本充足率是反映银行资本充足程度的指标，可表示为资本总额与加权平均风险资产总额之比，该比值的高低，可以表明商业银行抵御风险的高低。开展知识产权质押贷款的商业银行资本充足率较高时，就表明商业银行自有资本能够抵抗正常的违约风险，可以说处于良好的经营状态。

（2）存贷款比率

存贷款比率是商业银行通过核心存款来满足贷款增长能力的指标，存贷款比率是用贷款总额与存款总额相比求得。这个指标高低，可以表示商业银行流动资产流动性的强弱情况。

（3）净资产收益率

净资产收益率是指商业银行依靠资本获取利润的能力，这个指标是用利润与所有者权益的比值来表示。在某一阶段，该指标处于下降状态时，表明商业银行自身经营状况出现了问题，此时商业银行对知识产权质押贷款业务（该业务属于高风险业务）必需持谨慎态度。

（4）不良贷款比率

不良贷款比率可反映商业银行贷款资产质量的总体状况，这个比率是通过不良贷款占总体贷款比值来确定。如果这个指标数值较高，则表明商业银行不良贷款的总资产的程度较高，该商业银行整体的资产质量较差，应慎重考虑是否接受具有高风险的知识产权质押贷款业务。

4.2.4　市场与经济环境因素

在创新型企业知识产权质押贷款中，商业银行需要充分考虑市场与经济环境因素，市场与经济环境因素评价的主要指标有知识产权可转让程度和知识产权交易市场的完善程度；经济环境因素主要包括宏观经济形势GDP 增长率、宏观经济 M2 增长率和宏观经济利率变动。

（1）知识产权交易市场完善程度

知识产权价值的实现需要通过完善的产权交易市场来实现①，产权交易市场的完善性直接关系到这个知识产权交易平台的有效性。对于金融机构而言，如果没有完善的知识产权交易市场则会出现变现风险和担保权难以实现的风险。变现风险主要是体现在对质押的知识产权处置困难，这将直接影响到商业银行的贷款安全。比较知识产权质押贷款和不动产抵押贷款，商业银行更愿意首选不动产抵押贷款，其中一个重要原因是，通过对不动产的拍卖、租赁、转让等形式，商业银行的债权可及时变现。商业银行应重点审核知识产权交易市场的完善性，如果对审核的知识产权质押贷款业务中，知识产权交易市场在周边环境中没有公开且不完善，将会导致所质押的知识产权处置困难，则与之相关的风险不能快速转移或分散，这样就会增加商业银行贷款风险。

---

① 张婷，苏平．重庆市知识产权质押融资现状、问题及完善路径［J］．西部论坛，2017（1）：1－7.

（2）知识产权可转让程度

知识产权可转让程度是指所质押的知识产权在其转让过程中需要一定的配套条件，比如配套技术、配套的使用条件等，如果买方缺少与之相对应的配套条件，购买意愿会下降，交易可能性会降低，致使所质押的知识产权转让困难；这种状况不利于购买方对所质押的知识产权购买意愿形成，会降低所质押的知识产权可转让程度，如果不能成功转让知识产权，将会加剧知识产权质押贷款银行的风险①。

（3）宏观经济形势 GDP 增长率

经济增长率，即 GDP 增长率，该指标是反映国家经济发展状况的重要指标之一，可表明本年 GDP 比上年 GDP 增长的幅度。这个指标可影响到具有知识产权的产品所在行业的状况。商业银行对宏观经济 GDP 的数据可以通过国家统计年鉴等官方资料获得，在质押知识产权贷款风险评估时，需要重点关注 GDP 增长率对具有所质押知识产权的产品所在行业的影响程度。

（4）宏观经济 M2 增长率

货币流通速度的变化可反映宏观经济 M2 增长率。该指标数据的获取，可以通过国家统计年鉴等资料查询。在质押知识产权贷款风险评估时，需要重点关注宏观经济 M2 增长率对具有质押知识产权的产品所在行业的影响程度。

（5）宏观经济利率变动

宏观经济利率变动指标可对借贷双方的供需趋势做出直观反映。由于知识产权本身存在较高的不确定性，开展知识产权质押贷款的商业银行将承受比传统放贷业务更大的风险。商业银行通常要求更高的利率来进行弥补对这种更高风险的承受，所以，商业银行应重点关注宏观经济利率变动，进而确认是否开展知识产权质押贷款业务。

---

① 刘军．商业银行知识产权质押贷款风险评估研究［J］．会计之友，2014（21）：21－25.

4.2.5 法律与政策环境因素

创新型企业知识产权质押贷款业务中，法律与政策环境因素同样是非常重要的，包括的主要因素有：知识产权权利的归属、知识产权保护力度、知识产权登记制度、政府对所在企业提供的政策优惠、政府对所在行业提供的支持力度。

（1）知识产权权利归属

知识产权权利归属指标可通过知识产权法律制度来规定，这些法律制度主要涉及《著作权法》《专利法》《商标法》。同时也应该关注到，在我国的实践领域，一些知识产权存在着现实的或者潜在的权利归属不确定因素，这主要源于具体法律制度的实施时间存在差异，同时对于交叉问题应如何适应具体法律没有清晰而全面的规定。

（2）知识产权受保护力度

知识产权受保护力度直接影响到质权人利益的保障问题。在知识产权质押业务中，贷款合同需明确债权清偿的保障措施。只有在贷款合同中充分保障了质权人利益，作为债权人的商业银行才可同意将知识产权作为质押物，实施具体的贷款业务。所以，申请质押贷款的知识产权应处于法律保护状态，这样可规避商业银行遭受诉讼风险。

（3）知识产权登记制度

知识产权登记主要涉及登记费用、登记期限和登记程序等方面。对于上述知识产权登记的主要内容，在我国目前已有的法律规范中，例如《商标权》《专利权》《著作权》等，各自登记机关不同，同时登记的具体内容也存在差异。当两项以上知识产权共同出质时，将会涉及较为复杂的登记制度，易于产生知识产权权利归属不明的情况，特别是当发生知识产权质押法律纠纷时，在审判和执行上会造成困难，对于需要处置知识产权的商业银行，将会面临较大风险。

（4）政府对所在企业提供的政策优惠

政策优惠或补贴，主要是指政府可对拥有知识产权的创新型企业提供相关政策优惠。创新型企业申请专利、办理其他专利事务和引进先进专利技术或者设备等费用,依法计入创新型企业成本或者列为事业费。创新型企业研究和开发新技术、新产品、新工艺的费用,依法享受税收优惠。同时为进一步加强并优化营商环境,融资担保机构对知识产权质押融资增加贴息的优惠政策,补贴完成后,创新型企业贷款成本降低 3 ~ 4 个百分点。此外,包含政府创新引导基金在内的政府风险投资及其政策等对高新技术、高成长潜能的创新型企业发展具有促进作用①。

(5)政府对所在行业提供的支持力度

对行业的支持力度,主要是指政府对知识产权所在行业提供支持。创新型企业所在行业能够确保持续创新的基础是知识产权运用和保护,对知识产权的保护将直接影响到质权人利益的保障问题。知识产权质押贷款合同中,主合同债权清偿的保障正是知识产权的质押,所以一定要充分考虑对质权人利益的保障,在相关条款的设定方面,充分考虑到政府对所在行业的支持力度。

4.3 知识产权质押贷款风险评价指标

我们初步设计了知识产权质押贷款风险评价指标,包括准入类指标和判定类指标两大类。知识产权作为质押物的准入条件属于准入类指标,具体包括:①是否登记且质物信息完整;②是否有第三方评估报告;③是否可上市交易。② 知识产权质押贷款风险程度的判定是判定性指标,主要包括知识产权自身风险、知识产权质押创新型企业风险、知识产权贷款银行风险、市场与经济环境风险和法律与政策环境风险等五大类指标。初步梳理的知识产权质押贷款风险评估指标,详见表 4 - 1。

---

① 苑泽明,贾玉辉,王培林. 论政府风险投资及其政策作用机理:一个国际视角 [J]. 中国科技论坛,2018 (12):127 - 141.

② 冯晓青. 我国企业知识产权质押融资及其完善对策研究 [J]. 河北法学,2012 (12):39 - 46.

表 4 - 1 初步梳理的知识产权质押贷款风险评估指标

类别	一级指标	序号	二级指标
准入类指标	质押贷款准入	1	是否登记且质物信息完整
		2	是否有第三方评估报告
		3	是否可上市交易
判定类指标	知识产权自身风险	4	知识产权营业收入比
		5	知识产权资产比
		6	知识产权使用年限比
		7	知识产权产品获利比
		8	知识产权产品市场规模
		9	知识产权价值波动
	知识产权质押创新型企业风险	10	资产负债率
		11	流动资产周转率
		12	营销净利率
		13	销售收入增长率
		14	企业规模
		15	企业信誉
	知识产权贷款银行风险	16	资本充足率
		17	存贷款比例
		18	净资产收益率
		19	不良贷款比率
	市场与经济环境风险	20	知识产权交易市场完善程度
		21	知识产权可转让程度
		22	宏观经济形势 GDP 增长率
		23	宏观经济 M2 增长率
		24	宏观经济利率变动
	法律与政策环境风险	25	知识产权权利归属
		26	知识产权保护力度
		27	知识产权登记制度
		28	政府对所在企业提供的政策优惠
		29	政府对所在行业提供的支持力度

4.3.1 质押贷款准入性指标

在知识产权质押贷款过程中，为了规避风险，商业银行可将出质方目前的情况视作可能会带来违约风险。当这些风险因素发生时，评价预警体系会自动检测并判断该因素是重度警报，收到发布重警的信息时，商业银行应慎重考虑对知识产权质押贷款是否发放。三项基本准入条件如表 4 - 2 所示：

表 4 - 2 知识产权质押三项基本准入条件

序号	基本准入条件	基本准入条件具体内容	备注
1	是否登记且质物信息完整	如果使用没有登记的知识产权进行质押贷款，这对商业银行是没有意义的。当具有不完整信息的知识产权用于质押时，该类知识产权会很难处置，同时将给商业银行带来讼诉风险	在审核是否开展知识产权质押贷款时，如果本表三项基本条件中，有一项没有满足要求，则商业银行在知识产权质押评价中，将该项目作为重警信号处理，同时可拒绝此类知识产权质押贷款业务的开展
2	是否有第三方评估报告	第三方评估报告的客观公正性，有助于商业银行对于知识产权价值评估风险的规避。知识产权评估价值又有助于贷款额度的确认。为规避知识产权价值不确定性的发生，不能以贷款企业提供的知识产权价值为准，所以第三方评估报告对于商业银行是非常重要的	
3	是否可上市交易	知识产权变现将通过上市交易完成，只有在知识产权交易市场上可以流通，质押的知识产权才具有经济价值。如果不能上市交易，则商业银行不可以对此类知识产权开展贷款业务	

4.3.2 质押贷款风险程度判定性指标

判定质押贷款风险程度因素是指商业银行可依据此类定性分析要素和量化统计分析指标，通过知识产权质押贷款预警评价，有效识别知识产权质押贷款的风险。该类判定指标有如下特点：①对预警程度的判定，单独每一要素和指标不能决定知识产权质押贷款的风险状况；②将知识产权质押贷款中的诸多风险指标，划为具体类别进行归类判定；③为了达到合理评价的目的，商业银行需要对各项指标综合考虑，进而确定知识产权质押贷款的风险程度。

第5章 知识产权质押贷款风险影响因素的实证分析

基于前面章节的理论分析，创新型企业知识产权质押贷款对创新型企业发展和金融产品创新具有重要的促进作用。创新型企业知识产权质押贷款在实务中发展缓慢的重要原因是商业银行面临巨大风险，却缺乏对其风险的客观评估。本章基于商业银行视角，依据前面章节的理论分析，通过市场调查方法，构建了创新型企业知识产权质押贷款风险影响因素的结构框架，并通过因子分析法设计了商业银行打分表，确定了创新型企业知识产权质押贷款风险评估指标体系及其权重，以期提高商业银行对创新型企业知识产权质押贷款风险评估的客观性和科学性，加强其对贷款风险的控制，推动创新型企业知识产权质押贷款顺利实现。

5.1 知识产权质押贷款风险影响因素市场调查

商业银行对创新型企业知识产权质押贷款风险进行评估时，需要考虑的因素主要有三个方面：第一，第一还款源。创新型企业经营过程中创造的未来现金流量对该项贷款本息的覆盖程度，以及创新型企业及其实际控制人的还款意愿和诚信程度；第二，质押物处置。质押知识产权是否存在法律上的瑕疵、企业是否为该知识产权设立保险以及影响质押知识产权清算价值的因素；第三，相关环境。主要包括宏观经济环境、相关政策以及法律因素。通过市场调查，获取这三个层面的相关信息，挖掘相应的质押贷款风险影响因素。鉴于天津市是较早的知识产权质押融资试点城市，并在近年知识产权质押贷款发放方面有较快的增长，我们访谈和问卷预调查区域重点选择天津市，主要包括浦发银行、大连银行等开展知识产权质押贷款业务相对较多的商业银行、天津市知识产权局、中小企业局、滨海知识产权交易所、资产评估事务所等中介机构、研究机构，以及创新型中小企业等相关部门。

5.1.1 访谈

依据理论分析和文献调查，分别设计了针对商业银行、政府机构、科研院所和中介机构的访谈计划，选取天津市上述部门的实务操作人员、主管经理和领导、专家进行了访谈。通过访谈，我们进一步明确了商业银行视角下，创新型企业知识产权质押贷款风险影响因素的范围和具体内容，为随后的问卷调查提供了比较丰富的预调查资料。

从实地访谈中，我们发现，知识产权质押融资的统计数据存在口径不一致的问题，研究时需要谨慎对待。比如，2017年天津市知识产权质押额较高，原因之一是实际统计时将统计范围界定的较为宽泛，统计中有打包贷款，即只要与知识产权质押相关的贷款都统计在内，而抵押物单纯是知识产权的贷款情况较少。

在实务中，商业银行批准具有知识产权的企业质押贷款时，首先要考虑的因素是企业的第一还款源问题，其次是企业拥有知识产权的质押价值。商业银行通常规定，如果贷款资金出现违约风险，要求尽快将知识产权进行处置，并且这直接关系到信贷员的切身利益，而信贷员有的并不清楚知识产权的质押价值，在这种情况下，单独进行知识产权质押贷款的操作就较少，并且如果安排知识产权质押贷款与有形资产捆绑进行，知识产权交易所的处置平台会考虑处置时候的价值，然而这在实务操作中会存在诸多问题。

尽管，在政府层面，国家知识产权局及地方知识产权局多层次制定了知识产权质押贷款的相关政策，但是开展知识产权质押贷款业务的商业银行，必须面对创新性企业经营上的不确定性和质押知识产权的信息不对称所导致的风险，同时商业银行的信贷业务也有自己的操作规程。我们在访谈过程中发现，银行在进行具体的知识产权质押贷款操作时，对申请知识产权质押贷款企业的审查是严进严出。在放贷前，银行要确定质押贷款企业是良性经营的企业，银行主要关注以下内容以便防范控制风险：①质押贷款第一还款来源，即创新型企业知识产权产品形成的销售收入规模，是否能够覆盖质押贷款所形成的风险。②加强与专业评估机构合作，以确定相对较低质押率，同时实行对所质押知识产权动态监控。③关注质押贷款企业所提供知识产权质押物的实际状况，即是否符合国家的法律规定；贷款额度（在评估价值基础上打 4 折，基本应用 5 年折现法）；法律关系上要确权，即知识产权拥有方和出资方一致。同时实用新型专利类知识产权原则上不接受质押；银行比较注重首创性专利（主业专利不超过 30%）类知识产权的质押。④风险预警方面。贷款前首先根据商业银行内部的企业信用评级系统进行信用评级，与担保等级进行匹配。一般来说，专利质押和信用担保同属于四类担保，但专利质押略高于信用担保。⑤商业银行在筛选可提供知识产权质押贷款的企业时，重点考虑申请企业管理的精细化程度；利润率情况；申请企业核心领导团队建设，主要包括人才结构及管理者的综合素质。获得知识产权质押贷款的企业多数是处于成长期的科技型企业。

在调研访谈中发现，目前知识产权质押贷款实施的主要困难有：①知识产权质押价值评估难度大；知识产权价值不稳定且评估方法不同会导致评估结果存在较大差异。②知识产权质押登记体系不完善。例如，尚未建立系统的知识产权质押登记制度，相关规定分布在法律、法规、司法解释中；知识产权登记机关不统一，例如，知识产权局、工商行政管理局和版权局分别负责专利权、商标权和著作权的登记工作。③知识产权质押物出质变现困难。基于知识产权特征，知识产权是很难独立于拥有企业带来单独收益，必须结合所在企业经营情况，因此极大地限制了知识产权的流转范围。

在调研访谈中，商业银行针对上述主要困难，在实务中主要的对策如下：①选择优质知识产权质押贷款的客户。例如，浦发银行主要针对具有较好发展潜力的科技型企业，该类企业的发明具有实用性和创新性，在行业内具有一定市场价值，该类知识产权具有可转让性。②审慎选择知识产权质押贷款的质物。例如，哈尔滨银行要求质押的知识产权必须产权明晰，可办理质押登记，按国家规定可流转，且易于交易变现；中国进出口银行要求所质押的专利剩余有效期均处于 5 年以上，且长于贷款期限。③ 重视知识产权质押贷款中专业评估机构的评估意见。例如，天津西青国开村镇银行首先估计知识产权质押贷款中质押物的价值范围，然后再聘请专业评估机构对质押物进行评估；大连银行天津分行，先找专家分析，然后邀请评估机构参与，银行以旁听形式参与评估的全过程。④做好质押贷款风险控制。大连银行天津分行与天津滨海国际知识产权交易所合作，质押贷款一旦出现问题，银行会第一时间在知交所启动挂牌，建立了知识产权质押贷款处置通道，有效缩短知识产权质押物的处置和补偿时间。

通过对商业银行、政府机构、科研院所和中介机构相关人员的访谈和相关专题会议研讨，我们在理论分析和文献调查的基础上，进一步深化并明确了创新型企业知识产权质押贷款风险评估影响因素的范围和内容，为进一步的问卷调查，提供了丰富的预调查资料。

5.1.2 问卷预调查

依据文献调查、理论分析和访谈调查，提炼了相应的知识产权质押贷款风险评估影响因素，并设计调查问卷，在天津市范围内进行了预调查。

问卷编制选择了 6 点式李克特量表，在被调查者态度区分方面较为细致，并能在一定程度上避免被访者的"趋中反应"，即进入调查问卷的每一个影响因素，都按照重要性大小分为 6 个等级，并由被调查者对该因素的重要性进行评价，选择 6 个等级中相应的分值。

在被试选择方面，根据创新型企业知识产权质押贷款过程中涉及的主要利益方和相关研究人员，问卷调研主要选择了金融机构、创新型企业、政府机构、科研院所及高校四类人群作为此次调查的被试对象，进行问卷发放。首先对问卷预调查数据整理分析，然后对调查问卷进行调整，最后形成正式的调查问卷。

在有限理性理论指导下，通过实地调查（包括访谈和问卷预调查），提炼出创新型企业知识产权质押贷款风险影响因素结构关系，如表 5-1 所示。表 5-1 为随后的问卷调查奠定了基础。

表 5 - 1　创新型企业知识产权质押贷款风险评估影响因素结构关系

风险来源	一级评价因子	二级评价因子
创新型企业	实际控制人 资信和实力	1. 实际控制人个人征信情况
		2. 实际控制人个人纳税情况
		3. 实际控制人对外投资情况
		4. 实际控制人投资到位情况
		5. 实际控制人风险偏好
		6. 实际控制人从业经验
	创新型企业 资信情况	1. 创新型企业当前银行贷款总额
		2. 创新型企业的融资银行数目
		3. 创新型企业银行贷款不良记录
		4. 创新型企业诚信纳税情况
		5. 创新型企业合同履行情况
		6. 创新型企业应收账款质量
		7. 创新型企业对外投资情况
		8. 创新型企业对外担保情况
		9. 创新企业有无诉讼信息
	创新型企业 供销能力	1. 创新型企业供货渠道优势
		2. 创新型企业销售渠道优势
		3. 创新型企业供销团队优势
	创新型企业 管理水平	1. 管理团队的稳定性
		2. 技术人员构成及其流动性
		3. 创新型企业产品质量管理体系
		4. 创新型企业基础信息的完备程度
		5. 创新型企业财务报表质量
	担保或 保险因素	1. 贷款是否由政府推荐
		2. 贷款是否有第三方担保
		3. 创新型企业是否为贷款投保
		4. 是否有有形资产抵押

风险来源	一级评价因子	二级评价因子
知识产权	估值和处置风险	1. 质押知识产权产品市场规模
		2. 质押知识产权产品获利能力
		3. 质押知识产权是否由企业独享
		4. 知识产权的适用范围
环境	法律风险和政策风险	1. 知识产权市场交易完善程度
		2. 宏观经济形式对该行业的影响
		3. 政府对该行业的支持力度
		4. 政府对创新型企业的政策优惠或补贴

5.1.3　问卷调查

通过文献调查、访谈和问卷预调查，在提炼风险影响因素的基础上，进行了正式的问卷调查（调查问卷详见附录）。调查对象主要包括金融机构、企业、政府机构、高校及科研院所，问卷发放选择的区域主要集中在北京、天津、江苏、浙江及广东等政府推行知识产权质押融资的试点地区和中小企业发展比较活跃的地区。调查问卷借助问卷星平台，通过移动互联网发放和回收。

5.2　问卷调查结果及数据分析

5.2.1　数据验核及清理

本次问卷调查共回收 415 份问卷，经数据验核及清理，最终保留 354 份有效问卷，有效率达 85.30%。数据的验核及清理包括以下五个步骤：第一步：标记用时过短的问卷。415 份问卷的平均答题时间为 376 秒，最少用时为 46 秒，根据合理性原则，将答题用时低于 100 秒的问卷，考虑删除。第二步：标记填写地址为同一 IP 地址的问卷，并具体分析问卷填写情况，决定是否保留。同一 IP 地址的问卷有个人重复填写的可能性，如果 IP 地址相同，填写内容又高度一致，为保证问卷有效性，则考虑仅保留其中一份问卷。第三步：标记李克特量表题目中连续选择过多的问卷。问卷中第 1~7 题共有 35 道李克特量表题目，415 份问卷中平均连续重复 8 小题，最多连续重复 35 小题。据此，考虑将连续重复 20 小题以上的问卷删除。第四步：标记出现前后矛盾的问卷。部分题目涉及前后的联系，例如 20 题要求选择质押贷款成功的关键因素，其中知识产权、政府担保等选项在前面的题目中也以不同形式有所涉及。因此，前后的选择应该有一定的一致性，若认为知识产权因素为质押贷款成功的关键，则关于知识产权重要性的选项分数应偏高；反之，则认为答题者出现矛盾。据此，在问卷处理时，主要考虑了以下 9 个矛盾点：①20 题中选择知识产权本身，而第 1 题的小问题中却超过半数的小问题选择了 3 分及以下，或在第 8 题知识产权因素重要性中选择 30% 以下。②20 题中选择政府推荐，而第 6 题第 1 小问中却选择了 3 分及以下。③20 题中选择有担保机构担保，而第 6 题第 2 小问中却选择了 3 分及以下。④20 题中选择有抵押资产，而第 6 题第 4 小问中却选择了 3 分及以下。⑤20 题中选择有贷款保险，而第 6 题第 3 小问中却选择了 3 分及以下。⑥20 题中选择有担保机构担保、有抵押资产或有贷款保险，而第 8 题贷款担保或保险因素重要性中选择 30% 以下。⑦22 题中选择企业信用风险或企业违约风险（经营利润难以偿还贷款），而在第 8 题企业资信情况因素重要性中选择 30% 以下。⑧22 题中选择企业实际控制人信用风险，而在第 8 题企业实际控制人情况重要性中选择 30% 以下。⑨22 题中选择知识产权流动性风险（不易变现）、知识产权估值风险（价值高估或低估）或知识产权法律风险（权属不清或侵权），而在第 8 题知识产权因素重要性中选择 30% 以下。第五步：对以上四步的考虑进行复核。对其中部分考虑删除的问卷进一步分析，若发现其中有可信之处（如矛盾点不突出，或认真进行文字填写等），则予以保留。最终问卷删除详细情况如表 5-2 所示：

表 5-2　调查问卷删除详细情况①

序号	数据清理标准	考虑删除问卷数（份）	剔除问卷占回收问卷总数比率
1	答题用时少于 100 秒	25	6.02%
2	填写 IP 地址相同，且填写内容与其他问卷雷同	2	0.48%
3	李克特量表题目中连续选择超过 20 题	29	6.99%
4	出现前后矛盾	5	1.20%

5.2.2　调查问卷的基础信息统计分析

本次调查得到的 354 份有效问卷中，高校及科研院所 79 份；金融机构 49 份；企业 149 份；政府部门 30 份；其他② 47 份。被访人员学历分布：高中 8 人，本科 198 人，硕士研究生 103 人，博士研究生 45 人；中级及以上职称 191 人。可见被访人员基本是从事知识产权质押融资一线或资深的实务工作者或研究人员，基本能达到本次的调查目的。

此次调查中，被访企业中有 22 家申请过知识产权质押贷款，区域主要分布在北京、天津、江苏、浙江以及广东等政府推行知识产权质押融资的试点地区和中小企业发展比较活跃的地区，申请知识产权质押贷款次数最多的为 6 次，全部申请成功；平均申请次数为 2.05 次。其中，1 家企业，申请 1 次，没有申请成功；2 家企业申请 2 次，各自成功 1 次，其余全部申请成功。可见，申请过知识产权质押贷款的企业更倾向于再次申请该类贷款，并且再申成功率比较高。在申请成功的企业中，81% 为知识产权与有形资产捆绑申请。另外，被访的 22 家发生知识产权质押贷款的企业中，68.8% 处于成长期③，成熟期的只有 9.1%，可见申请知识产权质押贷

①　其中部分问卷同时基于两个及以上标准则可能被删除，但为统计方便，仅将其归类为其中一个标准。

②　其他指在四类主要的调查对象之外的其他被访人员，比如中介机构。

③　由于很多企业多次申请知识产权质押贷款，随着企业的不断成长，这一数字在一定程度可能被低估。

款的企业主要是成长期的中小企业，这与本书前文的理论分析一致。并且，22 家发生知识产权质押贷款的企业，13 家明确指明是政府推荐，占申请企业总数的 59% ①。贷款成功的企业中，只有 1 家企业认为其贷款成功的原因在于其知识产权本身，有 4 家企业认为是企业的经营状况；其他企业基本认为主要由于企业经营状况、知识产权本身以及存在其他抵押物或担保等。被访者中 5.6% 的人认为在知识产权质押融资过程中，商业银行更看重企业实际控制人的信用；6.8% 的人认为银行更看重知识产权相关的估值、流动性以及法律等风险；87.6% 的人认为商业银行更看重企业的信用（违约）风险，以及与质押知识产权相关的一些风险。这也与本书前文的理论分析一致，在这类特殊的金融产品创新中，银行更看重企业的经营实力和信用风险。

通过对问卷数据的基础统计分析，问卷数据展现的特征与本书前文的理论分析基本一致，问卷数据的特征基本符合设计的初衷，能够实现调查目的。

5.3　知识产权质押贷款风险影响因素的权重：因子分析

通过理论分析和市场调查，我们从理论和实务两个层面得到创新型企业知识产权质押贷款风险评估的影响因素，并通过问卷调查得到了评价这些影响因素重要程度的专家数据。接下来，我们将利用问卷调查数据，通过因子分析方法，对影响因素进行再次筛选，以使其在理论、实务、数据表达上逻辑更为一致。本部分的数据来自问卷调查收回的 354 份有效问卷，检验使用 SPSS 20.0 软件。

---

①　由于企业通常多次申请贷款，在与银行建立联系后可能就不需要政府推荐了，所以这个数目在一定程度上可能被低估。

5.3.1 影响因子调整和重分类

对调查问卷设计的 35 个影响因素指标，需要进行信度和效度检验，以通过数据本身反映的概念特征，判定问卷中的调查指标能否反映调查目的和意图。同时，在设计调查问卷过程中，在文献调查和访谈的基础上，保留了尽量多的影响因素指标，从而在指标概念逻辑一致性方面，可能存在一些重复和多余的指标。尽管在问卷预调查时，通过专家的分析已经对指标进行了初步的筛选和分类，但不可避免地存在一些主观性。因此，通过对有效问卷数据的信度和效度检验，对风险影响因素进行了进一步的筛选。

具体步骤如下：首先通过信度检验，剔除"校正项目总相关性"系数相对于该量表中的其他指标的偏低指标，删除该指标后有利于提升该量表总体信度；其次对信度检验调整后的指标，通过 KMO 检验和 Bartlett 球形检验，判断样本数据是否适合做因子分析，检验结果如表 5-3 所示，并在此基础上通过因子分析，删除了在所属因子下的因子载荷小于 0.4，且在各主因子之间因子载荷比较平均的因子，因子载荷矩阵如表 5-4 所示。按照上述步骤，经过进一步的因素筛选，删除了"知识产权是否由企业独享""知识产权的适用范围""政府对该行业的支持力度"三个指标，最后确定了 32 个影响因素指标，并通过因子重分类，对影响因素结构进行了重新调整。

调整后 32 个贷款风险影响因素仍分为 7 类，具体如下：第一类创新型企业实际控制人资信和实力因素。包括实际控制人的个人征信情况、实际控制人的个人纳税情况、实际控制人对外投资情况、实际控制人投资到位情况、实际控制人风险偏好、实际控制人从业经验。第二类创新型企业信用因素。包括创新型企业银行贷款不良记录、创新型企业诚信纳税情况、创新型企业合同的履行情况。第三类创新型企业经营因素。包括创新型企业应收账款质量、创新型企业对外投资情况、创新型企业对外担保情况、创新型企业有无诉讼信息。第四类创新型企业管理因素。包括管理团队的稳定性、技术人员的构成及其流动性、创新型企业产品质量管理体系、创新型企业基础信息是否完备、创新型企业财务报表的质量。第五类担保或保险因素。包括创新型企业当前银行贷款总额、创新型企业贷款银行的数目、该贷款是否由政府推荐、是否有第三方担保、创新型企业是否为贷款投保、是否包含有形资产抵押。第六类知识产权处置风险因素。包括：知识产权产品的市场规模、知识产权产品的获利能力、创新型企业供货渠道优势、创新型企业销售渠道优势、创新型企业供销团队优势。第七类环境因素。包括：知识产权交易市场的完善程度、宏观经济形势对该行业影响、政府对企业的政策优惠或补贴。

表 5 - 3　KMO 和 Bartlett 检验

Kaiser-Meyer-Olkin Measure of Sampling Adequacy.		0.928
Bartlett's Test of Sphericity	Approx. Chi-Square	6 930.245
	df	595
	Sig.	0.000

表 5 - 3 显示 KMO 指标为 0.928 大于 0.7，适合作因子分析；Bartlett 球度检验显著（P = 0.000），则表明我们的问卷数据适合作因子分析，整体效度较好。

表 5 - 4　问卷原始因子载荷矩

	Component							
	1	2	3	4	5	6	7	8
X30	0.712	- 0.203	- 0.224	0.026	0.181	0.234	- 0.074	- 0.109
X33	0.705	- 0.017	- 0.321	0.147	0.217	0.207	- 0.036	0.057
X24	0.690	- 0.121	- 0.126	0.043	- 0.248	- 0.282	- 0.080	0.110
X17	0.686	- 0.261	0.238	- 0.028	- 0.153	- 0.060	0.090	0.069
X23	0.680	0.023	- 0.163	- 0.013	- 0.294	- 0.215	- 0.103	0.346
X32	0.676	- 0.075	- 0.453	0.153	0.059	0.168	0.047	0.168
X34	0.671	- 0.044	- 0.295	0.026	0.282	0.090	- 0.029	0.091
X22	0.670	- 0.104	- 0.049	0.030	- 0.105	- 0.266	- 0.330	0.188

续表

	Component							
	1	2	3	4	5	6	7	8
X31	0.670	−0.129	−0.354	0.152	0.230	0.094	−0.062	−0.113
X25	0.665	−0.195	−0.050	0.084	−0.077	−0.134	−0.110	0.106
X28	0.657	−0.351	−0.107	−0.097	−0.140	0.066	0.167	−0.124
X14	0.652	0.419	−0.037	−0.249	−0.104	0.165	−0.160	0.162
X18	0.648	−0.199	0.043	−0.011	−0.270	−0.183	0.215	0.144
X27	0.645	−0.397	0.028	−0.071	−0.089	0.147	0.156	−0.245
X19	0.641	−0.262	0.208	−0.081	0.074	−0.093	−0.142	−0.137
X35	0.632	0.150	−0.398	−0.041	0.239	−0.012	0.099	0.116
X9	0.629	0.347	−0.013	−0.100	−0.078	0.003	0.000	−0.263
X15	0.627	0.307	0.074	−0.402	−0.145	0.209	−0.251	0.096
X21	0.616	−0.199	0.048	−0.015	0.079	−0.360	−0.328	−0.161
X20	0.612	−0.182	0.172	0.066	0.110	−0.322	−0.213	−0.247
X10	0.610	0.360	0.045	−0.127	−0.153	−0.069	0.021	−0.210
X29	0.607	−0.255	0.045	−0.257	−0.137	0.208	0.268	−0.188
X11	0.605	0.449	0.014	0.062	−0.111	−0.184	0.121	−0.280
X13	0.601	0.291	−0.014	0.111	0.003	−0.191	0.324	0.098
X16	0.589	0.447	−0.021	−0.290	−0.083	0.189	−0.116	−0.025
X26	0.577	−0.318	0.137	0.119	−0.243	0.355	0.128	−0.035
X12	0.571	0.359	−0.144	0.149	0.011	−0.192	0.356	−0.269
X2	0.538	−0.077	0.332	−0.342	0.211	0.103	0.057	0.137
X5	0.528	0.007	0.302	0.106	0.311	0.003	−0.157	−0.140
X7	0.513	0.133	0.372	0.509	−0.108	0.255	−0.094	0.098
X6	0.451	0.204	0.303	0.282	0.240	0.139	−0.222	−0.115
X1	0.447	−0.073	0.347	−0.324	0.283	0.079	0.000	0.196
X3	0.420	−0.060	0.315	−0.132	0.212	−0.128	0.388	0.188
X4	0.408	0.181	0.199	0.141	0.400	−0.217	0.281	0.242
X8	0.495	0.149	0.300	0.500	−0.271	0.239	0.017	0.140

5.3.2　影响因子指标的信度和效度检验

（1）信度检验

针对调整后影响因素指标，重新进行了信度检验。检验结果如下：

32 个影响因素指标的整体 Cronbach's Alpha 系数为 0.948[①]；

第一类创新型企业实际控制人资信和实力因素 6 个子指标的信度检验 Cronbach's Alpha 值为 0.893；

第二类创新型企业信用因素 3 个子指标的信度检验 Cronbach's Alpha 值为 0.780；

第三类创新型企业经营因素 4 个子指标的信度检验 Cronbach's Alpha 值为 0.831；

第四类创新型企业管理因素 5 个子指标的信度检验 Cronbach's Alpha 值为 0.831；

第五类担保或保险因素 6 个子指标的信度检验 Cronbach's Alpha 值为 0.861；

第六类知识产权处置风险因素 5 个子指标的信度检验 Cronbach's Alpha 值为 0.798；

第七类环境因素 3 个子指标的信度检验 Cronbach's Alpha 值为 0.600。

显然，重分类后的 7 类 32 个指标较为可信地刻画了创新型企业知识产权质押贷款的风险影响因素。

（2）效度检验

首先，通过 KMO 检验和 Bartlett 球形检验，检验重分类后样本数据的有效性，即选择的影响因素在多大程度上揭示了商业银行在创新型企业知识产权质押贷款中的风险，这些指标能否刻画问卷设计试图表达的概念，并对样本数据进行因子模型适用性分析。检验结果如表 5－5 所示。

[①]　吴统雄（1984）建议问卷可信程度的参考范围：信度≤0.30：不可信；0.30＜信度≤0.40：初步的研究勉强可信；0.40＜信度≤0.50：稍微可信；0.50＜信度≤0.70：可信；0.70＜信度≤0.90：很可信；0.90＜信度：十分可信。

表 5 - 5　KMO 和 Bartlett 检验

Kaiser-Meyer-Olkin Measure of Sampling Adequacy.		0. 932
Bartlett's Test of SphericityApprox.	Chi-Square	6395. 499
	df	496
	Sig.	0. 000

从表 5 - 5 中可以看出，调整后 32 个影响因子的 KMO 指标 0. 932 大于 0. 7；Bartlett 球形检验显著（P = 0. 000），表明问卷适合做因子分析。并且，32 个因素的 KMO 指标为 0. 932 大于 35 个因素的 0. 928，说明剔除因素以后的数据效度更高。

表 5 - 6　旋转后的因子载荷矩阵

指标代码	Component						
	1	2	3	4	5	6	7
X32	0. 747	0. 241	0. 172	0. 092	0. 297	0. 001	0. 031
X33	0. 736	0. 202	0. 175	0. 162	0. 167	0. 087	0. 198
X31	0. 727	0. 206	0. 200	0. 039	0. 095	0. 274	0. 067
X34	0. 677	0. 175	0. 130	0. 184	0. 157	0. 157	0. 207
X35	0. 654	0. 068	0. 310	0. 227	0. 152	0. 086	0. 027
X30	0. 651	0. 375	0. 104	0. 176	0. 069	0. 246	0. 130
X27	0. 275	0. 717	0. 126	0. 070	0. 107	0. 225	0. 068
X26	0. 198	0. 701	0. 049	0. 081	0. 224	- 0. 037	0. 228
X29	0. 208	0. 701	0. 194	0. 241	0. 036	0. 121	- 0. 032
X28	0. 335	0. 640	0. 162	0. 088	0. 201	0. 216	- 0. 069
X17	0. 086	0. 567	0. 136	0. 141	0. 385	0. 246	0. 293
X18	0. 117	0. 508	0. 244	0. 052	0. 500	0. 138	0. 120
X12	0. 270	0. 141	0. 790	- 0. 008	0. 054	0. 075	0. 102
X11	0. 116	0. 087	0. 767	0. 196	0. 146	0. 151	0. 151
X13	0. 237	0. 131	0. 588	0. 119	0. 242	0. 079	0. 129

续表

指标代码	Component						
	1	2	3	4	5	6	7
X10	0.108	0.146	0.585	0.369	0.172	0.146	0.110
X9	0.206	0.157	0.580	0.366	0.082	0.164	0.098
X15	0.171	0.140	0.198	0.784	0.247	0.084	0.082
X14	0.278	0.047	0.309	0.680	0.312	−0.034	0.162
X16	0.222	0.080	0.393	0.677	0.121	0.016	0.044
X2	0.086	0.405	0.036	0.513	−0.061	0.339	0.134
X1	0.062	0.295	−0.048	0.458	−0.070	0.306	0.291
X23	0.280	0.156	0.206	0.249	0.717	0.128	0.035
X24	0.268	0.260	0.242	0.102	0.610	0.301	−0.010
X22	0.283	0.104	0.091	0.213	0.589	0.429	0.108
X25	0.318	0.304	0.118	0.104	0.457	0.312	0.117
X21	0.223	0.136	0.157	0.109	0.279	0.725	0.053
X20	0.171	0.190	0.239	0.038	0.181	0.711	0.152
X19	0.178	0.382	0.097	0.168	0.159	0.522	0.267
X6	0.166	0.011	0.183	0.144	0.048	0.113	0.742
X5	0.174	0.158	0.135	0.138	0.024	0.310	0.667
X8	0.056	0.262	0.277	0.049	0.391	−0.165	0.493

其次，通过主成分法，Varimax 方差正交旋转后的因子载荷矩阵（如表5-6所示）显示，32 个影响因子在所属因子下载荷均大于0.4，在非所属因子下的因子载荷均小于0.4。7 个公因子累计解释的总变异量为65.188%。因此，问卷的区分效度和聚敛效度均满足要求，本章选择的指标能够较好地刻画需表达的概念。

5.3.3　风险影响因素权重确定

基于信度和效度分析，确认调查数据能够实现研究目的和研究意图的基础上，通过因子分析可以客观地计算出重分类后一级影响因子在风险评估中的权重，以及用二级因子计算一级影响因子分数的表达公式。在商业银行针对具体创新型企业的知识产权质押贷款风险评估中，只要获取二级影响因子的分值就可以据此计算各一级影响因子分值，乘上其各自的权重就可以得到对该企业此项贷款的风险评估分值。商业银行可以依据经验及其风险偏好，对贷款申请进行决策，以改善当前商业银行对非定量数据主要通过信贷人员经验判断的主观性。

（1）一级因子表达式确定

通过因子检验，可以得到如表 5 - 7 所示的因子得分矩阵，进而得到每个一级综合因子用二级因子表示的表达式。右侧的一级因子 F1（实际控制人资信和实力因素）、F2（创新型企业信用因素）、F3（创新型企业经营因素）、F4（创新型企业管理因素）、F5（担保或保险因素）、F6（知识产权处置风险因素）、F7（环境因素）用左侧的二级因子表达的系数为其各自对应列中的因子得分系数，据此一级因子可以由二级因子表示。

表 5 - 7　因子得分系数矩阵

二级影响因子	一级综合因子						
	F1	F2	F3	F4	F5	F6	F7
质押知识产权产品的市场规模	- 0.054	0.117	- 0.162	- 0.140	0.064	0.234	0.125
质押知识产权产品的获利能力	- 0.072	0.137	- 0.193	- 0.086	0.128	0.259	- 0.032
知识产权交易市场的完善程度	- 0.001	0.088	- 0.101	- 0.039	- 0.057	- 0.046	0.452
宏观经济形势对该行业影响	0.021	- 0.043	- 0.043	- 0.024	- 0.117	- 0.041	0.547
政府对创新型企业的政策优惠或补贴	- 0.091	- 0.284	0.222	0.041	0.064	- 0.103	0.357
管理团队的稳定性	- 0.041	0.035	- 0.117	0.233	- 0.003	0.076	- 0.061
技术人员的构成及其流动性	- 0.102	0.018	- 0.033	0.233	- 0.008	0.079	- 0.048
创新型企业产品质量管理体系	- 0.101	0.039	- 0.066	0.374	- 0.031	- 0.064	- 0.010

续表

二级影响因子	一级综合因子						
	F1	F2	F3	F4	F5	F6	F7
创新型企业基础信息的完备程度	0.001	−0.010	−0.146	0.426	0.022	−0.197	−0.029
创新型企业财务报表的质量	−0.020	−0.039	0.025	0.252	−0.020	−0.088	0.001
创新型企业供货渠道优势	0.014	−0.151	0.116	−0.043	−0.103	0.319	0.019
创新型企业销售渠道优势	−0.047	−0.058	0.064	−0.096	−0.046	0.413	−0.067
创新型企业供销团队优势	−0.008	−0.075	−0.044	0.058	−0.045	0.322	−0.092
创新型企业当前银行贷款总额	−0.135	−0.018	0.132	−0.040	0.177	−0.037	0.119
创新型企业的融资银行数目	−0.121	−0.077	0.228	0.038	0.162	−0.094	−0.006
创新型企业银行贷款不良记录	−0.054	0.236	−0.053	−0.045	0.048	−0.007	0.081
创新型企业诚信纳税情况	−0.060	0.424	−0.047	0.074	−0.074	−0.102	−0.020
创新型企业合同的履行情况	−0.030	0.434	0.036	−0.001	−0.124	−0.037	−0.098
创新型企业应收账款的质量	−0.007	0.167	0.311	−0.123	−0.159	0.032	−0.020
创新型企业对外投资情况	−0.021	−0.068	0.421	−0.072	−0.093	0.047	−0.062
创新型企业对外担保情况	−0.038	0.068	0.306	0.002	−0.032	−0.057	−0.118
创新型企业有无诉讼信息	0.015	0.068	0.194	−0.070	−0.006	−0.045	−0.007
贷款是否由政府推荐	−0.032	−0.222	0.032	−0.064	0.316	−0.045	0.105
贷款是否有第三方担保	−0.009	−0.005	−0.113	0.010	0.305	−0.063	−0.067
创新型企业是否为贷款投保	0.018	0.000	−0.043	0.019	0.253	−0.047	−0.177
是否有有形资产抵押	−0.041	−0.058	−0.161	0.049	0.333	0.056	−0.156
实际控制人的个人征信情况	0.231	0.024	−0.145	−0.077	0.052	−0.001	−0.004
实际控制人的个人纳税情况	0.285	0.077	−0.121	−0.002	−0.047	−0.097	−0.041
实际控制人的对外投资情况	0.290	−0.152	0.062	−0.060	−0.015	−0.054	−0.043
实际控制人的投资到位情况	0.291	−0.090	−0.045	−0.067	−0.050	−0.023	0.078
实际控制人的风险偏好	0.263	−0.031	−0.045	−0.091	−0.070	0.001	0.083
实际控制人的从业经验	0.249	−0.040	−0.049	0.032	−0.099	0.025	−0.066

（2）一级因子权重确定

通过因子分析中的主成分法提取的7个一级综合因子对总方差的贡献表，可以计算出在对评估对象进行风险估计时，各一级因子的权重（分别用 $W1$、$W2$、$W3$、$W4$、$W5$、$W6$、$W7$），进而得出估计对象风险的总得分 S（满分100）。

具体步骤如下：

根据方差贡献表（限于篇幅，未列示于此处），各一级综合因子的方差贡献率代表了该因子的信息含量，通过权重的归一化处理，确定反映各一级综合因子重要性程度的权重为：

$W1 = 12.804/65.188 = 0.196$

$W2 = 7.799/65.188 = 0.120$

$W3 = 8.484/65.188 = 0.130$

$W4 = 10.172/65.188 = 0.156$

$W5 = 11.444/65.188 = 0.176$

$W6 = 8.735/65.188 = 0.134$

$W7 = 5.750/65.188 = 0.088$

从而评估对象贷款风险总分值为：

$S = 0.196 \times F1 + 0.120 \times F2 + 0.130 \times F3 + 0.156 \times F4 + 0.176 \times F5 + 0.134 \times F6 + 0.088 \times F7$

可见，各一级综合因子对创新型中小企业知识产权质押贷款风险影响程度由大到小的排列顺序是：实际控制人资信因素 $F1$、担保或保险因素 $F5$、创新型企业管理因素 $F4$、知识产权处置风险因素 $F6$、创新型企业经营因素1、创新型企业信用因素 $F2$、环境因素 $F7$。这与本书前文的理论分析基本吻合。

5.3.4 知识产权质押贷款风险影响因素商业银行打分表

通过前面的理论分析和因子分析，由此确定了商业银行视角下创新型企业知识产权质押贷款风险影响因素的构成、结构和权重。接下来通过设计商业银行使用的打分表，以最终确定评估对象的贷款风险。以期使商业银行在具体贷款实务中，对非定量风险影响因素的评价更加客观，而不是主要依靠信贷人员的主观判断。商业银行对创新型企业知识产权质押贷款风险评估打分表具体设计内容见表 5-8。

表 5-8 商业银行贷款风险评估打分表（确定商业银行的贷款风险 S）

一级综合因子及其权重	二级影响因子	分值①
实际控制人 资信和实力因素 （W1 = 0.196）	1. 实际控制人个人征信情况	
	2. 实际控制人个人纳税情况	
	3. 实际控制人对外投资情况	
	4. 实际控制人投资到位情况	
	5. 实际控制人风险偏好	
	6. 实际控制人从业经验	
创新型企业 信用因素 （W2 = 0.120）	1. 创新型企业银行贷款不良记录	
	2. 创新型企业诚信纳税情况	
	3. 创新型企业合同履行情况	
创新型企业 经营因素 （W3 = 0.130）	1. 创新型企业应收账款的质量	
	2. 创新型企业对外投资的情况	
	3. 创新型企业对外担保的情况	
	4. 创新型企业有无诉讼信息	
创新型企业 管理因素 （W4 = 0.156）	1. 管理团队的稳定性	
	2. 技术人员构成及其流动性	
	3. 创新型企业产品质量管理体系	
	4. 创新型企业基础信息的完备程度	
	5. 创新型企业财务报表质量	
担保或 保险因素 （W5 = 0.176）	1. 贷款是否由政府推荐	
	2. 贷款是否有第三方担保	
	3. 创新型企业是否为贷款投保	
	4. 是否有有形资产抵押	
	5. 创新型企业当前银行贷款总额	
	6. 创新型企业融资的银行数目	

① 建议分值为百分值。可以分为 5 个量级，每 20 分为一个量级：非常差（0~20）；比较差（21~40）；一般（41~60）；比较好（61~80）；非常好（81~100）；银行工作人员按照调查和专业判断在每一个数量级中赋分。

续表

一级综合因子及其权重	二级影响因子	分值①
知识产权处置风险因素 （W6 = 0.134）	1. 质押知识产权产品市场规模	
	2. 质押知识产权产品获利能力	
	3. 创新型企业供货渠道优势	
	4. 创新型企业销售渠道优势	
	5. 创新型企业供销团队优势	
环境因素 （W7 = 0.088）	1. 知识产权市场交易完善程度	
	2. 国家宏观经济形式对该行业的影响	
	3. 政府对该企业的政策优惠或补贴	

贷款风险总分 S 确定思路如下：首先，依据表 5 - 8 的打分表，商业银行在调查的基础上赋值，得到二级影响因素的分值；其次，根据表 5 - 7 的因子得分系数矩阵，计算一级综合因子的分值；最后，使用以下公式计算风险总分值：

$$S = 0.196 \times F1 + 0.120 \times F2 + 0.130 \times F3 + 0.156 \times F4 + 0.176 \times F5 + 0.134 \times F6 + 0.088 \times F7$$

需要指出的是，由于各商业银行的市场定位和风险偏好不同，在创新型企业知识产权质押贷款风险评估实务中，商业银行使用上述逻辑进行分析时，需要根据自己的风险偏好和专业判断确定 S 值在什么范围内可以接受贷款申请。

---

① 建议分值为百分值。可以分为 5 个量级，每 20 分为一个量级：非常差（0 ~ 20）；比较差（21 ~ 40）；一般（41 ~ 60）；比较好（61 ~ 80）；非常好（81 ~ 100）；银行工作人员按照调查和专业判断在每一个数量级中赋分。

第6章　知识产权质押贷款风险预警
模型的构建与仿真实验

创新型企业一方面存在实物资产不足的特点，另一方面又具有较为丰富的知识产权类无形资产。但由于会计政策的影响，很多创新型企业的资产负债表中并没有披露无形资产，这为全面反映无形资产价值信息以及估价带来很多问题，进而导致知识产权质押贷款在实务中的实施出现很多障碍。与为其他企业提供贷款相比，商业银行为创新型企业提供贷款更是慎之又慎，除了要对质押的知识产权进行合理估价之外，还要对企业整体的财务风险、经营风险和违约风险进行科学评估和准确的预测。因此，本章通过从开展知识产权质押贷款业务的商业银行获得的数据，利用人工神经网络和随机森林技术对构建的知识产权质押贷款风险预警模型进行训练，再通过测试样本确定其准确率。构建该风险预警模型是为了对提出知识产权质押贷款的创新型企业是否存在不能偿还到期债务的风险进行评估，帮助商业银行最终做出是否批准创新型企业贷款的决策。

6.1　风险预警模型

风险预警模型主要用于对风险的评估，即对识别出的风险因素进行量化和重要性评价。我们将风险预警模型分为早期风险预警模型、基于资产组合理论的风险预警模型和基于机器学习方法的风险预警模型三大类。

6.1.1 早期风险预警模型

（1）五变量 Z – score 模型

五变量 Z – score 模型是由纽约大学斯特恩商学院教授阿尔特曼（Altman），在 1968 年对美国的生产企业进行研究时所建立的。该模型最初选用了 22 个可以区分破产和非破产特征的财务比率指标，经过数理统计的筛选，并采用了多元判别法（Multivariate Discrimination Analysis，MDA）。首先从上市公司中选出生产性企业，利用这些企业的财务报告，经过大量数据分析和实证研究，得到一组可以反映生产企业财务危机状况的财务比率。其次根据这些比率对财务危机预警作用反映程度的不同设定不同的权重。再次通过加权平均计算法，求得企业的综合财务危机预警分数，即 Z 值。最后将 Z 值与破产和非破产的临界值进行对比，即可预测出企业的财务危机的严重程度，越靠近临界值发生破产的可能性越大。

Z – score 模型分为 A 和 B 两个模型，模型 A 主要用于对公开上市的生产型企业的财务危机预警，而模型 B 用于预测私营的非上市公司短期内财务危机发生的可能性的大小。

模型 A 判别函数为：

$$Z = 0.012 X_1 + 0.014 X_2 + 0.033 X_3 + 0.006 X_4 + 0.999 X_5$$

$$(6 - 1)$$

其中，X_1 = 营运资金／资产总额，是公司营运资金占资产总额的比重，反映变现能力。营运资金所占比重越大，公司的变现能力越强；反之如果比重变小，表示公司可能出现资金周转问题或短期偿还能力堪忧。X_2 = 留存收益／资产总额，是公司留存收益占资产总额的比重，反映了公司的累积盈利能力。公司的留存收益越多，公司支付股利的剩余能力越强。X_3 = 息税前利润／资产总额，是公司息税前利润占资产总额的比重，即资产报酬率，反映了公司不考虑利息和税收情况下所有资产的盈利能力。该比重越高，表明企业资产的利用效果越好，经营管理水平越高。X_4 = 股东权益的市场价值总额／负债总额，是股东权益的市场价值总额与公司负债总额的比值，反映公司的资本结构和偿债能力。该比值越高，说明企业自有资本在总资本中所占比重越高，公司属于比较稳健的低杠杆资本结构，股东权益的市场价值总额客观地反映了公司实际价值的偿债能力越强；反之，说明企业自有资本在总资本中所占比重越低，公司属于高风险的高杠杆资本结构，股东权益的市场价值总额客观地反映了公司实际价值的偿债能力越弱。X_5 = 销售收入／资产总额，是销售收入与资产总额的比值，即总资产周转率，反映公司总资产的营运能力以及经营管理水平。该比值越高，说明公司的经营管理水平越高，未来的盈利能力越强，反之则越弱。

模型 B 判别函数为：

$$Z = 6.56X_1 + 3.26X_2 + 1.0X_3 + 0.72X_4 \qquad (6-2)$$

其中，$X_1 - X_4$ 同模型 A 的 $X_1 - X_4$。Z - score 的值越小，企业发生财务危机的可能性越大。判断标准见表 6-1。

表 6-1 Z - score 模型判断标准

分区	破产区	灰色区	安全区
模型 A 判断标准	$Z < 1.8$	$1.8 \leqslant Z < 2.99$	$Z > 2.99$
模型 B 判断标准	$Z < 1.23$	$1.23 \leqslant Z < 2.9$	$2.9 < Z$

Z - score 模型具有简单易用的优点，但也存在许多问题，主要包括：第一，仅考虑破产与非破产两个极端情况，而破产的发生往往是累积后的效应，往往边界不是十分明确；第二，用固定的值作为权数存在一定的问题，这些权数不能适应所有的情况，必须经常调整；第三，Z - score 模型是线性的，与实际中非线性的情况不符；第四，财务变量的选择缺乏理论基础，有待商榷；第五，市场时刻存在变化，而该模型不能紧跟变化而随时调整；第六，Z - Score 模型主要是针对个别资产建立的，无法计算投资组合的情况。

（2）Zeta 模型

1977 年，阿尔特曼（Altman）、赫尔德门（Haldeman）和纳内亚南（Narayanan）扩展了阿尔特曼（Altman）在 1968 年提出的五变量 Z - Score 模型。他们对第一代 Z - Score 模型进行了改进，得到了第二代模型，即

Zeta 模型。由于破产公司的数量在不断攀升，而且大多集中在大型公司上，因此 Zeta 模型主要关注这些大型公司的破产问题，并更新了度量指标，由 Z - Score 模型的 5 个变量增加到 7 个变量。Zeta 模型除修正了统计判别技术外，还对财务报告以及会计实践等方面的变化做出了回应。Zeta 模型的适应范围更广，且财务预警的精度更高。

模型如下：

$$Zeta = aX_1 + bX_2 + cX_3 + dX_4 + eX_5 + fX_6 + gX_7 \qquad (6-3)$$

其中的 a、b、c、d、e、f、g 分别是 Zeta 模型中七个变量的系数。X_1、X_2、X_3、X_4、X_5、X_6、X_7 分别表示 Zeta 模型中的七个变量，这七个变量分别是：X_1 = 息税前利润／资产总额，与 Z - Score 模型的 X_3 一致。X_2 换成了收益稳定性指标，用公司 5~10 年收入估计值的标准误差来度量。收入波动过大，说明公司的经营存在一定的问题，风险较大；反之，收入越平稳，公司的经营状况越好，风险较小。X_3 = 息税前利润／利息费用，即利息保障倍数，利息保障倍数越大，支付利息的能力就越强。X_4 换成了留存收益，反映公司的累计获利能力。X_5 = 流动资产／流动负债，即流动性比率，反映公司的短期偿债能力。X_6 = 五年平均普通股权益的市场价值／总资本。X_7 = ln 总资产，公司总资产的对数可以反映公司的规模。

与 Z - score 模型相比，Zeta 模型预测破产的准确率更高，使用范围更广。在破产前 5 年预测公司破产的准确率高于 70%，在破产前 1 年预测公司破产的准确率高于 90%。Zeta 模型不仅适用于制造业，更可应用于零售业，可有效地划分出将要破产的公司，其中破产前 1 年的准确度大于 90%，破产前 5 年的准确度大于 70%。要想使用 Zeta 模型，必须对公司的财务报表的相关数据进行调整，如果公司涉及租赁资本的相关数据，那需在公司资产、负债数据的基础上加上租赁资本总额，同时负债还要加上利息成本；如少数股东权益、不能合并的子公司数据，商誉和无形资产等因素都要进行调整。

综上所述，以上两个模型存在共同的缺陷：第一，均依赖于财务报表的账面数据；第二，两个模型均缺乏一定的理论基础；第三，线性关系假设不符合实际；第四，因为过分依赖财务报表的账面数据，所以对公司的表外风险估计不足。

（3）多元逻辑回归模型

由于上述线性计量模型在假设条件上比较严格，而事实上正态分布的假设并不能完全满足，因此学术界亟需更加符合现实的非线性计量模型用于回归分析。

Logit 模型是由 Luce 在 1959 年首次导出，Marschark 在 1960 年证明了 Logit 模型与最大效用理论的一致性。Marley 在 1965 年研究了 Logit 模型的形式和效用非确定项分布之间的关系，证明了极值分布可以推导出 Logit 形式的模型。此后 Logit 模型在经济学、社会学、市场营销等多个领域得到了广泛的应用。

20 世纪 70 年代以来，许多关于财务危机的研究采用了 Logit 模型。Ohlson（1980）第一个将 Logit 模型引入财务危机预警领域，他选择了 1970—1976 年破产的 105 家公司和 2058 家非破产公司，共同组成配对样本，发现利用公司规模、资本结构、业绩和当前的融资能力对公司的财务状况进行预测，其预测危机的准确率高达 96% 。

Logit 模型在财务预警领域的应用，促使财务危机预警的准确性有了大幅度的提高，克服了传统方法中的许多问题，如假设变量服从正态分布，以及假设公司无论破产与否均具有同一协方差矩阵。Logistic 财务预警模型中，各自变量所用的财务指标应选择可以突出反映公司财务危机特点的财务比率，采用多元逻辑回归模型，对公司发生财务危机的概率进行预测和估计，然后根据银行、投资者等的风险偏好程度给出阈值，进而做出相应的决策。

Logistic 回归分析法和 Z – Score 模型、Zeta 模型均以财务指标为基础，通过建立统计模型将公司的财务比率转化成可以反映其财务危机发生可能性大小的概率。然而，Logistic 回归分析法的优势体现在突破了正态分布和线性关系的假设，使得适用范围更广且更符合实际。事实证明，大部分财务指标是不符合正态分布的。

然而，Logistic 回归分析法也有其缺陷，主要包括：第一，对样本的数量要求比较严格，需要大样本量（200 个以上）；第二，模型自变量所选取的财务指标之间往往存在多重共线性问题，导致预测不准确。

6.1.2　基于资产组合理论的风险预警模型

（1）信用监控模型

信用监控模型（Credit Monitor Model），或称 KMV 模型，是由 KMV 公司在 1993 年发明的一种风险计量方法，用于计算预期违约率。该模型的主要理论依据是 Merton（1974）提出的期权定价理论，即通过公司股票的市场价格的变化情况来分析其财务状况。该模型假设，在债务到期日，如果公司资产的市场价值高于公司债务值（违约点），则公司股权价值为公司资产市场价值与债务值之间的差额；如果此时公司资产价值低于公司债务值，则公司变卖所有资产用以偿还债务，股权价值变为零。

首先，KMV 模型利用 Black – Scholes 期权定价公式，根据公司股权的市场价值及其波动性、到期时间、无风险借贷利率和负债的账面价值估计出公司资产的市场价值、资产价值的波动性。其次，根据公司的负债情况计算出公司的违约实施点①（Default Exercise Point，DEP），KMV 公司利用长期历史违约数据库计算借款人的违约距离（DD，distance to default，资产价值分布的均值到违约限②之间的距离有多少个标准差）。最后，根据企业的违约距离（DD）与预期违约率（EDF）之间的函数关系，求出企业的预期违约率③。企业违约距离和预期违约率这两个指标都能够比较直观地说明企业的信用状况，可用于不同公司之间的比较。在对可以获得市场价格信息的上市公司进行评级时，企业违约距离和预期违约率这两个指标应用较广。

KMV 模型的优势主要体现在：第一，KMV 模型中要对违约距离进行计算，而违约距离又可进一步反映企业违约风险的大小，比较直观；第

---

① 为企业 1 年以下短期债务的价值加上未清偿长期债务账面价值的一半。

② 违约限是计算期内到期债务的现值再加上长期债务的一半。

③ 预期违约率是以企业的资本结构、资产收益率和预期资产价值为参数计算得出的。

二，模型中涉及公司股权的市场价值及其波动性情况，股价的波动不仅反映企业的财务状况，还能反映广大投资者对公司的看法，使得该模型具有一定的预测性和前瞻性。作为一个动态模型，KMV 模型能够随时反映企业的违约风险，并将风险程度进行量化，准确直观，因此，该模型被认为是一种向前看（forward-looking）的方法。

KMV 模型的缺点主要包括：第一，该模型是建立在获取企业的股票数据的基础上，再进一步计算违约概率，因此只能适用于可以获得股票数据的上市公司，对于非上市公司则无法使用；第二，该模型没有进一步获取上市公司的其他债务及有无担保等信息，故而风险预测的正确性大打折扣，有失准确性。

（2）信用计量模型

信用计量模型（Credit Mctrics Model），也称 Credit Mctrics 模型，是1997 年，由 J. P. 摩根银行开发，属于较早期的利用资产组合来度量信用风险的模型。该模型使用的是统计学中的风险价值模型（Value at Risk，简称 VaR），用于贷款和非交易性资产的估价和风险计算。VaR，即在险价值，用来预测一定时期内在特定的置信水平下所能预期的最大损失。

Credit Metrics 模型主要考虑债务人的信用状况，可以通过企业信用等级的变化来判断信用风险的大小。也就是说，Credit Metrics 模型的基本原理就是对企业信用等级变化的分析，但前提是要求信用评级体系必须有效，那么企业的履约能力即可通过信用评级体现出来。Credit Metrics 模型中至关重要的转换矩阵（Transition Matrix）一般由信用评级公司提供，该矩阵是指一定期限内信用工具（包括债券和贷款等）由原信用等级转换到新的信用等级的概率，即模型的输入数据。根据转换矩阵的概率分布和不同信用等级下给定的贴现率即可得出不同信用等级下信用工具的市场价值，进而计算出一定置信水平上的 VaR。

与 KMV 模型的动态性不同，Credit Metrics 模型是基于企业的信用评级的。而企业的信用评级，不可能像资本市场上股票的价格一样随时变化，相反，企业的信用评级会在相当长的一段时间内保持不变，致使该模型的分析结果不能及时反映企业信用状况的变化。因此，Credit Metrics 模型主要使用的是企业信用评级的历史数据，是一种滞后的信用风险计量模型。

（3）信用风险模型

信用风险模型（Credit Risk + 模型）是 1993 年，由瑞士信贷银行金融产品部开发的违约风险度量模型，该模型采用保险精算方法推导债券、贷款组合的损失分布，建立的仅考虑违约风险的模型。

Credit Risk + 模型中，债务人违约所导致的损失，除了由违约的可能性决定外，还由违约发生后损失的严重程度决定。模型假定，给定期间内，违约的概率分布服从泊松分布：

$$P(j \text{ 个债务人违约}) = \lambda^{j} e^{-\lambda}/j! \qquad (6-4)$$

其中，λ 为给定期间（例如 1 年）内的平均违约数。运用 Credit Risk + 模型估计债券组合的违约损失率分为三步：首先，是计算违约事件发生的频率；其次，是估计违约敞口或者违约发生时的违约回收率；最后，是估计违约损失的分布。

使用 Credit Risk + 模型，由违约率、违约波动率和违约的严重程度等变量即可得到信用损失分布的数值解，仅需输入较少数据，这是该模型的优势。然而，该模型不像 Credit Metrics 模型，没有考虑到企业信用评级变化可能导致的企业财务状况的变化，而且也没有考虑市场风险的影响。

（4）信贷组合模型

信贷组合模型（Credit Portfolio View，CPV 模型），是 1997 年由麦肯锡公司的 Wilson 提出，用于分析贷款组合的风险和收益，主要考虑了宏观经济因素对其产生的影响，属于一种多因素的宏观经济模型，信用风险的度量主要是通过计量经济学理论和蒙特卡洛模拟方法得到。

CPV 模型假设，企业的信用风险除了受自身经营情况的影响之外，还会随宏观经济情况的变化而变化。宏观经济好时，公司的信用风险也会随之减少；宏观经济不好时，公司的信用风险也会随之加大。麦肯锡公司将这些因素纳入 CPV 模型中，通过大量的蒙特卡洛模拟构造出贷款组合的违约损失分布。CPV 模型把违约概率看成一个关于当前和滞后的宏观经济变量指标值的 Logit 函数，即：

$$p_{j,t} = 1/(1 + e^{-Y_{j,t}}) \qquad\qquad (6-5)$$

其中，$p_{j,t}$ 表示一个国家第 j 个部门的债务人在第 t 期的条件违约概率；$Y_{j,t}$ 为多因素模型的指标值。

CPV 模型的贡献在于考虑了宏观经济因素变动对信用风险产生的影响，同时动态的来看待信用等级变动这一事实。但是尽管信用等级变动可以视作动态的过程，但其概率主要靠主观判断，缺少客观的依据。

6.1.3　基于机器学习方法的风险预警模型

（1）人工神经网络模型

以上传统违约风险评估方法虽然得到广泛的使用，但由于模型本身的限制和分类方法的灵活性较差，仍然存在着不可忽视的缺陷。随着人工智能技术的不断发展，从神经心理学和认知科学的研究成果出发，神经网络被开发并应用于信用风险的评估。

1943 年，心理学家 W S Mc Culloch 和数理逻辑学家 W Pitts 建立了神经网络和数学模型，称为 MP 模型，开创了人工神经网络（Artificial Neural Networks，ANN）研究的时代。人工神经网络正是在人类对其大脑神经网络认识理解的基础上人工构造的能够实现某种功能的神经网络。实际上是一个由大量简单元件相互连接而成的复杂网络，具有高度的非线性，能够进行复杂的逻辑操作和非线性关系实现的系统。

其中，最著名的是 1986 年由 Rumelhart 等提出的多层非线性 ANN 中的"误差反向传播算法"（error BackPropagation，BP），BP 神经网络改善了以往人工神经网络在进行复杂分类方面表现出的劣势。BP 神经网络是一种按照误差反向传播的算法训练的多层前馈网络，该方法能够将学习结果反馈到中间层的隐含节点中，解决了多层神经网络的学习问题。目前，该算法已经成为影响最大的一种人工神经网络学习方法。BP 神经网络属于"黑箱式"研究方法，通过学习和存贮大量的"输入—隐含层处理—输出"的模式研究某特定系统的内部结构和相互关系，而不需要事前揭示输入与输出之间的映射关系的数学方程。BP 神经网络拓扑结构包括输入层、隐含层和输出层。BP 神经网络的拓扑结构如图 6-1 所示。

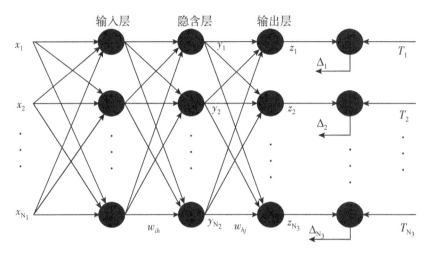

图 6 - 1 BP 神经网络拓扑结构

资料来源：http：//img2. ph. 126. net/kC_Ayq_y1bUlG7V95DcQHQ = =/25344006903198836422. bmp.

图 6 - 1 所示的拓扑结构，是一个由输入层、隐含层（也叫中间层）和输出层所构成的三层 BP 神经网络（单隐层前馈网络），是构建 BP 神经网络模型的基础。神经元之间相互连接的方式称为连接模式，相互之间的连接程度则通过连接权值来体现。修改网络权值的过程就是改变神经网络的信息处理过程和信息处理能力的过程。

在该结构基础上形成 BP 神经网络模型还要做如下工作：

首先，是建立激活函数。激活函数的线性或非线性决定着整个神经网络的线性或非线性，因为 BP 算法要用到各层激活函数的一阶导数，所以要求激活函数必须处处可微，如 S 型函数。使用 S 型激活函数时，BP 神经网络输入与输出的关系为：

输入：

$$net = x_1 w_1 + x_2 w_2 + \cdots + x_n w_n \qquad (6 - 6)$$

输出：

$$y = f(net) = 1/(1 + e^{-net}) \qquad (6 - 7)$$

输出的导数：

$$f'(net) = \frac{1}{1 + e^{-net}} - \frac{1}{(1 + e^{-net})^2} = y(1 - y) \qquad (6 - 8)$$

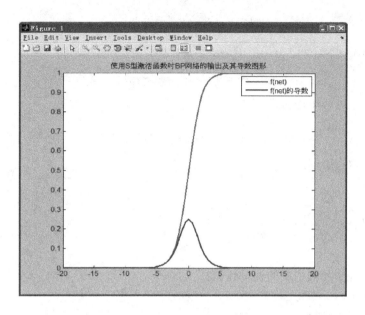

图 6 – 2　使用 S 型激活函数时 BP 网络的输出及其导数图形示例

根据 S 型激活函数的图形（图 6 – 2）可知，对神经网络进行训练，应该将 net 的值尽量控制在收敛比较快的范围内。

其次，是形成某种 BP 算法。在 BP 神经网络的学习过程中，信号是正向传播的（输入样本→输入层→各隐含层→输出层），误差是反向传播的。其中，根据输出层的实际输出值与期望的输出是否相符来判断是否转入反向传播阶段，若不符，则进入误差反传。误差以某种形式在各层表示，从而修正各单元权值。直至网络输出的误差减少到可接受的程度，或者进行到预先设定的学习次数为止。BP 算法的结构与变量包括：①网络结构。输入层有 n 个神经元，隐含层有 p 个神经元，输出层有 q 个神经元。②变量定义。

输入向量：

$$x = (x_1, x_2, \cdots, x_n)$$

隐含层输入向量：

$$hi = (hi_1, hi_2, \cdots, hi_p)$$

隐含层输出向量：

$$ho = (ho_1, ho_2, \cdots, ho_p)$$

输出层输入向量：

$$yi = (yi_1, yi_2, \cdots, yi_q)$$

输出层输出向量：

$$yo = (yo_1, yo_2, \cdots, yo_q)$$

期望输出向量：

$$d = (d_1, d_2, \cdots, d_q)$$

输入层与中间层的连接权值：

$$w_{ih}$$

隐含层与输出层的连接权值：

$$w_{ho}$$

隐含层各神经元的阈值：

$$b_h$$

输出层各神经元的阈值：

$$b_o$$

样本数据个数：

$$k = 1, 2, \cdots, m$$

激活函数：

$$f(\cdot)$$

误差函数：

$$e = \frac{1}{2} \sum_{o=1}^{q} (d_o(k) - yo_o(k))^2 \qquad (6-9)$$

再次是基本步骤：

第一步，网络初始化。

给各连接权值分别赋一个区间（-1, 1）内的随机数，设定误差函数 e，给定计算精度值 ε 和最大学习次数 M。

第二步，随机选取第 k 个输入样本及对应期望输出。

$$x(k) = (x_1(k), x_2(k), \cdots, x_n(k)) \tag{6-10}$$

$$d_o(k) = (d_1(k), d_2(k), \cdots, d_q(k)) \tag{6-11}$$

第三步，计算隐含层各神经元的输入和输出。

$$hi_h(k) = \sum_{i=1}^{n} w_{ih} x_i(k) - b_h h = 1, 2, \cdots, p \tag{6-12}$$

$$ho_h(k) = f(hi_h(k)) h = 1, 2, \cdots, p \tag{6-13}$$

$$yi_o(k) = \sum_{h=1}^{p} w_{ho} ho_h(k) - b_o o = 1, 2, \cdots, q \tag{6-14}$$

$$yo_o(k) = f(yi_o(k)) o = 1, 2, \cdots, q \tag{6-15}$$

第四步，利用网络期望输出和实际输出，计算误差函数对输出层的各神经元的偏导数 $\delta_o(k)$。

$$\frac{\partial e}{\partial w_{ho}} = \frac{\partial e}{\partial yi_o} \frac{\partial yi_o}{\partial w_{ho}} \tag{6-16}$$

$$\frac{\partial yi_o(k)}{\partial w_{ho}} = \frac{\partial \left(\sum_{h}^{p} w_{ho} ho_h(k) - b_o \right)}{\partial w_{ho}} = ho_h(k) \tag{6-17}$$

$$\frac{\partial e}{\partial yi_o} = \frac{\partial \left(\frac{1}{2} \sum_{o=1}^{q} (d_o(k) - yo_o(k)) \right)^2}{\partial yi_o} = -d_o(k) - yo_o(k) yo_o'(k)$$

$$= -(d_o(k) - yo_o(k)) f'(yi_o(k)) @ -\delta_o(k) \tag{6-18}$$

第五步，利用隐含层到输出层的连接权值、输出层的 $\delta_o(k)$ 和隐含层的输出计算误差函数对隐含层各神经元的偏导数 $\delta_h(k)$。

$$\frac{\partial e}{\partial w_{ho}} = \frac{\partial e}{\partial yi_o} \frac{\partial yi_o}{\partial w_{ho}} = -\delta_o(k) ho_h(k) \tag{6-19}$$

$$\frac{\partial e}{\partial w_{ih}} = \frac{\partial e}{\partial hi_h(k)} \frac{\partial hi_o(k)}{\partial w_{ih}} \tag{6-20}$$

$$\frac{\partial hi_h(k)}{\partial w_{ih}} = \frac{\partial \left(\sum_{i=1}^{n} w_{ih} x_i(k) - b_h \right)}{\partial w_{ih}} = x_i(k) \tag{6-21}$$

$$\frac{\partial e}{\partial hi_h(k)} = \frac{\partial \left(\frac{1}{2} \sum_{o=1}^q (d_o(k) - yo_o(k))\right)^2}{\partial ho_h(k)} \frac{\partial ho_h(k)}{\partial hi_h(k)}$$

$$= \frac{\partial \left(\frac{1}{2} \sum_{o=1}^q (d_o(k) - f(yi_o(k)))^2\right)}{\partial ho_h(k)} \frac{\partial ho_h(k)}{\partial hi_h(k)}$$

$$= \frac{\partial \left(\frac{1}{2} \sum_{o=1}^q \left(d_o(k) - f\left(\sum_{h=1}^p w_{ho} ho_h(k) - b_o\right)^2 \right)\right)}{\partial ho_h(k)} \frac{\partial ho_h(k)}{\partial hi_h(k)}$$

$$= - \sum_{o=1}^q (d_o(k) - yo_o(k)) f(yi_o(k)) w_{ho} \frac{\partial ho_h(k)}{\partial hi_h(k)}$$

$$= - \left(\sum_{o=1}^q \delta_o(k) w_{ho} \right) f(hi_h(k)) @ - \delta_h(k) \qquad (6-22)$$

第六步，利用输出层各神经元的 $\delta_o(k)$ 和隐含层各神经元的输出来修正连接权值 $w_{ho}(k)$。

$$\Delta w_{ho}(k) = -\mu \frac{\partial e}{\partial w_{ho}} = \mu \delta_o(k) ho_h(k) \qquad (6-23)$$

$$w_{ho}^{N+1} = w_{ho}^N + \eta \delta_o(k) ho_h(k) \qquad (6-24)$$

第七步，利用隐含层各神经元的 $\delta_h(k)$ 和输入层各神经元的输入修正连接权。

$$\Delta w_{ih}(k) = -\mu \frac{\partial e}{\partial w_{ih}} = \mu \frac{\partial e}{\partial hi_h(k)} \frac{\partial hi_h(k)}{\partial w_{ih}} = \delta_h(k) x_i(k) \quad (6-25)$$

$$w_{ih}^{N+1} = w_{ih}^N + \eta \delta_h(k) x_i(k) \qquad (6-26)$$

第八步，计算全局误差。

$$E = \frac{1}{2m} \sum_{k=1}^m \sum_{o=1}^q (d_o(k) - y_o(k))^2 \qquad (6-27)$$

第九步，判断网络误差是否满足要求。

算法在达到预设误差和最大学习次数时停止，否则返回到第三步，进入下一轮学习，选取下一个学习样本及期望输出值。

最后，是 BP 神经网络学习算法的实现。有多种方法或软件可实现 BP 神经网络学习算法，例如 SPSS、MATLAB 等。在研究和实践的过程中，应根据需要选择适当的软件。

BP 神经网络具有如下特点：①信息分布存储。人脑是通过将信息存储在神经元之间的连接强度分布上，BP 神经网络模拟人脑这一特性，将信息通过连接权值的形式遍布于整个网络。②信息并行处理。人脑神经元之间传递信息的速度远低于计算机，但是在处理问题上确可以迅速做出判断、决策和处理，这是因为人脑是一个并行与串行组合的处理系统。BP 神经网络同样具有并行处理问题这一特点，因此大大提高了工作效率。③具有容错性。生物神经系统局部轻微损伤对整体功能影响不大，BP 神经网络同样具有这一特性，网络轻微误差不会产生严重后果，部分连接处受损不影响整体，并可以自动修复，这是现代计算机所不具备的。④非线性、非局限性和非常定性。非线性，大脑的智慧就是一种非线性；非局限性，多个神经元相互连接，整个系统不由一个神经元决定，而是由单元之间相互连接、相互作用所决定；非常定性，人工神经网络具有自适应、自组织、自学习能力。人工神经网络可以在学习过程中不断完善自己的功能，并依据不同学习方式产生不同的功能，它甚至具有创新能力，可以发展知识，以至超过设计者原有的知识水平。

基于以上特点，人工神经网络模型的优势表现在：①人工神经网络具有自学习功能。自学习功能的重要意义在于预测，人工神经网络未来将为人类提供经济预测、市场预测、效益预测，广泛应用于各个领域。②具有联想存储功能。③具有高速寻找优化解的能力。针对某一问题，通过创建人工神经网络，运用其高速运算能力，以最快的速度找到最优解。

但是，由于 BP 神经网络的特殊性，该方法也存在一定的缺陷：①BP 算法的学习速度很慢，梯度下降法是 BP 算法的本质，其优化目标函数过于复杂，这降低了 BP 算法的效率。②由于 BP 神经网络采用误差反传算法，其实质是一个无约束的非线性最优化计算过程，在网络结构较大时不仅计算时间长，而且很容易陷入局部极小点而得不到最优结果。③网络训练失败的可能性较大。BP 算法为一种局部搜索的优化方法，但它要解决的问题为求解复杂非线性函数的全局极值，因此算法很有可能陷入局部极值，使训练失败。

（2）随机森林

由于单个决策树模型容易出现过拟合问题，造成模型的泛化误差较大，很多学者提出组合分类器的方法，来提高模型的外推能力。美国加州大学伯克利分校统计系教授 LeoBreiman 结合其提出的分类回归树（Classification and Regression Tree，CART）、Bagging 算法以及 Ho 提出的随机子空间思想，于 2001 年提出随机森林模型（Random Forest，RF）。

该模型是以 CART 决策树为基分类器的一种组合分类器算法，其基本思想是：从样本容量为 N 的训练样本中采用自助抽样的方法抽取 K 个样本集，每个样本集的样本容量为 N；然后用这 K 个样本集分别训练建立 K 棵决策树；当输入需要分类的样本时，每棵决策树都会产生一个分类结果，最终的分类结果会综合 K 棵决策树的分类结果，采用多数投票法，哪一类得票数多，就作为模型的最终分类结果。其模型示意如图 6-3 所示。

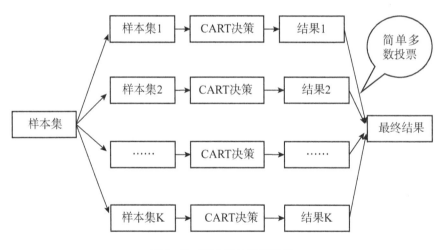

图 6-3 随机森林模型示意

随机森林的生成主要包括以下三个步骤：

首先，通过自助抽样（bootstrap sampling）方法在原始样本集 N 中抽取 K 个训练样本集，每个训练样本集的样本容量与 N 一致。此步骤示意如图 6-4 所示：

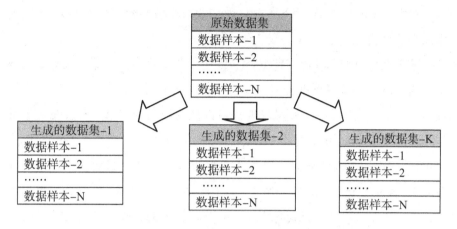

图6-4 随机森林样本生成过程

其次，对上一步骤中选取的 K 个训练样本集进行学习，每个训练样本生成一个 CART 决策树，共生成 K 个决策树。假设每个样本都有 M 个输入变量，在每个决策树的生成过程中，从 M 个变量中随机抽取 m 个变量（m＜M），各个内部节点都是根据 m 个特征变量中最优的特征变量来分裂。此步骤示意如图6-5所示：

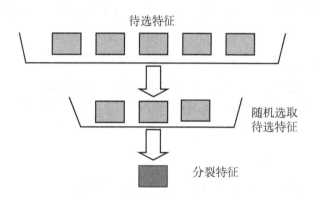

图6-5 随机森林子树选取分裂特征过程

最后，将 K 个决策树的分类结果综合，形成最终的分类结果。对于分类问题，最终结果通过简单多数投票法决定，其公式为：

$$H(\bar{x}) = \arg\max_{Y} \sum_{i=1}^{k} I(h_i(\bar{x}) = Y) \qquad (6-28)$$

其中，$H(x)$ 表示组合分类模型，h_i 是单个决策树分类模型，Y 表示输出变量（目标变量），$I(\cdot)$ 是示性函数。

随机森林模型具有以下特点：①袋外数据误差估计。随机森林中每棵决策树的建立都是用自助抽样（bootstrap sampling）方法从原始训练集中抽取样本生成训练集，利用数学原理可以证明原始训练集中有部分数据可能不会出现在 bootstrap 样本中，这部分数据称为袋外数据（Out-Of-Bag，OOB），可以用这部分数据对模型泛化性能进行估计。②指标重要性的计算。Breiman（2001）证明当随机森林中决策树的数目足够多时，模型的泛化误差趋于一个上界，该泛化误差上界与每棵树的分类强度和各分类树之间的相关度有关，当随机森林的分类强度越大，各分类树之间的相关度越小时，随机森林的泛化误差上界越小。此外，模型可以测量每个变量的重要性，可将其用于从众多指标中选取重要的指标。

随机森林集成 bagging 方法和随机特征选择方法构建每棵树，使其对噪声具有较好的容忍度，很少出现过拟合问题。该模型对数据的适应能力强，既能处理离散型数据，也能处理连续型数据，并且不需要对数据进行归一化。随机森林是一种很好的非线性建模工具，对多元共线性不敏感，能高效处理大样本、高维度的数据分类问题，因而该模型在医学、金融学、管理学、信用风险评价等众多领域得到了广泛的应用。

但将该方法用于信用风险预警时也存在着一些缺陷：①该模型只能判断出是否违约，不能给出准确的违约概率；②该模型适用于大样本，因而当样本数据较小时，可能误差较大。

（3）贝叶斯网络

贝叶斯网络（Bayesian network），又称为信度网络（Belief network），是结合了概率论与图论为理论基础的一种解决不确定性系统的机器学习方法。贝叶斯网络是由 Pearl 于 1988 年提出的，这种方法提供了一种直观的描述系统内不同因素间因果关系以及各节点间的条件概率的方法。目前贝叶斯网络广泛应用在医疗诊断、故障排除、刑侦推理、金融风险等领域。

贝叶斯网络是基于贝叶斯法则的概率推理的图形化网络。贝叶斯网络利用概率推理的数学模型，这里的概率推理是通过一部分变量信息来取得其他概率信息的过程，目的是为了解决不确定性和不完整性。贝叶斯网络的理论基础为贝叶斯法则，贝叶斯法则提供了一种计算在给定的样本集合下，目标变量的取值问题的方法。其基本思想是将新观察到的样本信息与目标变量的先验概率结合，得到目标变量的后验概率。

贝叶斯网络主要由一个有向无环图（Directed Acyclic Graph，DAG）以及一组条件概率组成。其中，有向无环图表示随机变量间的相关关系以及结构信息，由代表变量节点及连接这些节点有向边构成。节点代表随机变量，节点间的有向边代表了节点间的互相关系（由父节点指向其子节点）。节点变量可以是任何问题的抽象，如测试值、观测现象、意见征询等。而一组与每个节点都相关的条件概率表（Conditional Probability Table，CPT）表达了节点与节点之间的条件概率分布，没有父节点的用先验概率进行信息表达。贝叶斯网络通常用于分析和表达不确定性和概率性事件，并适用具有多种控制因素的决策，从不完全、不精确或不确定的信息中做出推理。所以，构建贝叶斯网络的重点在于三个方面：变量间依赖关系的构建，即有向无环图的搭建；条件概率分布的计算及参数学习；以及极大后验假设的求解。

贝叶斯网络具有下面的特点：①贝叶斯网络本身是一种不定性因果关联模型。贝叶斯网络与其他决策模型所不同的是将多元知识图解可视化的一种概率知识表达与推理模型，更好地表现了网络节点变量之间的因果关系及相关关系。②贝叶斯网络具有强大的不确定性问题处理能力。贝叶斯网络用条件概率表达各个信息要素之间的相关关系，能在有限的、不完整的、不确定的信息条件下进行学习和推理。③贝叶斯网络能有效地进行多源信息表达与融合。贝叶斯网络能将故障诊断与维修决策相关的信息纳入网络结构中，以节点的方式统一进行处理，可以利用相关关系将信息很好地融合在一起。

但贝叶斯网络也具有一定的缺陷：①贝叶斯网络的先验概率需要大量数据支持，并且其参数学习的过程较为繁杂，计算量较大；②由于某些变量本身的特点，在处理上只能使用主观概率，这影响了结果的精度。

（4）支持向量机

支持向量机（SVM）由 Corinna Cortes 和 Vapnik 在 1995 年首次提出，是一种基于 Mercer 定理，建立在统计学习理论的基础上，以结构风险最小化为原则的机器学习模型。SVM 可以进行模式识别、分析数据、用于回归分析与分类，是机器学习领域的一项重要突破。与其他机器学习法相比，SVM 具有理论驱动、易于分析、机器学习灵活的优势，在小样本、高维度与非线性的模式识别中具有许多优势，能够在样本信息有限的前提下，将模型复杂性与学习有机结合起来，寻求最优以取得较好的推广能力。

概括地讲，SVM 是求解最优分类面的一种算法，即在特定空间内将样本准确分类，并尽量使样本的分类间隔最大化的最优分类面。具体来说，给定一组数据作为训练样本，分两类进行标记并利用 SVM 算法建立模型，再将需要验证的数据代入，便能得出相应的分类结果。在样本线性可分时，SVM 算法在样本空间求解最优分类面；在样本线性不可分时，SVM 算法便通过内积核函数对样本进行内积运算，将其投射到高维空间模拟线性可分的情形求解最优分类面。距离最优分类面最近的训练样本被定义为支持向量，其他训练样本对定义分类界面无关。

将 SVM 模型用于企业财务危机预警领域是在 2000 年之后。Tony VanGestel 和 Bart Baesens 等是较早地将 SVM 引入企业信用风险评估的研究者。在研究中，他们利用 BankScope 数据库，选择了 1995—2002 年 831 家财务机构共计 3599 个样本的穆迪财务实力评级数据进行分析。以包括资产负债率，所有者权益比率，负债权益比率等在内的 54 个财务指标作为每个样本的特征变量，以数据库中对各个机构的 A、B、C、D、E 五个不同等级分类标记样本。选取了数据的三分之二作为训练样本用于训练模型。利用剩余的三分之一样本进行验证，检验 SVM 模型对样本企业财务状况预测的准确性。在对 A、B、C、D、E 五个不同等级的分类预测中，SVM 模型分别得到了 70.00%、22.48%、63.37%、67.28%、55.19% 的准确率，普遍高于最小二乘法（OLS），Logistic 回归（OLR）和多层感知器（MLP）传统方法的预测结果。

SVM 模型的优点是提供了一种避开高维空间的复杂性，直接用此空间的内积函数（核函数），再利用在线性可分情况下的求解方法直接求解对应的高维空间的决策问题。当内积函数已知，可以简化高维空间问题的求解难度。同时 SVM 是基于小样本统计理论基础上的，这符合机器学习的目的，而且支持向量机比神经网络具有较好的泛化推广能力。

SVM 模型存在的问题：①SVM 模型对大规模训练样本难以实施。模型的准确性会因为样本数量的增加而降低。②SVM 模型在解决多分类问题时存在一定困难。经典的 SVM 模型只给出了对数据的二分类，即属于或者不属于的分类，而不能给出具体的差异程度。这也使得在面对多分类问题时，传统 SVM 模型存在短板。③SVM 模型会因为数据量的不匹配而降低准确性。对 SVM 模型的训练需要两类样本数量保持一致，否则训练模型的最优分类面会向少数类样本空间偏移，影响模型的准确性。

6.2　实验用样本数据

样本数据是对预警模型进行实证检验的基础，因此要对样本数据的收集和预处理进行论述。首先明确样本公司的选择标准和选择结果，其次对收集整理后形成的由样本公司的备选指标数据构成的数据集依次进行预处理、描述性统计和正态性检验，最后通过均值比较、逐步判别分析和共线性检验从备选指标中精简得到风险预警实证研究所需的指标体系。

6.2.1　样本公司的选择

样本公司包括出现违约风险的样本公司和正常的样本公司两类。根据对知识产权质押贷款风险的调查分析，需要通过知识产权质押方式获得银行贷款的企业大部分为创新型企业，而且开展知识产权质押贷款业务的银行也比较少，开展此项业务的银行均比较谨慎，获得失败案例的样本非常少。Zmijewski（1984）的研究表明，若研究样本中失败与成功企业的比例偏离总体中两类企业的比例，则会歪曲模型的预测能力。具体而言，样本中财务危机企业所占比例与Ⅰ类误判率（将失败企业判定为成功企业）呈反向关系，而与Ⅱ类误判率（将成功企业判定为失败企业）呈正向关系。也就是说，若失败企业在样本中的比例高于总体中的比例，则会导致低估Ⅰ类错误，高估Ⅱ类错误；若失败企业在样本中的比例低于总体中的比例，则会导致高估Ⅰ类错误，低估Ⅱ类错误①。此后，MacKee 和 Greenstein（2000）② 以及 Grice 和 Ingram（2001）③ 也采用比例样本，即失败企业在样本中所占的比例尽量接近于其在总体中所占的比例。

6.2.2　失败样本公司的选择标准

我们将失败样本公司界定为向银行提出知识产权质押贷款申请但没有获批的创新型企业，即被贷款银行认定为可能存在违约风险的公司，理由如下：

第一，尽管将无法偿还贷款作为企业出现违约风险的标志是中西方学术界的普遍做法，但就知识产权质押贷款风险预警却不能照搬。因为选择知识产权质押贷款的企业一般为创新型企业，这类公司不能从上市公司中获取数据，所以我们联系了已开展知识产权质押贷款业务的商业银行，获取申请知识产权质押贷款企业的相关数据，并签署保密协议。

第二，银行对于知识产权质押贷款这样的新兴业务在审批环节是非常慎重的，也是非常严格的，所以实际获批知识产权质押贷款的企业中出现违约风险无法归还贷款的案例屈指可数，若以无法偿还贷款的标准来界定失败，将导致样本规模极小，实验结果缺乏说服力。

基于以上原因，为解决我们在实验数据的挖掘过程中发现的这个非常

---

① M E Zmijewski. Methodological Issues Related to the Estimation of Financial Distress Prediction Models [J]. Journal of Accounting Research. 1984 (22): 59 – 82.

② T E McKee, M Greenstein. Predicting Bankruptcy Using Recursive Partitioning and a Realistically Proportioned Data Set [J]. Journal of Forecasting, 2000 (19): 219 – 230.

③ J S Grice, R W Ingram. Tests of the Generalizability of Altman's Bankruptcy Prediction Model [J]. Journal of Business Research, 2001 (54): 53 – 61.

大的难题，经反复研究讨论，我们决定选择向银行提出知识产权质押贷款但没有获批的创新型企业作为失败样本。

6.2.3　成功样本与失败样本公司的结果

因为开展知识产权质押贷款业务的银行较少，申请知识产权质押贷款的企业数量也不是特别多，所以我们将愿意提供实验数据的商业银行采集的所有申请贷款企业的数据全部收集，共收集 90 家样本公司的数据，通过将存在数据缺失、异常值和数据本身不合理的样本剔除，最后得到有效数据 84 家。

按照样本选择标准，以 2013—2015 年为时间区间，从与我们签订协议的商业银行获得的申请知识产权质押贷款的公司数据，成功获得贷款的 38 家公司和没有获得贷款的 46 家公司，从而构成 84 个初始样本公司。

6.3　备选指标的选择

基于本书前文的理论分析、市场调查对指标选取进行了充分的论证，构建了定性指标与定量指标相结合的比较合理的指标体系，并对定性指标的定量化处理做了解释。但由于数据缺失的问题，很多指标由于没有得到相关数据，无法计算得到，所以在这部分对指标进行了筛选。

6.3.1　备选指标的筛选原则

借鉴以往文献中备选指标的选择原则，我们采用以下五个原则来筛选知识产权质押贷款风险预警的备选定量及定性指标：

（1）全面性原则

备选指标应具有高度的覆盖面，既能够比较完整地反映企业财务状况的各个方面，又能反映创新型企业的特点，以及知识产权质押贷款可能带来的风险，从而保证预警的实际效果。

（2）概括性原则

不同时期不同行业的创新型企业具有其特殊的财务风险特征，这就要求所确定对备选财务指标具有高度的概括能力，并且要符合知识产权质押贷款的特点，能够反映创新型企业知识产权质押贷款最本质和最重要的特征。

（3）敏感性原则

要求备选指标能够准确敏感地反映创新型企业知识产权质押贷款风险和可能发生的危机，并及时再现企业财务管理的真实状况。

（4）可度量原则

要求备选指标能够用精确的定量化的数值来表示。

（5）先验性原则

吸收纳入以往风险预警研究文献中具有较好预警效果的指标。

（6）知识产权相关原则

由于该问题主要是针对创新型企业知识产权质押贷款，所以要选择与知识产权相关的指标。

6.3.2　备选指标体系的构成

指标体系的确立是预警模型建立的基础。创新型企业向商业银行申请知识产权质押贷款会产生信息不对称性问题，也就是创新型企业潜在的技术风险和经营风险对于商业银行来说是不可预知的，由于商业银行无法做到全知全能，因而产生了有限理性。有限理性的产生是商业银行对信息认知的有限，即信息取得、信息质量和信息处理能力的有限，致使商业银行不能做出"实质理性"的决策。

基于有限理性理论的分析，创新型企业在向商业银行进行知识产权质押贷款时，针对提供贷款的风险商业银行主要关注以下三大方面的问题：第一，还款是否及时，创新型企业经营性现金流量是否可以偿还到期本息，以及需要考虑企业及实际控制人还款意愿和诚信程度；第二，质押物能否处置，知识产权质押过程在法律程序上是否有漏洞，企业有无对质押的知识产权进行担保，以及影响质押知识产权处理时价值的因素，等等；第三，所处宏观环境，主要包括宏微观环境，诸如法律环境和各类政策及制度环境等。

通过本书前文的理论分析、文献调研、访谈、问卷调查、数据核验及清理，以及考虑到样本公司的残缺和可获得性因素影响，我们根据备选指标的筛选原则，筛选了包括企业规模、盈利能力、流动性、偿债能力、财务杠杆、营运能力、成长性、资信水平、企业供销能力和外部环境十个方面，共 41 个定量及定性指标。具体包括：企业规模中含总资产（X1）、股东权益（X2）、主营业务收入（X3）、存货（X4）、应收账款（X5）、货币资金总额（X6）和固定资产总额（X7）7 个定量指标；盈利能力中含营业利润（X8）、净利润（X9）、经营活动现金流净额（X10）、销售商品提供劳务收到的现金（X11）、本年成本总额（X12）和期间费用总额（X13）6 个定量指标；流动性中含流动资产总额（X14）、流动负债总额（X15）、现金总额（X16）和交易性有价证券总额（X17）4 个定量指标；偿债能力中含息税前利润（X18）、财务费用（X19）、应付利息（X20）和总债务（X21）4 个定量指标；财务杠杆中含资产负债率（X22）、长期债务资本化比率（X23）和净负债率（X24）3 个定量指标；营运能力中含总资产周转率（X25）、流动资产周转率（X26）、应收账款周转率（X27）、存货周转率（X28）、固定资产周转率（X29）和现金周期（X30）6 个定量指标；成长性中含主营业务利润增长率（X31）、销售收入增长率（X32）、三年平均销售收入增长率（X33）、总资产增长率（X34）、流动资产增长率（X35）和净资产增长率（X36）6 个定量指标；资信水平中含企业对外投资情况（X37）1 个定性指标；企业供销能力中含企业供货渠道优势（X38）、知识产权获利能力（X39）和知识产权产品市场份额（X40）3 个定性指标；外部环境中含宏观经济形势对该行业的影响（X41）1 个定性指标。备选考察指标，见表 6 - 2。

表6-2　知识产权质押贷款风险预警的备选指标

	符号	指标名称	指标说明
企业 规模	X1	总资产	总资产取对数
	X2	股东权益	股东权益取对数
	X3	主营业务收入	主营业务收入取对数
	X4	存货	存货取对数
	X5	应收账款	应收账款取对数
	X6	货币资金总额	货币资金总额取对数
	X7	固定资产总额	固定资产取对数
盈利 能力	X8	营业利润	营业利润取对数
	X9	净利润	净利润取对数
	X10	经营活动现金流净额	经营活动现金流净额取对数
	X11	销售商品提供劳务收到的现金	销售商品提供劳务收到的现金取 对数
	X12	本年成本总额	本年成本总额取对数
	X13	期间费用总额	期间费用总额取对数
流动性	X14	流动资产总额	流动资产总额取对数
	X15	流动负债总额	流动负债总额取对数
	X16	现金总额	现金总额取对数
	X17	交易性有价证券总额	交易性有价证券总额取对数
偿债 能力	X18	息税前利润	息税前利润取对数
	X19	财务费用	财务费用取对数
	X20	应付利息	应付利息取对数
	X21	总债务	总债务取对数
财务 杠杆	X22	资产负债率	负债/总资产
	X23	长期债务资本化比率	长期负债/总资产
	X24	净负债率	负债/企业净资产

	符号	指标名称	指标说明
营运能力	X25	总资产周转率	营业收入/平均资产总额
	X26	流动资产周转率	主营业务收入/平均流动资产总额
	X27	应收账款周转率	销售收入/平均应收账款
	X28	存货周转率	营业收入/存货平均余额
	X29	固定资产周转率	营业收入/平均固定资产净值
	X30	现金周期	存货周转天数 + 应收账款周转天数 – 应付账款递延天数
成长性	X31	主营业务利润增长率	（本期主营业务利润 – 上期主营业务利润）/上期主营业务利润
	X32	销售收入增长率	（本期销售收入 – 上期销售收入）/上期销售收入
	X33	三年平均销售收入增长率	三年销售收入增长率之和/3
	X34	总资产增长率	（本期总资产 – 上期总资产）/上期总资产
	X35	流动资产增长率	（本期流动资产 – 上期流动资产）/上期流动资产
	X36	净资产增长率	（本期净资产 – 上期净资产）/上期净资产
资信水平	X37	企业对外投资情况	对外投资总额/总资产
企业供销能力	X38	企业供货渠道优势	近三年供应商名单：1 是稳定，0 是不稳定
	X39	知识产权产品获利能力	利润总额/营业收入
	X40	知识产权产品市场份额	营业收入/行业收入总额
外部环境	X41	宏观经济形势对该行业的影响	行业 GDP/全国 GDP

这些指标的选择主要是参考与财务危机预警和信用风险预警相关的参考文献中普遍得到理论界认同的定量指标，以及我们所调研的商业银行在进行知识产权质押贷款审批时所考虑的定量指标。但以往的研究中没有专门从事知识产权质押贷款风险预警的定性指标的相关内容，并且我们调研的商业银行的知识产权质押贷款风险的相关评定指标中也不含定性指标的部分。因此，我们首次根据创新型企业知识产权质押贷款的特点，选择了与知识产权相关的指标，这些指标与是否能偿还到期贷款关系密切，从其他方面反映这些企业的知识产权的价值。把这些定性指标添加进来，可以更好地挖掘知识产权质押贷款中与知识产权所包含的发生风险征兆的信息。

6.4　样本数据及统计描述和检验

6.4.1　样本数据收集及预处理

（1）样本数据收集

天津市作为最早开展知识产权质押贷款的试点城市，知识产权质押贷款额度从 2010 年 1.76 亿元增长到 2017 年的 25.37 亿元，其融资规模增长较为显著。我们的样本数据是通过实地调研天津市多家商业银行中小企业科技金融部后，取得的 90 家创新型中小企业 2013—2015 年财务数据①，其中 6 家企业数据缺失被剔除，最终所得 84 家企业数据。其中包含申请贷款成功的企业 38 家与被拒绝的企业 46 家，并且主要涉及制造业、批发零售业及其他行业企业。

以被拒绝贷款样本公司被拒绝的年份为标准年份，由所有样本公司在标准年份前三年的备选财务指标数据构造初始数据集。所有样本公司的数据从与我们合作的商业银行开展知识产权质押贷款业务的数据库系统中收

---

① 依据各商业银行中小企业申请贷款规定，公司需要提交近三年经审计的财务报表，因此获取的数据为企业连续三年财务数据。

集并整理获得。

（2）样本数据预处理

由于现实数据常常不完整或含有噪声（错误或偏离期望值），有必要通过数据预处理来改善数据质量，进而提高风险预警模型的有效性和可推广性。我们分别对初始数据集中存在的数据不完整和数据噪声情况进行预处理，采用的方法及理由如下：①对于数据不完整，删除财务指标数据缺失的行。因为初始数据集中的缺失数据主要是由于数据库中不存在对应公司对应年份的记录，一般都为整行缺失，所以适宜采用直接忽略对应记录的预处理方法。②对于数据噪声，排除偏离期望值的异常数据。首先，对初始数据集的失败样本公司数据子集和成功样本公司数据子集分别进行稳健性处理，剔除那些存在指标异常情况的行。其次，分别分析每个备选指标的前三个最大值和前三个最小值，剔除在数量级方面极端异常的指标值对应的行。

6.4.2 指标的描述性统计和正态性检验

（1）指标的描述性统计

为了发现预处理后数据中的异常值，并检查数据缺失情况，对数据进行描述性统计。基于知识产权质押贷款风险预警备选指标的描述性统计（见表 6 - 3），包括观测值、均值、标准差、最小值和最大值。

通过观察和分析指标的描述性统计结果，发现在调研指标中，交易性有价证券总额（X17）、应付利息（X20）、长期债务资本化比率（X23）、固定资产周转率（X29）、现金周期（X30）、主营业务利润增长率（X31）中的标准差远大于平均值，说明这 6 个指标离散性大，并可能存在异常值会给模型结果带来影响，因此剔除。知识产权产品市场份额（X40）由于均值、标准差、最小值和最大值均为 0，指标对模型并不能做出贡献被剔除。这些指标在不同样本间取值差别或波动较大，主要是因为这些指标一方面本身具有较大的取值范围，另一方面可能具有较大的行业差异。

样本数据中各类指标三年变化的基本情况为：①盈利能力指标基本上逐渐变差，这与越靠近申请贷款年份失败样本公司的盈利能力越差的事实相符合。②企业规模和营运能力指标中除固定资产周转变快外，其他指标均朝着周转变慢的方向变化。越靠近申请贷款年份，失败样本公司越可能出现产品滞销、货款延付、资产总体上周转缓慢的情形。样本公司固定资产周转率的均值变大，一方面可能是非失败样本公司的这个指标变大导致；另一方面，失败样本公司随着财务状况变差也可能通过出售固定资产的方式改善现金流，从而导致固定资产减少，固定资产周转率反而变大。③偿债能力指标中的流动比率和权益对负债比率稍有上升，其他均明显变差，说明越靠近申请贷款年份失败样本公司的偿债能力也明显变弱。样本公司流动比率和权益对负债比率的均值稍有变大，可能是非失败样本公司的这两个指标变大导致。④成长性指标均大幅度降低，说明越靠近申请贷款年份失败样本公司的发展能力明显变差，未来前景堪忧。⑤资信水平指标基本上没有大的变化，保持相对平稳。⑥企业供销能力和外部环境指标均不断降低，第一，可能是失败样本公司的无形资产（知识产权）的市场估价降低；第二，可能是由于利用该知识产权生产的产品在市场上的销售情况变差；第三，也有可能是宏观政策对该行业的优惠政策发生转变，政策面的利好消失导致的。

表6-3　知识产权质押贷款风险预警备选指标的描述性统计

Variable	Obs	Mean	Std. Dev.	Min	Max
X1	248	7.729435	0.5314784	6.43	9.02
X2	248	7.389476	0.5703661	5.99	8.7
X3	248	7.814435	0.5331221	6.71	9.14
X4	250	6.65116	1.473142	0	8.34
X5	250	6.73968	1.374216	0	8.23
X6	248	6.507621	0.7465643	4.84	8.14
X7	250	6.24284	1.537981	0	8.77
X8	250	5.78892	1.876113	0	7.59
X9	250	5.88756	1.515814	0	7.54
X10	250	2.45364	3.199758	0	7.92
X11	250	5.25668	3.741694	0	9.22
X12	248	7.679032	0.7100247	2.92	9.12

续表

Variable	Obs	Mean	Std. Dev.	Min	Max
X13	250	6. 68352	0. 9018395	0	7. 79
X14	248	7. 596048	0. 518109	6. 23	8. 79
X15	248	7. 331129	0. 5893779	6. 15	8. 8
X16	250	5. 37172	2. 520497	0	8. 14
X17	250	0. 12332	0. 7912609	0	5. 86
X18	250	6. 23812	1. 407036	0	7. 76
X19	251	5. 266175	1. 724685	0	7. 26
X20	250	0. 15372	0. 8557193	0	5. 59
X21	248	7. 351129	0. 5989204	6. 15	8. 82
X22	246	0. 4868699	0. 2132498	0. 1	0. 92
X23	250	0. 00968	0. 0733199	0	0. 68
X24	243	1. 332222	1. 518359	0. 1	8. 8
X25	250	1. 39264	1. 38381		6. 82
X26	250	1. 68544	1. 668286	0	7. 89
X27	250	8. 66252	14. 73173	0	143. 25
X28	250	27. 92336	97. 22027	0	799. 22
X29	250	183. 2021	1072. 557	0	14415. 81
X30	247	1084. 078	8525. 399	− 87. 4	77777
X31	247	0. 1985425	0. 9196966	− 1	5. 32
X32	248	0. 1173387	0. 3766174	− 0. 58	2. 3
X33	83	0. 4344578	0. 7029403	− 0. 42	3. 45
X34	247	0. 125668	0. 2890246	− 0. 28	1. 77
X35	248	0. 1599194	0. 360372	− 0. 32	2. 12
X36	248	0. 1681048	0. 5615732	− 0. 5	4. 4
X37	250	0. 94464	2. 297781	0	7. 92
X38	252	0. 6547619	0. 476392	0	1
X39	245	0. 0523673	0. 0536774	− 0. 05	0. 25
X40	251	0	0	0	0
X41	248	0. 0410081	0. 1022153	− 0. 08	0. 31

（2）备选指标的正态性检验

在进行显著性检验之前，需要考察样本的分布情况，并以此来确定使用哪种方法进行预警指标的差异性显著性检验。运用 Stata 软件进行财务指标的 Shapiro – Wilk 正态分布检验，以此来考察指标的分布情况。当样本含量 $n \leqslant 2000$ 时，结果以 Shapiro – Wilk（W 检验）为准，适用于探索连续型随机变量的分布。

表 6 – 4　知识产权质押贷款风险预警备选指标的正态性检验

Variable	Obs	W	V	z	Prob > z
X1	248	0.99134	1.56	1.034	0.15049
X2	248	0.97911	3.762	3.081	0.00103
X3	248	0.98332	3.004	2.558	0.00526
X4	250	0.61827	69.232	9.859	0
X5	250	0.59253	73.901	10.011	0
X6	248	0.99036	1.735	1.282	0.09998
X7	250	0.81827	32.96	8.132	0
X8	250	0.66516	60.728	9.554	0
X9	250	0.7033	53.81	9.273	0
X10	250	0.86251	24.937	7.483	0
X11	250	0.72019	50.747	9.136	0
X12	248	0.84892	27.208	7.683	0
X13	250	0.61438	69.937	9.883	0
X14	248	0.99372	1.132	0.288	0.38672
X15	248	0.98469	2.758	2.359	0.00916
X16	250	0.70746	53.056	9.24	0
X18	250	0.65281	62.968	9.638	0
X19	251	0.77583	40.8	8.63	0
X21	248	0.98282	3.094	2.627	0.00431
X22	246	0.97691	4.129	3.297	0.00049
X24	243	0.69323	54.264	9.279	0
X25	250	0.8933	19.351	6.893	0
X26	250	0.92285	13.991	6.139	0

Variable	Obs	W	V	z	Prob > z
X27	250	0. 53509	84. 318	10. 318	0
X28	250	0. 29022	128. 728	11. 302	0
X32	248	0. 75714	43. 737	8. 787	0
X33	83	0. 81874	12. 824	5. 602	0
X34	247	0. 69161	55. 339	9. 332	0
X35	248	0. 68704	56. 36	9. 377	0
X36	248	0. 39975	108. 097	10. 891	0
X37	250	0. 87677	22. 35	7. 228	0
X38	252	0. 99658	0. 625	− 1. 092	0. 86269
X39	245	0. 91023	15. 995	6. 444	0
X41	248	0. 61713	68. 95	9. 846	0

表 6 - 4 为知识产权质押贷款风险预警备选指标的正态性检验结果，根据 Shapiro - Wilk 判定原理，多数指标不服从正态分布，只有总资产（X1）、货币资金总额（X6）、流动资产总额（X14）、企业供货渠道优势（X38）的 W 值是极度接近于 1 的，且 Prob > z 大于 0.05，所以服从正态分布。这个结果与薛跃等人（2005）[①] 以及国外对财务指标的实证研究分析结果大致相同，均认为绝大多数财务指标不服从正态分布。对不服从正态分布的财务指标的差异显著性采用非参数的检验方法，而服从正态分布的财务指标使用参数 T 检验方法[②]。

6.4.3　指标的差异显著性检验及共线性检验

（1）指标的差异显著性检验

基于正态性检验结果，对不服从正态分布的指标进行非参数检验。对两个独立样本：成功样本与失败样本，并且样本量 $n \geqslant 50$ 时，采用 Wilcox-

---

① 薛跃，韩之俊，温素彬. 上市公司财务比率正态分布特性的实证分析 ［J］. 管理工程学报，2005，19（2）：143 - 145.

② 宋彪，朱建明，李煦. 基于大数据的企业财务预警研究 ［J］. 中央财经大学学报，2015（6）：55 - 64.

on 检验法对样本进行非参数检验更合适①，如表 6 - 5 所示。

表 6 - 5　差异显著性检验

Variable	Z	渐进显著性（双尾）	Variable	Z	渐进显著性（双尾）
X2	- 0.061	0.951	X21	- 1.753	0.080
X3	- 2.361	0.018	X22	- 3.030	0.002
X4	- 1.418	0.156	X24	- 2.009	0.045
X5	- 1.22	0.222	X25	- 0.397	0.691
X8	- 1.269	0.204	X26	- 0.409	0.682
X9	- 1.548	0.122	X27	- 0.002	0.999
X10	- 0.966	0.334	X28	- 0.988	0.323
X11	- 1.133	0.257	X29	- 0.428	0.669
X12	- 2.924	0.003	X30	- 2.130	0.033
X13	- 0.086	0.931	X32	- 3.503	0
X15	- 1.316	0.188	X33	- 2.203	0.028
X16	- 2.024	0.043	X34	- 3.195	0.001
X18	- 0.609	0.543	X35	- 2.934	0.003
X19	- 1.801	0.072	X36	- 1.846	0.065
X20	- 0.051	0.959	X37	- 3.874	0
X21	- 1.017	0.309	X39	- 2.891	0.004
X22	- 1.259	0.208	X41	- 1.272	0.204

从检验结果发现指标主营业务收入（X3）、固定资产总额（X7）、本年成本总额（X12）、现金总额（X16）、净负债率（X24）、总资产周转率（X25）、销售收入增长率（X32）、三年平均销售收入增长率（X33）、总资产增长率（X34）、流动资产增长率（X35）、企业对外投资情况（X37）、知识产权产品获利能力（X39）都小于 0.05，通过显著性检验，而其余指标因为没有通过显著性检验被剔除。

---

① 曾艳，李桂花，庄刘. 完全随机设计两样本的 Wilcoxon 检验与 K - S 检验功效比较 [J]. 中国卫生统计，2001（8）：372 - 374.

接下来采用 T 检验方法，对样本进行参数检验，如表 6 - 6 所示。

表 6 - 6　T 检验

Variable	t Value	Pr > | t |
X1	20. 8314	< 0. 0001
X6	10. 0978	< 0. 0001
X14	17. 1433	< 0. 0001
X38	1. 8248	0. 0692

从检验结果可以发现总资产（X1）、货币资金总额（X6）、流动资产总额（X14）的 Pr > \| t \| 都小于 0.05，通过显著性检验，而企业供货渠道优势（X38）被剔除。

可见，没有成功获批贷款的样本公司的盈利能力和成长性，显著区别于成功获得贷款的样本公司，主营业务收入、总资产增长率、销售收入增长率和流动资产增长率，均表现出可能出现违约风险的征兆信息。

此外，营运能力和偿债能力仍然处于继续恶化的状态，总资产周转率变慢，超负荷的债务负担开始转化为现实的偿付困难。代表发展能力的销售收入增长率以及代表知识产权产品获利能力的指标均出现显著的恶化。在盈利能力、营运能力、偿债能力、成长性和知识产权方面均表现出风险可能发生的征兆信息。

（2）指标的共线性检验

由于财务指标均由财务报表项目计算得到，一般情况下两个财务指标之间经常存在一定程度的相关性。因此，对于风险预警而言，很难建立各指标之间完全不相关或完全独立的财务指标体系。但是，为了避免知识产权质押贷款风险预警模型构建过程中的多重共线性问题，有必要明确定量财务指标体系内部各指标之间的相关关系，并采用方差膨胀因子（Variance Inflation Factor，VIF）进行多重共线性检验，如表 6 - 7 与表 6 - 8 所示。

表6-7 指标体系各指标间的相关系数

	X1	X3	X6	X7	X12	X14	X16	X24	X25	X32	X33	X34	X35	X37	X39
X1	1														
X3	0.6367	1													
X6	0.7036	0.4951	1												
X7	0.5176	0.29	0.3977	1											
X12	0.5169	0.8224	0.4643	0.2063	1										
X14	0.9489	0.6521	0.706	0.3754	0.5596	1									
X16	0.0873	0.0863	0.2012	0.0548	0.0743	0.0426	1								
X24	0.0454	0.0568	-0.0397	0.0375	-0.101	0.0399	0.1179	1							
X25	-0.1727	0.2463	-0.0128	-0.2459	0.2272	-0.0908	0.0655	-0.045	1						
X32	0.0991	0.1426	-0.0056	0.1104	0.0971	0.097	-0.1046	0.0526	0.1245	1					
X33	0.1276	0.1137	0.0942	0.1708	-0.0644	0.1024	0.1969	0.0531	0.0639	0.4139	1				
X34	0.0421	0.0383	0.0109	0.0319	-0.1197	0.03	0.0149	0.3722	0.0807	0.1668	0.4171	1			
X35	0.0634	0.0383	0.0122	0.0622	-0.1231	0.0406	0.0326	0.3641	0.0642	0.1867	0.3931	0.9742	1		
X37	0.269	0.111	0.1397	0.0192	0.0041	0.2633	0.0563	0.0596	-0.0849	-0.0613	-0.0873	0.0541	0.0464	1	
X39	0.0226	0.0903	0.0717	0.2782	0.052	-0.0348	-0.0926	-0.1297	-0.0584	-0.0558	-0.0532	-0.0094	0.0146	-0.0647	1

从表 6 - 7 相关系数来看，除 X3、X6、X12、X14、X35 五个指标与其他指标间的相关系数存在大于 0.7 的外，其他指标之间的相关系数均较小，一般依据经验法则认为相关系数大于 0.7 具有较高的相关性。

从表 6 - 8 多重共线性检验可以看出 X1、X3、X12、X14 的方差膨胀因子（Variance Inflation Factor，VIF）均大于 10，一般认为 VIF > 10 存在多重共线性，其余指标均不存在多重共线性。综上所述，存在多重共线性的指标模型在进行预测时，往往不影响预测结果，因此该指标体系可以接受。

表 6 - 8　多重共线性检验

指标	允差	VIF
X1	0.038	26.419
X3	0.009	113.262
X6	0.448	2.232
X7	0.484	2.066
X12	0.011	88.268
X14	0.043	23.12
X16	0.766	1.306
X24	0.775	1.29
X25	0.173	5.79
X32	0.501	1.997
X33	0.562	1.78
X34	0.112	8.916
X35	0.123	8.13
X37	0.687	1.457
X39	0.72	1.389

通过以上的指标筛选，确定如下指标：总资产（X1）、主营业务收入（X3）、货币资金总额（X6）和固定资产总额（X7）是反映企业规模的指标；本年成本总额（X12）是反映企业营业能力的指标；流动资产总额

（X14）和现金总额（X16）是反映企业流动性的指标；净负债率（X24）是反映企业财务杠杆的指标；总资产周转率（X25）是反映企业营运能力的指标；销售收入增长率（X32）、三年平均销售收入增长率（X33）、总资产增长率（X34）和流动资产增长率（X35）是反映企业成长性的指标；企业对外投资情况（X37）是反映企业资信水平的指标；知识产权产品获利能力（X39）是反映企业供销能力的指标。最终确定的指标体系如表6-9所示。

表6-9　风险预警指标体系

指标编号	指标名称
X1	总资产
X3	主营业务收入
X6	货币资金总额
X7	固定资产总额
X12	本年成本总额
X14	流动资产总额
X16	现金总额
X24	净负债率
X25	总资产周转率
X32	销售收入增长率
X33	三年平均销售收入增长率
X34	总资产增长率
X35	流动资产增长率
X37	企业对外投资情况
X39	知识产权产品获利能力

6.5　基于 BP 神经网络的知识产权质押风险预警模型

6.5.1　设计思想及流程算法

我们采用的是 BP – Adaboost 算法来构建知识产权质押贷款风险预警模型，该算法是将多个"弱"分类器进行合并以产生有效的分类，并进行多次的迭代，进而获得有效信息，对 BP 神经网络起到优化的作用。具体来说，BP – Adaboost 模型将 BP 神经网络作为弱分类器，对所需要训练的数据平均分配权重，采用弱学习算法迭代运算 T 次，每次运算后重新更新分类结果数据的权重，赋予较大权重给分类失败个体，并在下次运算时重点关注。弱分类器每迭代运算后得到一个分类函数序列并赋予一个权重，权重越大说明分类结果越好。经过 T 次迭代后，弱分类器加权得到强分类器 F，并进行反复训练 BP 神经网络输出结果，最终得到多个具有强分类器的 BP 神经网络。基于 BP – Adaboost 模型的知识产权质押贷款风险预警模型评价流程如图 6 – 6 所示。

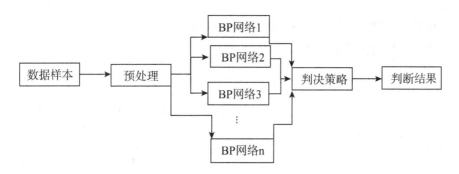

图 6 – 6　BP – Adaboost 模型结构

知识产权质押贷款风险预警模型是为了防止采用知识产权质押方式在商业银行取得贷款的企业无法偿还到期债务而建立的预警系统，具有针对性和预测性等特点。该模型通过将申请知识产权质押贷款的公司的各项指标的数据输入预警模型，进而对公司进行综合评价并预测其财务状况、发展趋势和变化，为商业银行的知识产权质押贷款决策提供智力支持。

6.5.2　知识产权质押贷款风险预警模型的构建

结合 Adaboost 算法的思想，依据以上数据处理结果，我们构建了三层 BP 神经网络模型，包含输入层、隐含层、输出层、传递函数和网络参数的设置。

（1）输入层

常态下，输入节点数与所建立神经网络显著正相关。输入神经元节点数的多少直接影响逼近效果，但神经元节点不宜过多，这会影响 BP 神经网络模型的计算负担，延长训练时间，影响训练效果。因此，我们对初选指标优化，筛选出 15 个主要影响因子，将作为知识产权质押贷款风险预警模型的输入变量，即所建知识产权质押贷款风险预警 BP 神经网络模型的输入层为 15 个。

（2）隐含层

隐含层节点数的确定比较复杂，BP 神经网络通常是通过经验公式确定隐含层的神经元个数。一般采用试错法的原理，来进行隐含层的选择，隐含层节点数的设计参考公式如下：

$$l < \sqrt{m + n} + a, l = \log_2 n \qquad (6 - 29)$$

其中 l 表示隐含层节点数，m 表示输出层节点数，n 表示输入层节点数，a 为 1～10 之间的常数。

神经网络的性能主要受到隐含层节点数是否合理的影响，如果隐含层节点过多，不但使模型更加复杂，而且在模型学习过程中还会陷入局部最小点的情况，进而使模型训练速度变慢。如果隐含层设计节点过少，则映射关系过于简单，导致模型难以达到必要的学习效果和预测精度，无法全面的总结和体现内在规律。我们运用试错法来确定隐含层的节点数，以此找到性能最好的隐含层。

（3）输出层

神经网络所要体现的目标功能在输出层体，这本质上是神经网络训练后期望的输出。输出的数据类型和表述方式决定了输出节点数，也就是待分类模式。我们对创新型企业是否能成功获得知识产权质押贷款输出的维数为 1 维，分别是 1 或者 −1，1 代表财务正常即无违约风险的公司，−1 代表 100% 会出现违约风险的公司。

（4）传递函数

传递函数又称为激活函数，选取好的传递函数可以有效提高模型的学习效率。神经网络的训练效率受传递函数的影响很大，其中 BP 神经网络常用的传递函数有 purelin 函数和 tansig 函数。本节中神经网络模型先要进行归一化处理，归一化的区间为 [−1，1]，对输入层到隐含层的传递函数、隐含层到输出层之间的传递函数均选取默认为值，隐含层为 tansig（正切 S 型）函数，输出层为 purelin（线性）函数。

（5）网络参数的设置

BP 神经网络的算法是基于不断的"误差—修正"进行学习，矩阵收敛速度和训练结果受到学习率的影响。学习率设定过小，学习速度则会变慢；学习率设定过大，则有可能震荡和发散的产生。我们的样本较少，迭代能够较快收敛，因此拟将神经网络的网络参数设定如下：目标误差 0.000 04，学习速率为 0.1，训练循环次数 100 次。

我们运用试错法来确定隐含层的节点数，最终确定的神经网络结构为 15 −6 −1，共训练生成 15 个弱分类器，并综合这 15 个弱分类器组成 1 个强分类器对公司的财务状况进行分类并预测。随机取 201 个样本作为训练数据，其余 51 个样本作为检验样本。根据 BP − Adaboost 算法的原理，采用 MATLAB 16 软件进行仿真，设定单个 BP 神经网络的迭代次数为 100 次，学习速率为 0.1，目标误差为 0.000 04。

6.5.3　样本训练与仿真测试

我们选用 MATLAB 16 对神经网络进行训练和仿真，由于神经网络模型收敛速度与准确率受到节点数影响，我们将通过对不同节点数的实验，确定最合适的节点数，保证模型的准确率。

当隐含层节点数为6时，使用 MATLAB 16 编写运算程序，样本训练误差曲线如图 6 - 7 所示。

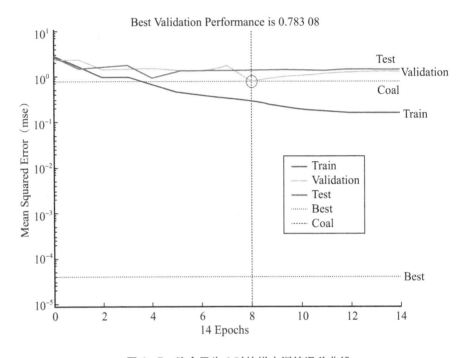

图 6 - 7　隐含层为 6 时的样本训练误差曲线

显示该模型的误差曲线是收敛的，经过 14 次训练，最终误差达到 0.156。通过训练完成的模型，对 51 个仿真样本进行测试。

经过反复多次尝试，当隐含层节点数为 6 时，所建立的神经网络模型对创业板上市公司检验模型的综合判定正确率为 60%，是所有实验中结果最好的，但判定正确率仍较低。对 51 个仿真样本进行测试的结果如表 6 - 10 所示。

6.5.4　实验结果及分析

样本共有 51 个，共有 15 个 BP 神经网络弱分类器组成的一个强分类器对公司的知识产权质押贷款风险进行预测，强分类器的预测情况如

表 6-10　风险预警预测结果

	样本 1	样本 2	样本 3	样本 4	样本 5	样本 6	样本 7	样本 8
输出结果	1	1	-1	-1	-1	-1	-1	1
原判断	1	1	1	1	1	1	1	1
	样本 9	样本 10	样本 11	样本 12	样本 13	样本 14	样本 15	样本 16
输出结果	1	1	1	-1	1	1	1	1
原判断	1	1	1	1	1	1	1	1
	样本 17	样本 18	样本 19	样本 20	样本 21	样本 22	样本 23	样本 24
输出结果	1	1	1	1	1	1	1	-1
原判断	1	1	1	1	1	1	1	-1
	样本 25	样本 26	样本 27	样本 28	样本 29	样本 30	样本 31	样本 32
输出结果	1	1	1	1	1	1	1	1
原判断	-1	-1	-1	-1	-1	-1	-1	-1
	样本 33	样本 34	样本 35	样本 36	样本 37	样本 38	样本 39	样本 40
输出结果	-1	-1	-1	-1	1	-1	-1	1
原判断	-1	-1	-1	-1	-1	-1	-1	-1
	样本 41	样本 42	样本 43	样本 44	样本 45	样本 46	样本 47	样本 48
输出结果	1	1	-1	-1	-1	-1	-1	-1
原判断	-1	-1	-1	-1	-1	-1	-1	-1
	样本 49	样本 50	样本 51					
输出结果	-1	-1	-1					
原判断	-1	-1	-1					

图 6-8 所示。

由图 6-8 可知，强分类器对训练样本的拟合优度为 63.534%，检测样本的拟合优度为 59.052%，综合的拟合优度为 59.746%，说明 BP-Adaboost 的预测精度一般，对样本观测值的拟合程度不太高。

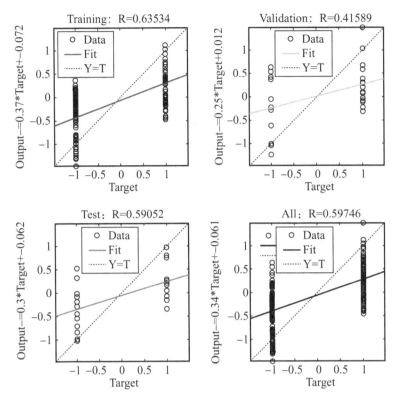

图 6-8　强分类器的拟合优度检验

6.6　基于随机森林的知识产权质押风险预警模型

在数据采集过程中，往往由于数据的缺失和不可获得性而面对很多种微信息量的数据，如何将采集到的这些数据加工整理并进行运用，成了数据分析研究领域一个新的热点。随机森林有它自身固有的处理有限数据及高纬度数据的特点且具有良好的分类效果，这在众多的机器学习算法中脱颖而出。

6.6.1　设计思想及流程算法

随机森林由 LeoBreiman 和 Adele Cutler 提出，其实质是一个包含多个决策树的分类器，其中决策树的形成用随机的方法，随机森林中决策树与决策树之间相互独立。当测试数据输入随机森林模型后，让每一棵决策树进行分类，最后选取所有决策树中分类结果最多的那类为最终结果。

我们借鉴 Breiman 等人随机森林模型的架构思想，构建一个包含 K 个决策树 $\{h\ (X,\ \theta_i),\ i = 1,\ 2,\ \cdots,\ K\}$ 的组合分类器，$\{\theta_i\}$ 为随机向量，决定了模型的形式并且服从独立分布；i 为随机森林模型中决策树棵树。组合分类器训练数据集是通过 Bagging 产生 Bootstrap 的方法，利用 CART 算法产生没有修剪的决策树，然后利用多数投票的原理，根据决策票数 $H\ (x)$ 多的类别确定为最后样本所属类别，具体模型见公式（6 – 28）。

6.6.2　知识产权质押贷款风险预警模型的构建

首先，我们利用 Bootstrap 方法重采样，随机产生 K 个训练集 S_1，S_2，$\cdots$，S_k。

其次，选取 K 个训练样本将其进行训练学习，每一个 CART 决策树都是由每个训练样本形成的，共生成 K 个决策树。假设每个样本都有 M 个属性，mtry 为大于 0 且小于 M 的整数，从 M 个属性中选取 mtry 最佳个数属性作为当前这个节点所分裂的属性集，在整个随机森林模型运行过程中，确保 mtry 不变。从最佳 mtry 个数属性中选出最好的分裂方式，该节点的分裂是通过 Gini 指标形成的，每一棵决策树在形成过程当中都是随机无修剪的。

最后，根据所生成的决策树分别定义为 C_1，C_2，$\cdots$，C_k，并依次对每棵决策树进行测试，将测试集样本 X 对应分类成结果为 $C_1\ (X)$，$C_2\ (X)$，$\cdots$，$C_k\ (X)$。最后，通过相对多数投票法，得到 k 个决策树输出的类别结果，此结果由决策树棵数多的类别作为测试集样本 X 的分类结果。随机森林建模过程如图 6 – 9 所示。

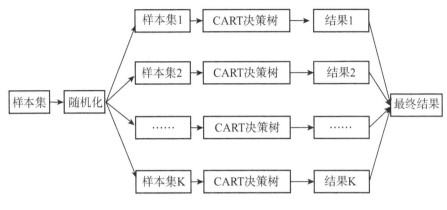

图 6 - 9   随机森林算法步骤示意

在建立随机森林模型时，自助抽样（bootstrap sampling）法是从原始训练集中抽取样本生成新的训练集，其没有被抽取的概率为 $p = (1 - 1/n)^n$；当 n 足够大时，$(1 - 1/n)^n$ 收敛于 $1/e \approx 36.8\%$ 这表明约 36.8% 的样本不会出现在 bootstrap 样本中，这部分数据称为袋外数据（Out - Of - Bag，OOB），也就是 OOB 估计，是用来估计模型泛化性能。每一棵决策树对应相应的 OOB 误差估计，将所有决策树的 OOB 误差估计取平均值，这样就可以得到随机森林泛化误差估计。Breiman（2001）通过实验证明，OOB 误差是无偏估计[①]。

6.6.3   参数选取与结果测试

运用随机森林模型进行融资风险预警前，先要确定随机森林中的两个重要的参数，一个是模型中树的数目（ntree），另一个是每个节点处候选特征的个数（mtry）。

决策树的数目（ntree）是模型的基础，随机森林中包含的决策树棵数的不同，对其泛化性能也有一定的影响，图 6 - 10 为训练集与测试集的比分别为 6 : 4、7 : 3、8 : 2、9 : 1 时，随机森林中决策树棵数对性能的影响。

---

① Breiman L. Random forests [J]. Machine Learning, 2001, 45 (1)：5 - 32.

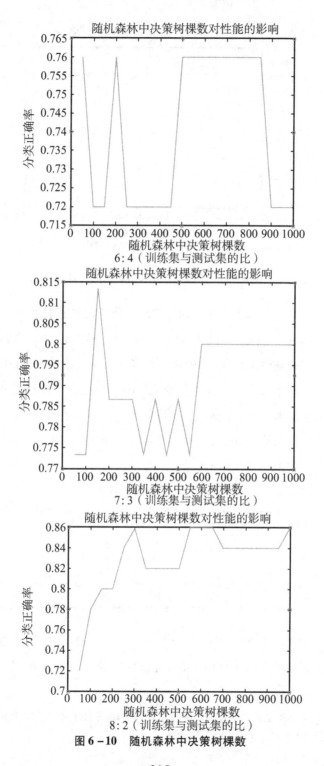

图6-10　随机森林中决策树棵数

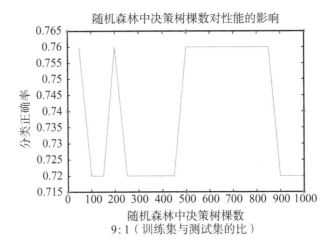

图 6 - 10 随机森林中决策树棵数（续）

从图 6 - 10 中可以清晰地看到，当训练集与测试集比为 8：2，决策树棵数为 300、500、600、700、1000 时，分类正确率最高，约 86%，因此我们在做模型构建时选取 8：2 的比，并将决策树棵数设定为 600。

接下来是对于节点（mtry）的选取，mtry 应设为不超过总指标数开方的整数，本文选取了 15 个指标，因此模型的 mtry 为 mtry ≤ 3，接下来对 mtry 的所有可能值进行测试，以 8：2 的比和 ntree 为 600 选取最佳节点数（mtry），选取结果如表 6 - 11 所示。

表 6 - 11 mtry 测试结果 （单位:%）

mtry	OOB	测试集错误率	成功企业准确率	失败企业准确率
3	27.72	14	80	92
2	27.22	18	68	96
1	28.71	28	56	88

从表 6 - 11 可看出，OOB 所有结果均小于 37%，验证了模型的可用性[①]（方匡南，2010）。OOB 用来估计模型的泛化误差，可以检验模型的

————————

① 方匡南，吴见彬，朱建平，谢邦昌. 信贷信息不对称下的信用卡信用风险研究 [J]. 经济研究，2010（S1）：97 - 107.

性能，OOB 可以在不进行测试的情况下评估森林以及每颗决策树的精度。在 mtry 为 3 和 2 时，OOB 基本相同，分别为 27.72% 和 27.22%；测试集错误率分别为 14% 和 18%；成功企业准确率分别在 80% 和 68%；而失败企业准确率均在 90% 以上，分别为 92% 和 96%。而在 mtry 为 1 时，OOB 明显提高到 28.71%，测试集错误率为 28%，成功与失败企业准确率则分别降为 56% 和 88%。

综上可以看出，在训练集与测试集的比为 8：2，ntree 设定为 600，mtry 为 3 时，模型风险预警准确率高，且成功与失败企业风险预警准确率变化幅度小。

6.6.4　性能分析与检验

为了评价一个随机森林分类器的性能，并且能够直观地对创建的随机森林分类器性能进行分析，下面给出图形显示的方法，并且这里在决策树棵数（600）情况下进行分析讨论。

随机森林分类器性能分析如图 6 - 11 所示，因为样本分为成功企业和失败企业，因此随机森林中的决策树的输出类别只有两种（1 代表成功，2 代表失败）。图 6 - 11 的横坐标表示，随机森林的所有决策树（600 棵）中，输出为类别 1 的决策树棵树；纵坐标表示，输出为类别 2 的决策树棵树。可以看出输出为类别 1（成功企业），与类别 2（失败企业）被错误分类的样本靠近图的中心 [直线 $y = x$ 与 $x + y = 600$ 的交点 P（300，300）]，在这种情况下被认为是可以接受的，即随机森林的泛化性能是可以接受的。

随机森林不仅仅可以预测准确率，还可以测量指标的重要性。找出哪些指标起到重要作用，对于商业银行风险预警来说，会起到至关重要的作用。我们借鉴方匡南[①]（2010）的做法，采用 Gini 下降量法测量指标的重要性。各指标重要性如图 6 - 12 所示。

---

① 方匡南，吴见彬，朱建平，谢邦昌. 信贷信息不对称下的信用卡信用风险研究 [J]. 经济研究，2010（S1）：97 - 107.

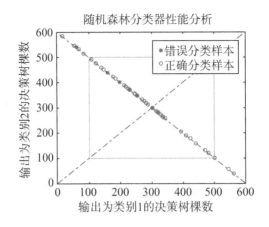

图 6 – 11　随机森林分类器性能分析

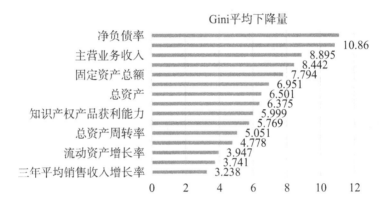

图 6 – 12　Gini 系数下降量法的指标重要性

　　由图 6 – 12 可知重要性排名最高的为净负债率，这一指标不仅体现出负债占净资产的比重，还能说明企业是否运用了财务杠杆，负债越高，财务杠杆越大，说明企业违约风险越大。重要性排名前十的指标中，有两项为财务杠杆指标分别为净负债率与货币资金总额，两项流动性指标分别为流动资产总额与现金总额。财务杠杆高，偿债能力弱，给银行带来较高的违约风险；流动性指标用来评价经营状况，流动性高，经营状况越好，违约风险越低。此外，值得一提的是知识产权产品获利能力，这一指标进入了前十，说明获利能力越高，银行贷款的可能性越大，尤其创新型中小企业，这是商业银行需要重点考察的指标。

为了说明选取的指标和建立的随机森林模型不仅对调研企业有效，而且具有普适性，我们又选取了中小企业板（含 ST）进行验证。依据行业相同或相近，资产规模差额不超过 20% 的配对原则，选取同年度的非 ST 企业与 ST 企业，按照 8：2 的比例进行配对，然后将正常企业与 ST 企业随机打乱，按照训练集与测试集 8：2 进行风险预测，得出的结果如表 6 - 12 所示。

表 6 - 12　模型检验结果　　　　　　（单位:%）

比例	OOB	测试集错误率	非 ST 企业准确率	ST 企业准确率
8：2	8.33	6.67	93.10	100

从表 6 - 12 的结果可以看出，OOB 降到了 10% 以内，测试集错误率也比调研企业低，仅为 6.67%，非 ST 企业和 ST 企业预测的准确率分别为 93.1% 和 100%，这不仅说明随机森林模型在中小板也适用的普适性，还说明在数据规范和样本量巨大的中小企业板（含 ST）运用随机森林具有更高的准确性。

6.7　两种知识产权质押贷款风险预警模型的比较与适用性评价

6.7.1　两种知识产权质押贷款风险预警模型的比较

机器学习法中重要的两个模型分别为随机森林和 BP 神经网络。根据本章前文确定的指标体系，现将随机森林与 BP 神经网络模型预测效果进行对比，为了比较训练集和测试集对模型结果的一致性和稳健性，同时考虑模型一般要求训练集数据量应大于等于测试集数据量，分别选取训练集与测试集的比为 9：1、8：2、7：3、6：4。模型预测效果对比结果如表 6 - 13 所示。

表 6 - 13　模型预测效果对比　　　　　　（单位:%）

比例	随机森林准确率	BP 神经网络准确率
9 : 1	90.91	83.20
8 : 2	86.21	62.50
7 : 3	85.00	48.66
6 : 4	82.35	46.48

从表 6 - 13 可以看出，在样本和数据指标相同时，随机森林表现出较好的预测性，准确率都在 80% 以上；而 BP 神经网络则出现了较大幅度的变化，从最高的 83.2% 下降到 46.48%。结果验证了随机森林模型与 BP 神经网络模型相比较，具有准确率高的特点，并在有限数据的基础上，比 BP 神经网络模型表现更好，且处理高纬度数据准确率高，这主要因为训练时树与树之间相互独立，不受相互关系的影响，进而提高自身预测准确度。

6.7.2　两种知识产权质押贷款风险预警模型的适用性评价

从本章 6.5 节和 6.6 节的分析可以看出，针对知识产权质押贷款风险预警效果，随机森林模型的适用性强于 BP 神经网络模型。

由于我们获取的数据较为有限，在训练 BP 神经网络时，效果没有预期的好，导致最终的测试效果不理想。而随机森林风险预警模型，准确性和稳定性相比较其他机器学习模型更好，并在有限数据的基础上，处理高纬度数据准确率高，这主要因为训练时树与树之间相互独立，不受相互关系的影响，这样对异常值和噪声的容忍度较好，且不容易出现过拟合。

第7章　主要结论与政策建议

7.1　主要结论

本书的研究针对创新型企业知识产权质押融资行为，立足商业银行角度，深入梳理、分析和总结了知识产权质押贷款风险的形成机理，围绕风险识别、度量和预警阐述了知识产权质押贷款风险的防控原理，从而深化了商业银行资产管理理论、丰富了信贷风险管理理论；系统总结了知识产权质押贷款风险影响因素并加以筛选和指标化处理，降低了风险评估的主观性，提高了相关研究的针对性；分别基于 BP 神经网络和随机森林构建了知识产权质押贷款风险预警模型，并进行了检验和比较，从而确立了与知识产权特性相适应的商业银行知识产权质押贷款预警系统，深化了商业银行信用风险预警理论与方法。通过研究，

我们得出以下主要观点和结论：

一是，确定与筛选知识产权质押贷款风险的影响因子和风险指标，应建立在行为与心理、信息经济学、法律经济学、商业银行资产管理理论、公司金融理论和风险管理理论等理论分析的基础上，总结知识产权质押贷款风险的具体构成。

二是，知识产权质押贷款风险的三个环节密不可分，识别是前提，度量是基础，预警是手段，共同服务于知识产权质押贷款风险防控目标。

三是，由于契约利益不对称，创新型企业轻资产的特征，以及较弱的声誉约束机制，致使其面临信贷配给困境和抵押歧视，融资问题成为制约

其发展的重要掣肘。知识产权质押贷款作为金融产品创新模式为创新型企业融资提供了纾困路径，而我国政府及相关部门的知识产权质押融资政策推动了该路径的实现。但是，随着信贷规模的扩大和业务的成熟，政府终将退出辅导功能，商业银行需要依据市场机制，科学、客观地评估质押贷款风险，否则知识产权质押融资政策不可能持续、健康地实施，并实现政策设立之初的目标。

四是，创新型企业知识产权质押贷款风险影响因素的复杂性，决定了商业银行在质押贷款实务中，对风险认知的有限性。基于行为人心理资源稀缺性和系统固有不确定性基础的"双构面"有限理性理论，为质押贷款风险影响因素选择提供了基本的分析逻辑。商业银行开展知识产权质押贷款业务的目的是在控制风险的基础上获得必要的收益，因此商业银行需考虑的首要风险影响因素是创新型企业创造的未来现金流量对该项贷款本息的覆盖程度，及其实际控制人的还款意愿和诚信程度；其次，需要考虑第一还款源出现问题时，质押物处置的现金流对贷款本息的覆盖程度及其风险控制；而质押物保险制度、利息补贴等政策措施以及诚实守信的法律制度和社会习惯有助于降低商业银行的贷款风险，提高商业银行的贷款意愿。

五是，考虑到知识产权质押贷款风险影响因素的多样性，市场调研方法有助于深入挖掘实务中创新型企业知识产权质押贷款风险影响因素，并获取定量化数据。基于调查数据本身特征，构建的创新型企业知识产权质押贷款风险评估商业银行打分表，以及通过因子分析法确定的各影响因素权重，可以替代贷款实务中商业银行工作人员的主观判断，有助于提高商业银行贷款风险评估的客观性和科学性，并推动创新型企业知识产权质押贷款顺利实现。

六是，通过对样本数据处理和筛选，并进行描述性统计、正态性检验、差异显著性检验以及共线性检验，确定了知识产权获利能力、净负债率、本年成本总额、主营业务收入、货币资金总额、固定资产总额等15个指标，作为创新型企业知识产权质押贷款风险预警的影响因素，其中知识产权获利能力指标在模型中起到了重要作用。

七是，利用 BP 神经网络与随机森林技术分别构建知识产权质押贷款风险预警模型，并进行训练，再通过测试样本确定其准确率。将两个模型准确率进行对比发现，随机森林风险预警模型准确性和稳定性比 BP 神经网络模型表现得更好，并在有限数据的基础上，处理高纬度数据准确率更高。这主要因为训练时树与树之间相互独立，不受相互关系的影响，这样对异常值和噪声的容忍度较好，且不容易出现过拟合。

7.2　政策建议

（1）制定配套的知识产权混合融资政策

建议政府部门针对创新型企业特点，制定与企业权益融资相联系的知识产权混合融资政策。在企业主、主要股东出资和吸收民间借贷融资的基础上，鼓励公共风险投资与私人风险投资的共同发展，借助知识产权的创新性吸引风险资本以战略伙伴的身份进入企业。从长远看，风险资本的引入有助于创新型企业不断完善治理结构，加快建立现代企业制度，为未来企业发展特别是上市融资打下良好基础。

（2）集成共建"互联网＋"知识产权大数据云平台

建议政府部门通过搭建高速、安全的网络信息平台，打破知识产权的信息孤岛，把海量、动态及有价值的知识产权信息集成起来，在服务、监管过程中，既要体现知识产权融资服务各方对科技型企业信息的共性要求，又要考虑不同的评价主体、不同行业及科技型企业各个发展阶段的个性特点。我国目前每年的创新型企业信息量很大，建议政府相关部门进一步加大基础信息公开力度，并与工商和税务部门沟通协商，推进信息资源开放共享，在一定权限范围内公开创新型企业相关信息，特别是对企业财务信息建立一套行之有效的还原检验机制，成为知识产权质押价值评估与风险识别信息可靠的获取途径和手段，为知识产权质押贷款各方提供参考。

（3）自上而下推动知识产权融资登记制度创新

建议由国家知识产权局牵头成立知识产权登记便民服务中心，或者与知识产权质押登记相关的部门集中办公，同时建立规范的知识产权质押登记查询系统，统一登记公示程序，实现知识产权质押信息共享，降低担保成本；建议各级财政部门与评估协会加强对评估机构的监管，完善知识产权评估理论与方法体系，提高知识产权评估职业水准，建立严格的责任追究制度。

（4）发展多元化的知识产权融资风险补偿机制

要积极探索与知识产权相关的股权债权融资方式，支持社会资本通过市场化方式设立以知识产权投资基金、集合信托基金、融资担保基金等为基础的投融资平台和工具。鼓励开展与知识产权有关的金融产品创新，探索建立知识产权融资机构，支持创新型企业快速成长。积极推动信贷与风险投资机构及创业投资机构的多层次合作，建立有效的投保贷一体化运营模式，探索知识产权许可、拍卖、出资入股等多元化价值实现形式，支持银行、担保机构质权的实现。

（5）创新专利流转中心的发展

充分发挥政府的功能优势，创新政府出资、银行中转、高校及科研院所评估的具有蓄水池作用的专利流转中心运行模式。银行将无力偿还贷款的创新型企业所抵押的具有发展前景的专利发到流转中心指定的具有较高评估水平的高校和科研院所进行专利的专业化和发展前景评估，对具有发展潜质的专利，流转中心进行回购，并将此项专利整合打包，然后再投入市场交易。该机构探索以市场化和专业化为基础、企业化运作的经营模式，实现政府、社会资金、创新型企业等多方共赢的建设目标。

（6）提升知识产权贷款专业化水平

重点是提升知识产权贷款政策的"出台专业化"和"实施专业化"水平。在制定知识产权融资政策时，应加大调研力度，加强知识产权贷款业务研究，广泛征求专家学者和不同行业领域的意见；通过政策实施的评估、反馈机制，依据反馈内容及时调整完善政策，提高科技成果转化与贷款对接服务的专业化水平。

（7）稳步推进知识产权证券化融资

知识产权证券化作为资产收入导入型的融资方式，突破了企业传统融资的限制。首先，要明确债权等其他财产权利的法律地位，对知识产权证券化的资产管理计划进行立法，使其成为法律实体；其次，优化基础资产登记、转让、质押等手续，降低因法律规定不明确、缺乏必要法律基础设施支持而造成的高交易成本；再次，加快资产证券化发行备案制度，打破制度壁垒，实现金融与资本的跨市场交易；此外，加快建设征信体系，改变发行人付费的评级模式，细化会计准则，加强对知识产权证券化各参与方一定的税收优惠政策支持；最后，加快推进证券化业务常规发展，从而进一步释放市场活力，以知识产权证券化促进创新型企业发展。

（8）支持和培育一批知识产权运营机构

在已经设立的，诸如知识产权交易中心、知识产权运营中心的基础上，进一步深化知识产权市场化运营体系建设，搭建知识产权运营与投融资服务平台，引导形成和完善知识产权交易市场机制，支持和培育一批以服务性为主的知识产权运营机构（国有、混合、民营等），培养一批知识产权运营人才，指导开展专利吸储、转化交易、质押融资、分析评议、专利导航、预警布局等运营服务，提高知识产权转化应用水平。

（9）推动知识产权质押保险向纵深发展

以《关于报送知识产权质押融资及专利保险试点、示范的通知》为契机，加快制定关于知识产权质押保险的相关政策和法规，建立政府、保险机构和金融机构三位一体的知识产权质押保险机制。探索借助风险补偿基金，先补偿金融机构知识产权质押呆坏账，待保险公司出险审核完毕后将保险金返还风险补偿基金蓄水池，从而解决保险机构和金融机构关于知识产权质押风险时限问题。以事先预警和事后风险控制为纽带，着力解决知识产权质押保险的出险与金融机构还款风险对等等问题。

（10）完善知识产权融资服务联盟建设

健全知识产权质押中介服务机构，完善以资产评估机构、律师事务所、专利事务所等服务机构为主体的知识产权融资服务联盟建设，对投资项目进行严格评估，尽可能降低知识产权融资的技术风险和法律风险。建立一个高效率的情报信息网，采用现代化的信息手段，加强对国内外技术市场的调研和经济、技术的预测，提高知识产权融资的决策水平，增强应变能力，获得最佳效益。

7.3 研究局限性及未来研究展望

7.3.1 研究局限性

（1）研究样本的局限

我们在调查过程中发现，当前创新型企业知识产权质押贷款实务中，并没有实质性的企业违约事件。因此，缺乏反面样本对商业银行 S 值的可接受范围提供进一步的建议。同时，在我们的调查范围内只有 22 家企业进行了 45 次知识产权质押贷款申请，申请成功 42 次，申请失败 3 次。无论是成功样本还是失败样本都比较少，并且对这些企业按照我们确定的 32 个影响因素进行调查需要大量的工作。因此，本书的研究没有实证检验所设计的商业银行打分表的技术优越性以及 S 的取值范围的标准，这是本书研究的不足，这也是今后进一步拓展和深化的研究方向。

（2）商业银行信贷数据的局限

由于数据获取难度大，数据量少，行业分类少，预测准确性有待进一步提高；在今后的研究中可做进一步的拓展，随着大数据的发展，可以用 Python 技术从网上获取更多的非财务数据，以此来扩充数据量和完善知识产权质押贷款风险预警指标体系。

（3）预警模型的局限

我们有针对性地构建了风险预警模型，从商业银行的角度研究了知识产权质押贷款风险的预警管理，为商业银行信贷风险提供了管理依据和管理工具，同时也为政府制定或修订相关的公共政策提供了参考，还为创新型企业加强知识产权管理提供了理论指导，基本实现了研究目标。但由于检测单个决策树受到局限，这成为随机森林模型存在的"黑箱"。未来研究时可利用随机森林模型进行相似性分析和回归分析，以此可用于缺失值修补和研究变量间是否具有某种确定或近似的关系。

7.3.2　未来研究展望

今后，基于考核商业银行资产管理绩效和创新型企业知识产权融资绩效等微观研究的需要，以及检验知识产权质押融资试点政策效果并据此以完善相关政策、考察创新要素投入的知识产权融资效应并据此以制定和完善相关的创新政策与金融政策的需要，可结合区域等环境因素，主要运用实证研究方法，进一步研究知识产权质押融资的微观管理问题和所产生的宏观效应，例如，考察创新要素投入与知识产权融资绩效之间的关系，考察知识产权质押融资政策的收入分配、资本市场等经济后果问题。

主要参考文献

［1］Adel Karaa，Aida Krichene. Credit-risk Assessment Using Support Vectors Machine and Multilayer Neural Network Models：A Comparative Study Case of a Tunisian Bank［J］. Accounting and Management Information Systems，2012（4）：587 – 620.

［2］Adnan Khashman. Neural Networks for Credit Risk Evaluation：Investigation of Different Neural Models and Learning Schemes［J］. Expert Systems with Applications，2010（37）：6233 – 6239.

［3］Altaf Hossain，M Nasser，M Arifur Rahman. Comparison of Finite Mixture of ARMA-GARCH，Back Propagation Neural Networks and Support-Vector Machines in Forecasting Financial Returns［J］. Journal of Applied Statistics，2011，38（3）：533 – 551.

［4］Boguslauskas V，Mileris R. Estimation of credit risk by artificial neural networks models［J］. Economics of Engineering Decision，2009，4（64）：7 – 14.

［5］BreimanL. Random forests［J］. Machine Learning，2001，45（1）：5 – 32.

［6］Brian W J. Using intellectual property to secure financing after the worst financial crisis since the great depression［J］. Marquette Intellectual Property Law Review，2011，15（2）：450 – 464.

［7］Bruce Nussbaum. How to Build Innovative Companies［J］. Business Week，2005（8）.

［8］Crawford John，Strasser Robert. Management of Infringement Risk of Intellectual Property Assets［J］. Intellectual Propert & Technology Law Journal, 2008, 20 (12): 7 – 10.

[9] Edward I Altman, Gabriele Sabato, Nicholas Wilson. The Value of Quali-
tative Information in SME Risk Mangement [J]. Journal of Financial Serv-
ices Research, 2008 (40): 15 – 55.

[10] E Nur Ozkan, Gunay, Mehmed Ozkan. Prediction of Bank Failures in E-
merging Financial Markets: an ANN Approach [J]. The Journal of Risk
Finance, 2007, 8 (5): 465 – 480.

[11] J S Grice, R W Ingram. Tests of the Generalizability of Altman's Bank-
ruptcy Prediction Model [J]. Journal of Business Research, 2001
(54): 53 – 61.

[12] Joe Tidd, John Bessant, Keith Pavitt. Managing Innovation [M]. New
Jersey: John Wiley & Sons, 2001.

[13] John Knight, Ramani Gunatilaka. Memory and Anticipation: New Empirical
Support for an Old Theory of the Utility Function [OB/EL]. http: //
www. economics. ox. ac. uk/materials/papers/13429/paper721. pdf, 2014.

[14] Knight F R. Uncertainty and Profit [M]. New York: Houghton Mifflin, 1921.

[15] Kumpe Plt. Towards the innovative firm challenge for R & D management
[J]. Research Technology Management, 1994, 37 (1): 38 – 44.

[16] Michael B Gordy. A Comparative Anatomy of Credit Risk Models [J].
Journal of Banking and Finance, 2000, 24 (1 – 2).

[17] M E Zmijewski. Methodological Issues Related to the Estimation of Finan-
cial Distress Prediction Models [J]. Journal of Accounting Research,
1984 (22): 59 – 82.

[18] Meyer, Lawrence. The Present and Future Roles of Banks in Small Busi-
ness Finance [J]. Journal of Banking and Finance, 1998, 22 (6 – 8):
1109 – 1116.

[19] Neumyer D. Future of using intellectual property and intangible assets as
collateral [J]. Secured Lender, 2008, 64 (1): 42 – 48.

[20] R C Merton. on the Pricing of Corporate Debt: the Risk Structure of Inter-

est Rates ［J］, Journal of Finance, 1974, 29 (2)：449 - 470.

［21］ Ricardas Mileris, Vytautas Boguslauskas. Data Reduction Influence on the Accuracy of Credit Risk Estimation Models ［J］. Economics of Engineering Decisions, 2010 (21)：5 - 11.

［22］ Schmpeter J A. The Theory of Economic Development ［M］. Cambridge：Harvard University Press, 1934.

［23］ Simon H A. Theories of bounded rationality ［J］. Decision and Organization, 1972, (3)：161 - 176.

［24］ T E McKee, M Greenstein. Predicting Bankruptcy Using Recursive Partitioning and a Realistically Proportioned Data Set ［J］. Journal of Forecasting, 2000 (19)：219 - 230.

［25］ 阿诺·德·瑟维吉尼, 奥利维尔·雷劳特. 信用风险度量与管理 ［M］. 北京：机械工业出版社, 2012.

［26］ 白有忠. 知识产权法手册 ［M］. 人民出版社, 1992.

［27］ 曾鸿志. 资产风险信息不对称与公司融资政策 ［M］. 北京：经济管理出版社, 2011.

［28］ 陈德胜, 等. 商业银行全面风险管理 ［M］. 北京：清华大学出版社, 2009.

［29］ 迟国泰. 银行资产负债管理优化理论、模型与应用 ［M］. 北京：科学出版社, 2014.

［30］ 弗兰克·奈特. 风险、不确定性与利润 ［M］. 北京：华夏出版社, 2013.

［31］ 郝伯特·西蒙. 现代决策理论的基石 ［M］. 北京：北京经济学院出版社, 1989.

［32］ 加里·S. 贝克尔. 人类行为的经济分析 ［M］. 上海：三联书店, 1996.

［33］ 江晓东. 非理性与有限理性 ［M］. 上海：上海财经大学出版社, 2006.

［34］ 李关政. 经济周期、经济转型与商业银行系统性风险管理 ［M］. 北

京：经济管理出版社，2013.

［35］李建平，丰吉闯，高丽君. 商业银行操作风险度量与监管资本测定——理论、方法与实证［M］. 北京：科学出版社，2013.

［36］李容华. 有限理性及其法律适用［M］. 北京：知识产权出版社，2007.

［37］刘畅，张学明，郭敏. 我国商业银行中小企业贷款信用风险预警体系［M］. 成都：西南财经大学出版社，2013.

［38］刘堃. 我国商业银行信用风险预警与缓释研究［M］. 长沙：湖南人民出版社，2010.

［39］刘迎春. 我国商业银行信用风险度量与管理研究［M］. 大连：东北财经大学出版社，2014.

［40］迈克尔·卡特，罗德尼·麦道克. 理性预期［M］. 上海：上海人民出版社，2011.

［41］蒙销莲，杜宽旗. 商业银行贷后信用风险识别［M］. 北京：社会科学文献出版社，2012.

［42］朴明根. 银行经营管理学［M］. 北京：清华大学出版社，2007：372－374.

［43］乔纳森·R. 卡普斯基. 品牌弹性：高速增长时代的风险管理与价值恢复［M］. 姚王信，译. 北京：经济管理出版社，2017.

［44］钱艺平. 商业银行风险度量与管理［M］. 北京：中国经济出版社，2013.

［45］汤姆·科普兰，亚伦·多戈夫. 基于预期的绩效管理（EBM）［M］. 大连：东北财经大学出版社，2007.

［46］伍楠林. 中国金融市场风险预警研究［M］. 北京：中国经济出版社，2012.

［47］夏红芳. 商业银行信用风险度量与管理研究［M］. 杭州：浙江大学出版社，2009.

［48］许传华. 开放条件下金融风险预警指标体系研究［M］. 武汉：长江出版传媒·湖北人民出版社，2012.

［49］杨有振，王月光，段宏亮．中国商业银行风险预警体系的构建［M］．北京：经济科学出版社，2006．

［50］杨玉生．理性预期学派［M］．武汉：武汉出版社，1996．

［51］姚王信．企业知识产权融资研究：理论、模型与应用［M］．北京：知识产权出版社，2012：134－141．

［52］伊曼努尔·康德．纯粹理性批判［M］．北京：商务印书馆，1997．

［53］愈兴保，等．知识产权及其价值评估［M］．北京：中国审计出版社，1995：18．

［54］苑泽明．知识产权融资的风险、估计与对策［M］．大连：东北财经大学出版社，2010．

［55］约瑟夫·熊彼特．经济发展理论［M］．何畏，易家详，张军扩，等，译．北京：商务印书馆，1991．

［56］郑成思．知识产权法教程［M］．北京：法律出版社，1993．

［57］朱爱萍．公平披露对市场信息不对称的影响［M］．北京：经济科学出版社，2012．

［58］鲍静海，薛萌萌，刘莉薇．知识产权质押融资模式研究：国际比较与启示［J］．南方金融，2014（11）：54－58．

［59］鲍新中，董玉环．知识产权质押融资风险评价研究——基于银行视角［J］．南京审计学院学报，2016（2）：48－56．

［60］鲍新中，屈乔，傅宏宇．知识产权质押融资中的价值评估风险评价［J］．价格理论与实践，2015（3）：99－101．

［61］鲍新中，王言，霍欢欢，樊瑞炜．知识产权质押融资风险动态监控平台构建与实现［J］．科技管理研究，2016，（20）：170－174．

［62］陈江华．知识产权质押融资及其政策表现［J］．改革，2010，（12）：121－125．

［63］程春，杨立社．农业科技企业知识产权质押融资问题思考［J］．科技管理研究，2015（3）：126－129＋141．

［64］程庚黎．科技型小微企业的银行服务创新［J］．中国金融，2014（14）：66－67．

［65］程守红，周润书．广东省知识产权质押融资问题与促进政策研究
　　　［J］．科技管理研究，2013，33（10）：133－140.

［66］程永文，姚王信．有限理性视角下知识产权质押贷款风险形成、评
　　　估与检验［J］．科技进步与对策，2015（13）：139－144.

［67］戴昕琦．商业银行信用风险评估模型研究——基于线上供应链金融
　　　的实证［J］．软科学，2018，32（5）：139－144.

［68］邓文斌，李虹含，周凯．商业银行知识产权质押贷款风险评估——
　　　基于A出版企业的实证研究［J］．南方金融，2015（5）：77－83.

［69］丁云伟．创新型企业的内涵与特征［J］．学术交流，2008（3）：92－96.

［70］杜琰琰，束兰根．从科技支行到科技银行——基于文献研究和实地
　　　调研［J］．科技进步与对策，2014（9）：5－10.

［71］方匡南，吴见彬，朱建平，谢邦昌．信贷信息不对称下的信用卡信
　　　用风险研究［J］．经济研究，2010（S1）：97－107.

［72］冯海昱，黄德春．创新型企业内涵新探［J］．科技管理研究，2007
　　　（4）：24－26.

［73］冯晓青．我国企业知识产权质押融资及其完善对策研究［J］．河北
　　　法学，2012，30（12）：39－46.

［74］郭淑娟，常京萍．战略性新兴产业知识产权质押融资模式运作及其
　　　政策配置［J］．中国科技论坛，2012（1）：120－125.

［75］郭小波，王婉婷，周欣．我国中小企业信贷风险识别因子的有效性
　　　分析——基于北京地区中小企业的信贷数据［J］．国际金融研究，
　　　2011（4）：62－67.

［76］何慧芳，刘长虹．基于模糊综合分析法的广东省知识产权质押融资
　　　的风险预警评价研究［J］．科技管理研究，2013，33（14）：151－
　　　155＋159.

［77］胡学英．深圳开展知识产权质押融资的新思考［J］．科技管理研究，
　　　2012，32（7）：152－154.

［78］黎向丹．武汉科技型中小企业知识产权质押融资的风险分散机制
　　　［J］．财会通讯，2015（14）：14－16.

［79］李宝宝．商业银行操作风险管理研究综述［J］．南京社会科学，
2011（12）：144 – 149．

［80］李海英，苑泽明，李双海．创新型企业知识产权质押贷款风险评估
［J］，科学研究，2017（8）：1253 – 1263．

［81］李萌，陈柳钦．基于 BP 神经网络的商业银行信用风险识别实证分析
［J］．南京社会科学，2007（1）：18 – 29．

［82］李希义．我国的科技银行应该学习硅谷银行什么？——兼剖析国内关于
硅谷银行的认识误区［J］．中央财经大学学报，2015（11）：45 – 52．

［83］李增福，郑友环．中小企业知识产权质押贷款的风险分析与模式构
建［J］．宏观经济研究，2010（4）：59 – 62 + 67．

［84］刘澄，张羽，鲍新中．专利质押贷款风险动态监控预警研究［J］．
科技进步与对策，2018，35（15）：132 – 137．

［85］刘军．商业银行知识产权质押贷款风险评估研究［J］．会计之友，
2014（21）：21 – 25．

［86］刘楠，杜少南．小微企业知识产权质押融资的困境及出路［J］．知
识产权，2015（11）：110 – 114．

［87］刘芸，朱瑞博．我国科技金融发展的困境、制度障碍与政策创新取
向［J］．福建论坛（人文社会科学版），2014（1）：56 – 63．

［88］卢旭，刘名武，谢斌．重庆市知识产权质押融资运作模式研究［J］．
科技管理研究，2015（16）：157 – 159．

［89］马伟阳．知识产权质押融资风险防控机制的完善［J］．青海师范大
学学报（哲学社会科学版），2015（1）：47 – 52．

［90］马毅．互联网金融发展下的知识产权融资创新［J］．经济体制改革，
2018（3）：132 – 137．

［91］牛草林，薛志丽．知识产权（IP）融资约束因素研究［J］．财会通
讯，2013（24）：114 – 119 + 129．

［92］潘建国，张维．商业银行操作风险管理研究述评［J］．金融论坛，
2006（8）：59 – 63．

［93］庞增录．商业银行信用风险研究综述［J］．中国证券期货，2012

（4）：214 - 215.

［94］彭建峰，张友棠．科技型企业知识产权质押融资风险分散机制创新
［J］．财会月刊，2015（9）：30 - 32.

［95］乔永忠，万里鹏．企业专利权质押标的特征实证研究——以 2008—
2010 年度企业在国家知识产权局专利权质押登记数据为依据［J］.
科技管理研究，2012，32（21）：172 - 176 + 190.

［96］任红，裘腰军．科技型小微企业知识产权质押融资模式构建［J］.
财会通讯，2015（2）：26 - 28.

［97］邵永同，林刚．科技型中小企业知识产权融资路径选择及其对策研
究［J］．现代管理科学，2014（11）：15 - 17.

［98］宋彪，朱建明，李煦．基于大数据的企业财务预警研究［J］．中央
财经大学学报，2015（6）：55 - 64.

［99］苏喆．知识产权质权的债权化研究［J］．法学杂志，2013，34（7）：
68 - 77.

［100］陶丽琴，陈龙根，魏辰雨．商标权担保价值利用的法律风险及对策
研究［J］．知识产权，2011，（1）：33 - 37.

［101］陶丽琴，项珍珍，李旭．金融机构参与知识产权质押融资的实证分
析——以专利权、商标权质押数据为依据［J］．浙江金融，2014
（1）：40 - 43.

［102］王环．对知识产权市场化运行的深层探究——透视文化类企业知识
产权质押融资问题［J］．商业时代，2014（23）：118 - 119.

［103］王胜利，曹潇．陕西科技型中小企业知识产权质押融资模式考察
［J］．财会月刊，2015（29）：88 - 92.

［104］王艳丽，吴一鸣．知识产权质押融资法律制度研究［J］．湖北社会
科学，2013（10）：156 - 161.

［105］徐静，鲍新中，王英．科技型企业知识产权质押融资的动力学机理
研究［J］．科技管理研究，2015（11）：154 - 158.

［106］徐莉．知识产权市场化路径分析——以知识产权质押融资的风险分解
为视角［J］．福建论坛（人文社会科学版），2013（7）：44 - 48.

[107] 薛冬辉，李莉，关宇航．商业银行金融市场交易风险管理架构研究——以信用、市场、操作三大风险交互关系为视角 [J]．金融论坛，2013，18（11）：59－64．

[108] 薛跃，韩之俊，温素彬．上市公司财务比率正态分布特性的实证分析 [J]．管理工程学报，2005（2）：143－145．

[109] 严鸿雁，潘玉容，张娜．知识产权质押融资模式及各主体风险分析——以政府参与度为线索 [J]．商业经济研究，2015（8）：85－87．

[110] 杨晃，杨朝军．基于房价收入比的中国城市住宅不动产泡沫测度研究 [J]．软科学，2015，29（4）：119－123．

[111] 杨莲芬，董晓安．浙江省科技型中小企业知识产权质押融资意愿分析 [J]．浙江大学学报（理学版），2014（2）：238－244．

[112] 杨夏．科技型企业知识产权质押融资问题研究——基于交易费用理论视角 [J]．财会通讯，2015（2）：23－25．

[113] 杨扬，陈敬良．我国高新技术企业知识产权质押融资机制的演化博弈分析 [J]．工业技术经济，2014（7）：43－48．

[114] 姚王信，王红，苑泽明．知识产权担保融资及其经济后果研究 [J]．知识产权，2012（1）：71－76．

[115] 姚王信，苑泽明．知识产权融资中的担保歧视问题研究 [J]．江西财经大学学报，2012（2）：114－121．

[116] 尹夏楠，鲍新中，朱莲美．基于融资主体视角的知识产权质押融资风险评价研究 [J]．科技管理研究，2016（12）：125－129．

[117] 余薇，秦英．科技型企业知识产权质押融资模式研究——以南昌市知识产权质押贷款试点为例 [J]．企业经济，2013，32（6）：170－173．

[118] 袁艺，茅宁．从经济理性到有有限理性：经济学研究理性假设的演变 [J]．经济学家，2007（2）：21－26．

[119] 苑泽明，姚王信．知识产权融资不对称性的法经济学分析 [J]．知识产权，2011（2）：41－45．

[120] 苑泽明，李海英，孙浩亮，王红．知识产权质押融资价值评估：收益分成率研究 [J]．科学学研究，2012，30（6）：856－864＋840．

［121］苑泽明，贾玉辉，王培林．论政府风险投资及其政策作用机理：一个国际视角［J］．中国科技论坛，2018（12）：127－141．

［122］苑泽明，李田，贾玉辉．科技金融政策执行研究：影响因素及理论模型——基于企业问卷调查与多案例研究［J］．经济与管理研究，2018，39（4）：55－66．

［123］苑泽明，金宇．资源约束、创新驱动与企业无形资产［J］．财经问题研究，2017（4）：98－106．

［124］张辉华，凌文辁．理性、情绪与个体经济决策［J］．外国经济与管理，2005（5）：2－9．

［125］张维，李玉霜．商业银行信用风险分析综述［J］．管理科学学报，1998（3）：22－29．

［126］张亚丽，梁云芳，高铁梅．预期收入、收益率和房价波动——基于35个城市动态面板模型的研究［J］．财贸经济，2011（1）：122－129．

［127］章洁倩．科技型中小企业知识产权质押融资风险管理探讨［J］．金融与经济，2013（6）：87－89＋51．

［128］章洁倩．滨海新区科技型中小企业知识产权质押融资探析［J］．征信，2013，31（4）：82－85．

［129］章洁倩．科技型中小企业知识产权质押融资风险管理——基于银行角度［J］．科学管理研究，2013（2）：98－101．

［130］赵亮，张辰．我国知识产权质押论析［J］．科学管理研究，2015（2）：101－104．

［131］赵天荣．利率不确定、预期收入与提前偿付测度模型［J］．长安大学学报（社会科学版），2008（1）：51－54．

［132］周润书，曹时礼．东莞市知识产权质押融资研究［J］．企业经济，2012，31（3）：168－174．

附录　知识产权质押贷款风险
预警调查问卷

第一部分：知识产权质押贷款风险影响因素的调查

该部分包括知识产权相关因素、外部环境因素、企业自身因素与企业控制人因素四个方面的影响。

各因素对风险的影响程度分为六个等级：①非常小，②较小，③中等，④较大，⑤非常大，⑥最大。

1. 您认为以下"知识产权相关"因素对"知识产权质押贷款风险"的影响程度：

①非常小，②较小，③中等，④较大，⑤非常大，⑥最大。［矩阵单选题］

	①	②	③	④	⑤	⑥
知识产权产品的市场规模	○	○	○	○	○	○
知识产权产品的获利能力	○	○	○	○	○	○
知识产权的适用范围	○	○	○	○	○	○
知识产权是否由企业独享	○	○	○	○	○	○

2. 您认为以下"外部环境"因素对"知识产权质押贷款风险"的影响程度：

①非常小，②较小，③中等，④较大，⑤非常大，⑥最大的［矩阵单选题］

	①	②	③	④	⑤	⑥
知识产权交易市场的完善程度	○	○	○	○	○	○
宏观经济形势对该行业的影响	○	○	○	○	○	○
政府对该行业的支持力度	○	○	○	○	○	○
政府对企业的政策优惠或补贴	○	○	○	○	○	○

3. 您认为以下"企业管理水平"因素对"知识产权质押贷款风险"的影响程度：

①非常小，②较小，③中等，④较大，⑤非常大，⑥最大。［矩阵单选题］

	①	②	③	④	⑤	⑥
管理团队的稳定性	○	○	○	○	○	○
技术人员的构成及其流动性	○	○	○	○	○	○
企业产品质量管理体系	○	○	○	○	○	○
企业基础信息是否完备	○	○	○	○	○	○
企业财务报表的质量	○	○	○	○	○	○

4. 您认为"企业供销能力"因素对"知识产权质押贷款风险"的影响程度：

①非常小，②较小，③中等，④较大，⑤非常大，⑥最大的［矩阵单选题］

	①	②	③	④	⑤	⑥
企业供货渠道优势	○	○	○	○	○	○
企业销售渠道优势	○	○	○	○	○	○
企业供销团队优势	○	○	○	○	○	○

5. 您认为"企业资信情况"因素对"知识产权质押贷款风险"的影响程度：

①非常小，②较小，③中等，④较大，⑤非常大，⑥最大。［矩阵单选题］

	①	②	③	④	⑤	⑥
企业当前银行贷款总额	○	○	○	○	○	○
企业进行贷款的银行数目	○	○	○	○	○	○
企业银行贷款不良记录	○	○	○	○	○	○
企业诚信纳税情况	○	○	○	○	○	○
企业合同的履行情况	○	○	○	○	○	○
企业应收账款的质量	○	○	○	○	○	○
企业对外投资的情况	○	○	○	○	○	○
企业对外担保的情况	○	○	○	○	○	○
企业有无诉讼信息	○	○	○	○	○	○

6. 您认为"担保或保险"因素对"知识产权质押贷款风险"的影响程度：

①非常小，②较小，③中等，④较大，⑤非常大，⑥最大。[矩阵单选题]

	①	②	③	④	⑤	⑥
贷款是否有政府推荐	○	○	○	○	○	○
贷款是否有第三方担保	○	○	○	○	○	○
贷款是否为贷款投保	○	○	○	○	○	○
贷款是否有有形资产抵押	○	○	○	○	○	○

7. 您认为"企业实际控制人情况"因素对"知识产权质押贷款风险"的影响程度：

①非常小，②较小，③中等，④较大，⑤非常大，⑥最大。[矩阵单选题]

	①	②	③	④	⑤	⑥
实际控制人的个人征信情况	○	○	○	○	○	○
实际控制人的个人纳税情况	○	○	○	○	○	○
实际控制人的对外投资情况	○	○	○	○	○	○
实际控制人的投资到位情况	○	○	○	○	○	○
实际控制人的风险偏好	○	○	○	○	○	○
实际控制人的从业经验	○	○	○	○	○	○

8. 请您就以下七大因素对"质押贷款风险"影响程度的重要性所占的比重进行评价。

[矩阵单选题]

	0～15%	15%～30%	30%～45%	45%～60%	60%～75%	75%～90%	90%以上
知识产权因素	○	○	○	○	○	○	○
外部环境因素	○	○	○	○	○	○	○
企业管理水平	○	○	○	○	○	○	○
企业供销能力	○	○	○	○	○	○	○
企业资信情况	○	○	○	○	○	○	○
贷款担保或保险	○	○	○	○	○	○	○
企业实际控制人的情况	○	○	○	○	○	○	○

9. 您是否在企业工作（不包括金融行业）。[单选题]
○是　　　　　　　　　　　　　○否

第二部分：知识产权质押贷款企业的相关情况调查

10. 企业所处行业。[单选题]

○信息传输、软件和信息技术　○生物、医药产业　○科学研究和技术
服务业　　　　　　　　　　　　　　　　　　　　服务业

○电子信息产业　　　　　○装备制造业　　　　○新能源、新材料

○航空、航天产业　　　　○石油、化工产业　　○轻纺工业

○农、林、牧、渔业　　　○其他服务业　　　　○其他工业

11. 企业所在地区。[单选题]

○北京　　　　　○天津　　　　　○上海

○广州　　　　　○苏杭　　　　　○其他____

12. 企业所处生命周期。[单选题]

○初创期　　　○成长期　　　○壮大期　　　　○成熟期

13. 是否进行过知识产权质押贷款。[单选题]

○是　　　　　　　　　　　　○否

14. 知识产权质押贷款申请次数。[填空题]

_____

15. 知识产权质押贷款成功次数。[填空题]

_____

16. 抵押物情况描述（可多选）。[多选题]

○知识产权质押贷款　　○与其他资产捆绑　　○其他____

17. 取得知识产权质押贷款的途径或渠道（可多选）。[多选题]

○企业找银行　　　　　　　　○银行找企业

○政府推荐给银行，银行找企业　　○政府推荐企业，企业找银行

○其他渠道____

18. 质押知识产权类型（可多选）。[多选题]

○单项专利　　　○专利群　　　○商标权

○著作权（版权）　　○与有形资产捆绑　　○其他____

19. 质押知识产权的技术性质。[单选题]

○核心技术　　　　　　　　○非核心技术

20. 质押贷款成功的关键因素。[多选题]

○知识产权本身　　○企业的经营状况　　○有政府推荐

○有担保机构担保　　○有抵押资产　　○有贷款保险　　○其他

21. 您对知识产权质押融资风险的看法。[单选题]

○较低　　　○一般　　　○较高　　　○说不清楚

22. 在知识产权质押融资过程中，您认为银行最看重哪些风险。[多选题]

○企业信用风险

○企业实际控制人信用风险

○企业违约风险（经营利润难以偿还贷款）

○知识产权流动性风险（不易变现）

○知识产权估值风险（价值高估或低估）

○知识产权法律风险（权属不清或侵权）

○其他____

第三部分：您的基本情况

23. 您的性别。[单选题]

○男　　　　　　　　○女

24. 您的年龄。[单选题]

○25 岁以下　　　　　○26～30 岁　　　　　○31～40 岁

○41～50 岁　　　　　○51～60 岁　　　　　○61 岁以上

25. 您工作的单位性质。[单选题]

○金融机构　　　　　　○企业　　　　　　　○政府

○高校　　　　　　　　○科研院所　　　　　○其他

26. 您的职称。[单选题]

○初级　　　　　○中级　　　　　○副高级　　　　　○高级

27. 您的学历。[单选题]

○高中　　○本科　　○硕士（研究生）　　○博士（研究生）